D1665296

Kohlhammer

Globale Solidarität –
Schritte zu einer neuen Weltkultur

Veröffentlichungen
des Forschungs- und Studienprojekts der
Rottendorf-Stiftung
an der Hochschule für Philosophie
Philosophische Fakultät S.J., München

Herausgegeben von

Norbert Brieskorn, München
Georges Enderle, Notre Dame/USA
Franz Magnis-Suseno, Jakarta
Johannes Müller, München
Franz Nuscheler, Duisburg

Band 22

Michael Reder
Hanna Pfeifer (Hrsg.)

Kampf um Ressourcen

Weltordnung zwischen Konkurrenz und Kooperation

Mit Beiträgen von
Raimund Bleischwitz, Peter J. Croll, Lena Guesnet,
Christoph Horn, Dirk Messner, Hanna Pfeifer,
János Riesz, Oliver C. Ruppel, Rebecca Schmitz
und Kirsten Westphal

Verlag W. Kohlhammer

ISBN 978-3-17-022440-7

Inhaltsverzeichnis

Einleitung

Michael Reder & Hanna Pfeifer

Steigende Ölpreise und *peak oil*, der Streit um den neuen Biokraftstoff E 10 und seine Nebenwirkungen, *land grab* in Afrika als neue Form des Kolonialismus oder Chinas Beschränkung der Ausfuhr seltener Erden – Schlagzeilen wie diese weisen darauf hin, dass weltweit ein regelrechter Wettlauf um knappe Ressourcen eingesetzt hat. Der Auseinandersetzung um Rohstoffe ist längst nicht mehr nur von ökonomischer Bedeutung, sondern hat auch eine politische, soziale und ökologische Dimension.

Die gegenwärtige Diskussion über Rohstoffe vermittelt dabei teils den Eindruck, dass die wachsende Nachfrage unweigerlich zu Konflikten oder gar kriegerischen Auseinandersetzungen führen wird. Beispielhaft dafür steht der berühmte Ausspruch von Boutros Boutros-Ghali, der als Generalsekretär der Vereinten Nationen schon in den 1980er Jahren davor gewarnt hat, dass Kriege zukünftig nicht mehr um Öl, sondern um Wasser geführt würden. Heute sprechen nicht wenige davon, dass Hungerrevolten, der Kampf um seltene Erden oder der Wettlauf um die Ressourcen des Nordpols, die in Folge des Klimawandels zukünftig erschlossen werden können, zu einer Frage nationaler und internationaler Sicherheit geworden sind. Damit bestehe das Risiko, so eine gängige Einschätzung, dass Ressourcenkonkurrenz das Potenzial habe, das globale Ordnungsgefüge zu destabilisieren. Solche allgemeinen Aussagen greifen jedoch offensichtlich zu kurz. Denn die Konkurrenz um knappe Ressourcen führt nicht zwangsläufig zu Konflikten. Insbesondere gestaltet sich der Zusammenhang zwischen Ressourcenkonkurrenz und Konflikt je nach Rohstoff unterschiedlich. Dies verbietet allzu simple Erklärungsversuche und zeigt, wie wichtig eine differenzierte Analyse ist.

Ressourcen sind die notwendige Bedingung der Entwicklung menschlichen und gesellschaftlichen Lebens. Werden diese Ressourcen knapp, so können daraus Konflikte entstehen. Beim Begriff der Knappheit von Ressourcen gilt es allerdings zu differenzieren, ob „knapp" eine relative oder absolute Kategorie ist. Manche Ressourcen sind knapp, weil sie ineffizient genutzt werden, andere wegen der Vielzahl an Akteuren, die sie nutzen möchten. So ist die Knappheit von Nahrungsmitteln z.B. zu einem großen Teil durch die Verwendungskonkurrenzen von landwirtschaftlicher Anbaufläche bedingt.

Auseinandersetzungen um Ressourcen können einerseits direkt auf die Konkurrenz um Ressourcen zurückgeführt werden; andererseits werden Ressourcen auch herangezogen, um kriegerische Konflikte überhaupt erst zu finanzieren („Blutdiamanten als Konfliktressourcen"). Inwiefern und warum Ressourcen mit Konflikten zusammenhängen und wie ein effektives und gerechtes Ressourcenmanagement gestaltet werden kann, ist eine der Kernfragen des vorliegenden Bandes. Dem Band liegt das Symposion des Forschungs- und Studienprojektes der Rottendorf-Stiftung „Globale Solidarität – Schritte zu einer neuen Weltkultur" zum Thema „Kampf um Ressourcen. (De-) Stabilisator der Weltordnung?" zu Grunde, das am 27. und 28. Mai 2011 an der Hochschule für Philosophie in München stattgefunden hat.

Ausgangspunkt des Bandes ist die Beobachtung, dass die Nachfrage nach vielen Ressourcen in den letzten Jahren weltweit kontinuierlich gestiegen ist. Dies ist auf den anhaltend hohen Bedarf der Industrieländer, den zunehmenden „Ressourcenhunger" der Schwellenländer sowie die weiter wachsende Weltbevölkerung zurückzuführen. Diesen Entwicklungen steht die Begrenztheit des Angebots vieler dieser Ressourcen gegenüber. Zudem sind die Bestände weltweit sehr ungleich verteilt und werden teilweise knapper. Selbst bei erneuerbaren Ressourcen besteht die Gefahr, dass die Nutzungsrate die natürliche Regenerationsrate deutlich übersteigt. Aufgrund ihrer zentralen Bedeutung wird der Wettlauf um knappe Ressourcen zu einem zentralen Faktor nationaler Entwicklung und der internationalen Beziehungen. Wirtschaftliche Aspekte sind dabei oft aufs engste mit politischen Fragen verknüpft.

Der vorliegende Band ist inhaltlich in drei Abschnitte unterteilt. Widmet sich der erste Teil der Beiträge (*Bleischwitz & Croll*) der Frage, welche Ursachen und Folgen die Rohstoffproblematik unter den Perspektiven der Nachhaltigkeits-, Friedens- und Sicherheitsforschung hat, so geht es im zweiten Teil (*Riesz, Ruppel, Guesnet & Westphal*) um die Beleuchtung spezifischer regional- und ressourcenspezifischer Konflikte. Im dritten Teil (*Horn, Messner & Pfeifer*) wird nach dem Zusammenhang von Ethik und Politik gefragt, u.a. wie ein gerechtes und effizientes Ressourcenmanagement aussehen und umgesetzt werden kann.

Raimund Bleischwitz (Wuppertal) setzt sich mit der Frage auseinander, wie mit dem Gefälle und den Abhängigkeiten, die zwischen rohstoffarmen und rohstoffreichen Regionen bestehen, umgegangen werden kann. Als Kernstrategie identifiziert er die Erhöhung der Ressourcenproduktivität und unterstreicht die herausragende Bedeutung international ausgerichteter Politik: Ressourcen seien als Erbe der Menschheit zu verstehen, aus dem allen gemeinsame Rechte und Pflichten erwachsen. Effektive *Global Governance* Mechanismen, die sich auf Erkenntnisse des Stoffstrommanagements und der Ressourcenökonomie stützten, sollten daher das Ziel eines nachhaltigen Ressourcenmanagements sein.

Peter Croll (Bonn) hebt hervor, wie sehr die Ressourcenknappheit inzwischen zu einem Sicherheitsrisiko für rohstoffimportierende Staaten hochstilisiert worden sei. Er weist darauf hin, wie diese Art des Diskurses eine

Eigendynamik hin zu mehr Konfliktpotential entwickeln könnte, etwa durch die Rechtfertigung militärischen Eingreifens auf Grund von Ressourceninteressen. Dabei können die Produzentenländer, die teils unter Staatsverfall und vielfältigen Bedrohungen für die Menschen leiden, oft keinen Nutzen aus dem Ressourcenreichtum ziehen. Das Konzept der menschlichen Sicherheit dient Croll als Ansatzpunkt für ein Umdenken, das die menschlichen Grundbedürfnisse in das Zentrum der Rohstoffdebatte stellt.

Einen detaillierten Einblick in die Rolle westlicher Staaten im Abbau von Rohstoffen in ressourcenreichen Regionen gewährt *János Riesz* (München) mit seinem Beitrag zu *La Françafrique*. Anhand eines historischen Abrisses über die Beziehungen Frankreichs zum Niger und seine Interessen am dortigen Uranabbau verdeutlicht er, welch gravierende Folgen eine ungerechte Handelsarchitektur für das politische System und die Bevölkerung in den Abbauländern haben kann. Der tiefgreifende Einfluss, den Frankreich während der letzten Jahrzehnte sowohl in wirtschaftlicher als auch in politischer Hinsicht auf den Niger nahm, ist ein eindrucksvolles Beispiel der postkolonialen Verflechtungen Frankreichs in Afrika.

Oliver Ruppel (Stellenbosch, Südafrika) widmet sich Wasser- und Landkonflikten in der Südafrikanischen Entwicklungsgemeinschaft (SADC). Das Problem der Wasserknappheit werde vielfach durch ineffiziente Versorgungssysteme und durch korrupte Bürokratie verursacht, nicht jedoch durch eigentlichen Wassermangel. Die Wasserkonkurrenz verschärft sich insbesondere in urbanen Regionen und zusehends auch durch Effekte des Klimawandels. Konfliktpotential berge die teils ethnopolitisch motivierte Land-(um)verteilung, wie Ruppel an den Beispielen Namibia und Simbabwe verdeutlicht. Um die Grundbedürfnisse nach Wasser und Land der Menschen dauerhaft befriedigen zu können, seien überregionale Institutionen nötig.

In ihrem Beitrag über die Erdölförderung im Tschad verdeutlicht *Lena Guesnet* (Bonn), wie Ressourcen trotz augenscheinlich günstiger Bedingungen nur schwer zur Armutsbekämpfung beitragen können. Hatte das Tschad-Kamerun-Öl-Pipeline-Projekt sowohl internationale Investoren einbinden können und steigende Einnahmen aus der Erdölförderung erzielt, so scheitere das Projekt dennoch an institutionellen Mängeln und politischen Widerständen der Machthaber. Am Ende lebt die von der Ölförderung betroffene Bevölkerung unter schlechteren Bedingungen als zuvor, was neues Konfliktpotential und Stabilitätsrisiken generiert.

Kirsten Westphal (Berlin) diskutiert die internationale Konkurrenz um Energierohstoffe am Beispiel der Ressource Erdgas in Russland und Zentralasien. Die steigende Energienachfrage der letzten Jahrzehnte und die Angst um die Versorgungssicherheit in den westeuropäischen Ländern haben den Wettbewerb um Erdgas entscheidend geprägt, so ihre Ausgangsthese. Hierbei spielen auch geopolitische Interessen eine wichtige Rolle. Am Beispiel der verschiedenen Pipelines von Ost nach West zeigt sie auf, wie die Interessen Russlands und zentralasiatischer Länder teilweise miteinander in Konflikt geraten und wie sich die europäischen Länder in dieser Konstellation positionieren. Sie betont die Notwendigkeit von neuen Kooperationsformen, um die Konkurrenz um diese Ressource gerecht gestalten zu können.

Christoph Horn (Bonn) argumentiert aus einer sozialphilosophischen Perspektive, dass die ungleiche Ressourcenverteilung auf Grund der historischen Grenzentwicklungen kontingent ist. Das Territorialprinzip als Grundlage für den Umgang mit dem Eigentum an Ressourcen gilt es daher zu kritisieren. Wenn man die philosophischen Grundlagen der Eigentumstheorie weiter reflektiert, so lassen sich seiner Ansicht nach einige Eckpunkte eines gerechten Umgangs mit Ressourcen begründen. Dies sind z.B. der Vorrang des Gemeinwohls vor Partikularinteressen, die Sozialpflichtigkeit des Eigentums und die (welt-)gesellschaftliche Anerkennung der Almendegüter. Diese Eckpunkte lassen sich dann gerechtigkeitstheoretisch ausbuchstabieren.

Abschließend eröffnet *Dirk Messner* (Bonn) eine entwicklungspolitische Perspektive auf das Themenfeld. Hierzu identifiziert er zuerst einige Treiber der Ressourcenverknappung wie z.B. globale Machtverschiebungen oder das Wirtschaftswachstum aufstrebender Entwicklungs- und Schwellenländer. Angesichts der Grenzen des Erdsystems, auf die heute vor allem die Klimawissenschaften aufmerksam machen, sind neue politische Strategien und Kooperationen gefragt, so seine Forderung. Die vier Säulen der modernen Zivilisation (Energie, Boden, Wasser und Klima) müssten daher neu unter gerechtigkeitstheoretischen Gesichtspunkten reflektiert werden. Als Beispiel diskutiert er in diesem Zusammenhang den so genannten Budgetansatz aus der Klimadebatte, mit dem das verbleibende Emissionsbudget, um das 2-Grad-Ziel halten zu können, gerecht verteilt werden kann.

Der Beitrag von *Hanna Pfeifer* fasst wichtige Ergebnisse der Diskussionen während des Symposions zusammen und zieht systematische Schlussfolgerungen für die übergreifende Thematik des Bandes. Dabei geht es u.a. um die Frage, an wen sich normative Forderungen im Kontext der Auseinandersetzung um Ressourcen richten (Individuen oder Institutionen) und wie gerechte globale Entscheidungsstrukturen legitimiert werden können. Die Chancen und Grenzen einer korrektiven Gerechtigkeit kommen aus ethischpolitischer Hinsicht genauso zur Sprache wie die Frage nach dem Eigentum an Ressourcen.

Am Ende möchten die Herausgeber allen Autorinnen und Autoren für das anregende Symposion und die Verschriftlichung ihrer Referate danken, in die auch Diskussionsbeiträge mit eingeflossen sind. Ein Dank gilt zudem Florian Specker vom Kohlhammer-Verlag für die gelungene Zusammenarbeit bei der Planung und Durchführung dieses Buchprojekts.

München, im Mai 2011   Die Herausgeber

Konkurrenz um knappe Ressourcen

Anreiz zu Innovationen und Kooperation oder zu Krisen und Konflikten?

Raimund Bleischwitz

In der medialen Diskussion gibt es viele Hinweise auf drohende „Ressourcenkriege", die Möglichkeit also, dass Staaten zur Gewaltanwendung bereit sind, um ihre Rohstoffversorgung zu sichern. In der Forschung wird diese Möglichkeit hingegen häufig angezweifelt. Die Einwände lauten, dass Ressourcen als primäre Kriegs- oder Konfliktursache kaum nachweisbar sind und die Erfahrung zeigt, dass letztlich Kooperationen bevorzugt werden.

Nun könnte man argumentieren, dass drohende Zukunftsszenarien eine legitime Aufgabe von Medien sind, nüchterne Abwägung auf Basis von Erfahrungswissen eine Aufgabe der Forschung. Der vorliegende Beitrag unterstützt beide Aufgaben und fragt, ob die früheren Jahre weitgehend günstiger Rohstoffe – also die 80er und 90er Jahre des 20. Jahrhunderts – eine gute Beobachtungsbasis zur Abschätzung *künftiger* Risiken darstellen. Zudem stellen sich Fragen der Risikoabschätzung: Welche Risiken und Wechselwirkungen ergeben sich für wen und wie können die Akteure der Ressourcennutzung damit umgehen?

Der Beitrag skizziert vor diesem Hintergrund zunächst einige Trends der Ressourcennutzung. Meines Erachtens liegt die Herausforderung weniger in geologischen Knappheiten, sondern in wirtschaftlichen und ökologischen Restriktionen sowie in problematischen Strukturen einiger Förderländer. Darüber hinaus wird gefragt, ob diese Knappheiten eher als Anreiz für Innovationen und Kooperationen anzusehen sind oder ob verschärfte Krisen und Konflikte zu befürchten sind. Beide Alternativen sind grundsätzlich möglich, wenn man etwa Europa als Staatengemeinschaft sieht, die ihre chronische Rohstoffknappheit zum Anlass für die Etablierung eines gemeinsamen Binnenmarkts und von Innovationsstrategien nimmt. Alternativ kann man die Rohstoff-Großmächte Russland und China sehen, deren Selbstbewusstsein für Nachbarländer und Rohstoffabnehmer in den letzten Jahren deutlich geworden ist.

Im Kern sind es also *Governance*-Themen, die für Stabilisierung oder Destabilisierung der Weltordnung als Folge einer Konkurrenz um Ressourcen entscheidend sind. In dieser Hinsicht diskutiert der Beitrag Allianzen der Industrie mit gesellschaftlichen Akteuren, neue politische Instrumente und Fragen von Eigentumsrechten. Der Ausblick unterstreicht, dass beide Wege durchaus möglich und aktive Entscheidungen nötig sind. Die aktuellen Länderbeispiele von Afghanistan und Libyen zeigen den dringlichen Handlungsbedarf, der mit langfristigen Weichenstellungen zu kombinieren ist.

1   Einige Trends der Ressourcennutzung

Die internationalen Märkte für Rohstoffe, Halb- und Fertigwaren haben in den Jahren 2000 bis Mitte 2008 erhebliche Preissteigerungen verzeichnet; im Zuge der Finanzkrise sind sie Ende 2008 teils erheblich eingebrochen. Seit den ersten Schritten zur Überwindung der Finanzkrise haben die Rohstoffpreise international wieder kräftig angezogen.

Rohstoffe sind von grundlegender Bedeutung für menschliches Wohlergehen und Wohlstand. Sie sind als Werkstoffe, Materialien und Komponenten in allen Produkten, Dienstleistungen und Infrastrukturen enthalten, sie sind Bestandteile von Secondhand-Gütern und Abfällen. Es ist nützlich abzuschätzen, wie viele Rohstoffe ein Mensch im Laufe eines Lebens verbraucht; die Bundesanstalt für Geowissenschaften und Rohstoffe (BGR) hat für einen Menschen in Deutschland folgende Durchschnittsangaben ermittelt:

Sand und Kies	245 t	Kaolin	4,0 t
Hartsteine	215 t	Aluminium	3,0 t
Braunkohle	170 t	Kupfer	2,0 t
Mineralöl	105 t	Torf	2,0 t
Erdgas (in 1000 m^3)	95	Bentonit	0,7 t
Kalkstein, Dolomit	70 t	Zink	0,7 t
Steinkohle	65 t	Kali (K_2O)	0,6 t
Stahl	40 t	Schwefel	0,5 t
Zement	27 t	Blei	0,4 t
Steinsalz	14 t	Feldspat	0,4 t
Tone	12 t	Flussspat	0,4 t
Quarzsand	9 t	Schwerspat	0,3 t
Gips, Anhydrit	7 t	Phosphate	0,1 t

Abbildung 1: Verbrauch an Rohstoffen im Laufe eines Lebens in Deutschland (Lebensalter 80 Jahre, Datenbasis 2008), Quelle: BGR.

Abbildung 1 legt nahe, dass ein relativ rohstoffarmes Land wie Deutschland durchaus einen Teil seines Bedarfs durch einheimische Quellen decken kann – im Wesentlichen Baustoffe. Dies ist in nahezu allen Ländern weltweit der

Fall. Was andere Stoffe wie Energieträger und Metalle sowie die – hier nicht sichtbaren – agrarischen Güter anbelangt, sind angesichts der ungleich verteilten Vorkommen internationale Märkte entscheidend. Von Interesse dürfte auch sein, dass einige Rohstoffe im öffentlichen Bewusstsein nahezu unbekannt sind.

Neben den bekannten Knappheiten bei Erdöl existiert bei solchen Metallen, bei denen Deutschland und die Europäische Union nahezu vollständig auf Importe angewiesen sind, Beobachtungs- und Handlungsbedarf. Kritisch ist die Situation insbesondere bei einigen seltenen Metallen. Noch zu Beginn des 20. Jahrhunderts wurden seltene Metalle kaum als Rohstoffe für Technologien eingesetzt. Dies hat sich in den vergangenen Jahrzehnten stark verändert: Seltene Metalle spielen heute bei verschiedenen Anwendungen eine zentrale Rolle, da sie über spezifische Eigenschaften verfügen. Platin bspw. benötigt man für die Herstellung von Autokatalysatoren, Tantal für die Produktion von Mikrokondensatoren bei Mobiltelefonen. Indium ist in Verbindung mit Zinn als Stromleiter ein wichtiges Element bei der Herstellung von Flachbildschirmen und Lithium wird für die Herstellung von wieder aufladbaren Batterien benötigt.

Eine aktuelle Schrift der Schweizerischen Akademie der Technischen Wissenschaften (SATW 2010) demonstriert am eindrücklichen Beispiel der Mobiltelefone die Entwicklung hin zur Nutzung von mehr Metallen aus der Erdkruste: Chemisch gesehen können sie als komplexe Mischungen von Elementen angesehen werden. In einem einzigen Mobiltelefon finden sich rund 40 chemische Elemente, mittlerweile wird nahezu das gesamte Spektrum der Metalle im Periodensystem in der Nutzung abgedeckt. Wie bei zahlreichen anderen modernen elektronischen Produkten kommen auch hier die meisten dieser Elemente nur in sehr geringen Konzentrationen im Einzelgerät vor. Durch die Massenanwendung werden jedoch insgesamt beträchtliche Stoffmengen mobilisiert: Im Jahr 2008 wurden weltweit knapp 1,3 Mrd. Mobiltelefone verkauft, wobei rund 31 Tonnen Gold, 325 Tonnen Silber, 12 Tonnen Palladium und 4.900 Tonnen Kobalt in Umlauf gebracht wurden. Zusammen mit den durch PCs und Laptops ausgelösten, ähnlich großen Stoffströmen entsprach dies rund 3% (Silber), 4% (Gold), 16% (Palladium) bzw. 23% (Kobalt) der Jahresminenproduktion der entsprechenden Metalle.

Bei der Diskussion um eine Verknappung lassen sich – grob vereinfachend – zwei Haltungen unterscheiden: Für die *Ressourcenpessimisten* in der Tradition von Thomas Malthus steht eine geo-physikalische oder absolute Knappheit im Vordergrund. Demnach könnte aufgrund einer Erschöpfung mineralischer Lagerstätten die Nachfrage nach seltenen Metallen ab einem gewissen Zeitpunkt möglicherweise nicht mehr gedeckt werden (z.B. Meadows et al. 2006). *Ressourcenoptimisten* in der Tradition von Adam Smith hingegen vertreten einen relativen Begriff von Knappheit. Aus dieser Perspektive ist Knappheit ein Missverhältnis zwischen Nachfrage und Angebot und stellt in der Regel ein kurzfristigeres Phänomen dar. Ressourcenoptimisten verweisen dabei auf die regulierende Funktion des Marktes über den Preis, den technologischen Fortschritt bei der Gewinnung von seltenen Metallen aus mineralischen Lagerstätten oder Abfällen sowie die Substitution von knappen durch häufiger vorkommende Metalle (z.B. Tilton 2003).

2   Knappheit als multidimensionales Konzept

Bei näherer Betrachtung ist Knappheit eigentlich ein multidimensionales Konzept, das neben Kriterien des geologischen Angebots auch Kosten des Zugangs, der Verarbeitung und Wiederverwendung, ökologische Folgekosten der Ressourcennutzung, soziale Folgen und die ethische Dimension der Nutzungsrechte künftiger Generationen und armer Bevölkerungsgruppen umfassen sollte. So liegen die bedrohlichen Knappheiten bspw. weniger im Kohleangebot, sondern in der begrenzten Fähigkeit der Erdatmosphäre, die Treibhausgase aus der Verbrennung fossiler Energieträger ohne gravierende Folgeschäden aufzunehmen. Zu den ökologischen Folgekosten hat ein Expertenbericht des Internationalen Ressourcenrats (UNEP 2010) kürzlich festgestellt, dass agrarische Rohstoffe (insbesondere für die Fleischproduktion) und Metalle wie Eisen, Stahl und Aluminium ähnlich umweltintensiv sind wie fossile Energieträger, die wesentlich für den Treibhauseffekt verantwortlich gemacht werden. Für kritische Metalle werden punktuell hohe Belastungen genannt, die durch vertiefte Forschung spezifiziert werden müssen.

Aus ökonomischer Sicht lässt sich sagen, dass Rohstoffmärkte auf kurze bis mittlere Frist durch hohe Volatilität der Preise und einen möglichen Aufbau von Preisblasen gekennzeichnet sind, die zu einem hohen Maß zu Planungsunsicherheit beitragen und Konjunkturschwankungen verstärken können. Der Anstieg der Rohstoffpreise zwischen 2003 und 2008 ist historisch bemerkenswert. Ein wichtiger Nachfragefaktor sind die Schwellenländer (Bretschger et al. 2010).

In sozialer Hinsicht sind insbesondere Misserfolge etlicher rohstoffreicher Entwicklungsländer bemerkenswert. Dieser „Ressourcenfluch" scheint gerade solche Länder zu treffen, in denen ohnehin eine schlechte Regierungsführung und innerstaatliche Konflikte anzutreffen sind. Zentralafrika kann hier als Beispielregion dienen. Aktuell sind die Staaten Zentralasiens, die erst in jüngeren Jahren größere Bergbauvorkommen erschlossen haben, von diesen Trends bedroht. Afghanistan und Libyen sind zwei sehr aktuelle Beispiele, bei denen Rohstoffreichtum und innerstaatliche Konflikte zusammentreffen. Zutreffend ist allerdings auch, dass Rohstoffreichtum durchaus zum Wohle der Bevölkerung eingesetzt werden kann (Collier 2010).

Nicht zu vernachlässigen sind internationale Verteilungsfragen, letztlich Fragen einer internationalen Gerechtigkeit: Wenn die internationale Nachfrage ausschlaggebend für den Preis ist, werden arme Bevölkerungsgruppen möglicherweise faktisch von der marktlichen Nutzung lebenswichtiger Ressourcen ausgeschlossen. Die Multidimensionalität der Ressourcennutzung wirkt sich insofern problemverschärfend aus:

- Land, das zum Abbau von Rohstoffen oder zum Anbau von Biokraftstoffen eingesetzt wird, steht für Nahrungsmittelanbau zumindest vorübergehend nicht zur Verfügung;

- Wasser, das zum Abbau von Rohstoffen oder für die Energienutzung eingesetzt wird, steht für Grundbedürfnisse nicht zur Verfügung;

- Strom, der für industrielle Zwecke oder für Mobilität eingesetzt wird, steht für Beleuchtung oder andere Nutzungsbedürfnisse nicht zur Verfügung.

Im Hinblick auf das Menschenbild lässt sich konstatieren, dass die Ressource „menschliche Kreativität" potentiell unbegrenzt sein mag, jedoch die menschlichen Fähigkeiten der Aufmerksamkeit, der Verarbeitung von Informationen und der kollektiven Entscheidungsfindung begrenzt sind (Bleischwitz 2005).

	Physikalisch	Ökonomisch	Politisch	Sozial
Energie	Nachfrageanstieg führt zu Druck auf endliche Vorkommen (Öl)	Verarbeitung bleibt hinter der Nachfrage zurück; Preisanstieg und -sprünge	Konzentration und Abhängigkeit von Förderländern; steigende Konkurrenz	Konzentration von Vorkommen erleichtert Diktatur und Korruption
Agrargüter	Schwacher Produktivitätsanstieg und Angebotsengpässe; Anfälligkeit gegenüber Wetterextremen	Zugang zu Märkten mit erheblichen Hemmnissen	Politisch subventionierte Lebensmittel geben wenig Produktionsanreize	Steigende Lebensmittelpreise sind für arme Bevölkerungsgruppen unbezahlbar
Mineralische Rohstoffe	Plötzliche Nachfragesteigerungen führen zu Engpässen	Preissprünge und Spekulationen	Konzentration und Abhängigkeit von Förderländern; steigende Konkurrenz	Konzentration von Vorkommen erleichtert Diktatur und Korruption; Kleinbergbau sozial problematisch
Wasser	Steigender Druck auf begrenztes Frischwasserangebot weltweit, Klimaänderungen verändern den Wasserhaushalt	Marktstörungen durch unzureichende Eigentumsrechte und unzureichende Infrastrukturen	Oberlieger- und Unterliegerkonflikte zwischen einer steigenden Zahl von Staaten	Zunehmende Verteilungskonflikte innerhalb von Staaten; ernstzunehmende regionale Knappheiten

Tabelle 1: Knappheit als multidimensionales Konzept, Quelle: Eigene Zusammenstellung nach PBL 2011.

Kritische Trends ergeben sich daher zum einen aus der erwarteten enormen Nachfragesteigerung, die aus den Schwellenländern und durch die weiterhin hohe Nachfrage aus den Industrieländern kommt. Zum anderen ergeben sich kritische Trends aus den Wechselwirkungen zwischen den natürlichen Ressourcen und ihrem sozio-ökonomischen Umfeld: Wo Wasser und Nahrungsmittel knapp werden, sind soziale Spannungen lokal nahezu unausweichlich; diese wiederum könnten sich negativ auf die internationale Versorgung mit energetischen und mineralischen Rohstoffen auswirken. Nach internationalen Abschätzungen haben die steigenden Nahrungsmittelpreise in der zweiten Jahreshälfte 2010 etwa 44 Mio. Menschen in die Armut getrieben. Viele Beobachter sagen, dass dies eine der treibenden Ursachen für den „Arabischen Frühling" zur Jahreswende gewesen ist, als langjährige Diktaturen in Tunesien, Ägypten und Libyen zum Rücktritt gedrängt werden konnten. Ein besseres Verständnis solcher Wechselwirkungen sollte daher von der Forschung prioritär angegangen werden.

3   Anreize für Innovationen und Kooperationen

Angesichts der hohen Kostenrelevanz sollte es für die verarbeitende Industrie eigentlich selbstverständlich sein, auf Innovationen zu setzen und die Ressourcenproduktivität – d.h. die Produktivität des Faktoreinsatzes von natürlichen Ressourcen und Material – zu erhöhen. Nach Berechnungen des Statistischen Bundesamts liegt der Anteil der Materialkosten am Bruttoproduktionswert im verarbeitenden Gewerbe in Deutschland im Jahr 2008 bei 45%. In den Jahren seit 1995 ist der Anteil der Materialkosten kontinuierlich angestiegen, während der Anteil der Arbeitskosten abgesunken ist und 2008 bei etwa 20% lag.

Da die Materialkosten in der Beschaffung und in der Verarbeitung hoch sind, hat die Industrie ein Eigeninteresse an einer Materialkostensenkung. Nach Potentialabschätzungen von Unternehmensberatungen (ADL et al. 2005) können bis 2016 in Deutschland etwa 20% der in der Produktion verbrauchten Rohstoffe eingespart werden. Die Materialkosten in fünf Branchen würden in Deutschland vor allem für kleine und mittelständische Betriebe zwischen 6,4 und 13 Mrd. Euro pro Jahr sinken. Auf die deutsche Volkswirtschaft hochgerechnet ergäbe sich ein Kostensenkungspotential von 27 Mrd. Euro pro Jahr. Nach Berechnungen der DEMEA, der Deutschen Materialeffizienzagentur, konnten aktive kleine und mittelständische Unternehmen ihre Materialkosten im Durchschnitt um etwa 200.000 Euro absenken; die Umsatzrendite stieg um etwa 2,4%. Für Großbritannien kommt eine Studie zu möglichen Kostensenkungen in Höhe von ca. 23 Mrd. britischen Pfund (OakdeneHollins/DEFRA 2011). DIW et al. (2007) nennen ein Weltmarktpotential in den Bereichen Kreislaufwirtschaft und Materialeffizienz in Höhe von 70 Mrd. Euro, eine Verdreifachung gegenüber dem aktuellen Marktvolumen. McKinsey schätzt in einer etwas breiter angelegten Definition von Ressourcenproduktivität das weltweit mögliche Einsparpotential zwischen 3 und 3,7 Billionen US $ (McKinsey Global Institute 2011).

Diese Chancen werden von der Mehrheit der Unternehmen bislang erst zögerlich angegangen. Das Interesse richtet sich nach Rennings und Rammer (2009) vor allem auf Prozessinnovationen; nach diesen empirischen Analysen betrieben bis etwa 2004 nur etwa 10% der Unternehmen ein systematisches Innovationsmanagement im Bereich Material und Ressourcen. Nach den etwas aktuelleren Analysen des *EU Eco-Innovation Observatory* stieg die Beteiligung der Unternehmen in Europa zwischenzeitlich an und erreichte zum Jahreswechsel 2010/11 etwa 45%.

Daraus ergibt sich eine Zeitverzögerung, möglicherweise sogar eine dauerhafte Kluft zwischen einer grundsätzlich hohen Motivation der wirtschaftlichen Akteure, diese Potentiale zu erschließen, und ihrem beobachtbaren Verhalten. Gegen die Annahme, dass die Materialkosten als Produktivitätspeitsche fungieren, spricht zudem, dass die Rohstoffpreise erhebliche Schwankungen zeigen, die kurzfristige Anpassungsfähigkeit von Marktwirtschaften oft überschätzt wird und Potentialerschließungen einschlägigen Hemmnissen unterliegen. Zu fragen ist also, ob und welche Hemmnisse zum Tragen kommen und wie breit angelegte Innovationen in diesem Bereich gefördert werden können.

Grundlegend sind Informationsdefizite über die Ressourcennutzung. Zum einen wissen die Anwender, also z.B. die Hersteller von Konsumgütern, in der Regel deutlich weniger über Materialeffizienz als Materialhersteller oder Experten. Sie sind kundenorientiert und müssen erst das Wissen und die Managementmethoden erarbeiten, um vorgelagerte Materialprozesse zu berücksichtigen. Zum anderen klaffen die Zeithorizonte von Bergbauunternehmen und Endgüterherstellern auseinander (Adebahr et al. 2011, 17). Bergbauunternehmen haben einen Zeithorizont von Jahrzehnten, den sie für Erkundung, Erschließung und Abbau von Rohstoffen benötigen. Viele Endgüterhersteller, z.B. in der Elektronikindustrie, sehen sich jedoch mit schnellen Innovationszyklen konfrontiert, die eine langfristige Beschaffungsplanung deutlich erschweren. Die Folge ist eine hohe Unsicherheit über die künftigen Rohstoffmärkte. Grundlegende Innovationen bleiben aus.

Zu diesen Informationsdefiziten kommen die negativen Externkosten, dass nämlich die Umweltkosten in der Regel nicht eingepreist werden und Unternehmen im Wettbewerb somit einen Anreiz haben, diese Folgekosten auf Externe abzuwälzen.

Weltweit sind zudem sowohl ein Rohstoffnationalismus von wichtigen Anbieter- und Schwellenländern als auch Konzentrationstendenzen im Bergbau und wichtigen Zuliefererindustrien zu konstatieren. Für verarbeitende Unternehmen, insbesondere für kleine und mittlere Unternehmen (KMU), erhöhen sich die Lieferrisiken; für die internationale Politik ergeben sich potentielle Konflikte. Zu beachten sind ferner Dumpingpraktiken im Bereich Recycling und Entsorgung. Für Unternehmen ist es daher aufwändig, jedoch relativ risikoarm, ein internes Innovationsmanagement einzurichten, das primär auf eine Reduktion der Materialkosten abzielt. Deutlich aufwändiger und riskanter sind größere Kooperationen, um die Produktpalette in Richtung ressourceneffiziente Produkte und Dienstleistungen umzustellen oder gar Systeminnovationen anzustoßen.

Die aktuelle Suchrichtung für Kooperationsansätze liegt in Allianzen zwischen Industrie und Politik – zur Zertifizierung von Lieferketten, zur Etablierung eines Risikoradars und allgemein in der Erhöhung der Ressourcenproduktivität – sowie in zwei weiter gehenden politischen Zielen:

1. außenwirtschaftliche Exportstrategien für Güter und Dienstleistungen, die Materialeffizienz und Ressourcenschonung fördern und

2. Neugestaltung der Rahmenbedingungen auf internationalen Rohstoff- und Recyclingmärkten; dieser Punkt wird allerdings selten konkretisiert.

Insgesamt ergibt sich daher eine Weichenstellung: Ohne eine Signalwirkung, dass Politik und Gesellschaft diese Strategie mittragen, werden die Erfolge der Innovations- und Kooperationsstrategie begrenzt bleiben. Wenn derartige Signale kommen, müssen sie zumindest mittelfristig gesehen international ausgerichtet sein und sollten auch normative Fragen der Verteilungsgerechtigkeit umfassen.

4   Anreize für Krisen und Konflikte

Hinsichtlich möglicher internationaler Rohstoffkonflikte muss man darauf hinweisen, dass sich der Konfliktbegriff seit dem Ende des Ost-West-Konflikts und dem Zerfall des bipolaren internationalen Systems verändert hat. Neben dem klassischen neorealistischen Fokus auf Staaten als zentrale Akteure mit gegensätzlichen Interessen richtet die Konfliktforschung ihren Blick auf so genannte „Neue Kriege" (Münkler 2002), innerstaatliche Spannungen und nichtstaatliche Akteure. Das Heidelberger Institut für Internationale Konfliktforschung (HIIK) definiert Konflikte als

"the clashing of interests (positional differences) over national values of some duration and magnitude between at least two parties (organized groups, states, groups of states, organizations) that are determined to pursue their interests and achieve their goals" (HIIK 2010, 88).

Nach dem HIIK-Konfliktbarometer 2010 sind Ressourcen weltweit der zweithäufigste Konfliktgegenstand; von 363 gezählten Konflikten wurden Ressourcen in 44% der gewalttätigen Konflikte als relevant identifiziert und in sechs Fällen als Faktor gewertet, der zu intensiven, gewalttätigen Konflikten führte (in Äthiopien, Nigeria, dem Sudan, Kolumbien, Mexiko und Kirgistan, vgl. HIIK 2010).

Gleichzeitig hat auch das Verständnis von Sicherheit eine vertikale und horizontale Erweiterung erfahren. Gemeint ist, dass sowohl Politikbereiche wie Energie oder Wasser eine relevante Sicherheitsdimension aufweisen, als auch weitere Akteure auf anderen Analyseebenen in die Überlegungen einbezogen werden (z.B. innerstaatlich: Individuen, aufständische Gruppen oder Nichtregierungsorganisationen; supranational: internationale Institutionen etc.). Durch die zunehmende Hinwendung zur menschlichen Sicherheit und zu den Menschenrechten öffnen sich Sicherheitsanalysen diesen Bereichen.

Zu den neuartigen Konflikten gehört der illegale Handel mit Rohstoffen, der in der Regel mit Menschenrechtsverletzungen und Umweltproblemen einhergeht. Das *World Economic Forum* (2011) schätzt illegalen Rohstoffhandel wegen der Marktverzerrungen als eines der großen globalen Risiken ein und beziffert das jährliche Weltmarktvolumen auf eine Größenordnung von 20 Mrd. US $.

Man muss sicher festhalten, dass die nachweislichen Engpässe Ausdruck eines steigenden Wettbewerbs um Rohstoffe sind, die möglicherweise (so Homer-Dixon 1995; Homer-Dixon/Blitt 1998; Ross 2004), jedoch nicht zwangsläufig zu Konflikten führen (Adebahr et al. 2011; Mildner 2011; Richert/Richter 2009). Eine internationale Eskalation mit hoher Konfliktintensität und Rohstoffen als Hauptgegenstand ist trotz medialer Aufmerksamkeit bisher nicht belegbar. Die obige Feststellung, dass Ressourcen die zweithäufigste Konfliktursache sind[1] und Konkurrenzen voraussichtlich zunehmen werden, sollte dennoch ein Nachdenken über *künftige* Eskalationsszenarien anstoßen.

So sollte man bspw. die Bodenschätze in Afghanistan, Libyen und anderen rohstoffreichen Krisenregionen mit potentiellen Eskalationen unter Beteiligung von Atommächten (Indien, China, Pakistan) in unterschiedlichen Politikszenarien abschätzen (NIC 2008). Aktuelle Rohstoffkonflikte zeichnen sich im Südchinesischen Meer ab. Ob Jemen seine Wasserversorgung in absehbarer Zukunft sicherstellen kann, ist durchaus zweifelhaft. Die Sekundäreffekte auf wichtige Schifffahrtswege sollten mit einbezogen werden.

Der Ansatz, Knappheiten als multidimensionales Konzept zu verstehen, legt insofern mögliche Konfliktspiralen nahe, in denen

1. unmittelbar erfahrbare Knappheiten Konfliktauslöser sein können, also z.B. steigende Preise für Nahrungsmittel und Wasser. Diese lösen soziale Unruhen aus, die in schwachen Staaten zur Gewalteskalation bzw. zum Zusammenbruch führen können. Dies wiederum kann grenzüberschreitende Piraterie (Somalia) oder weitere Konflikte und Krisen (Migration) auslösen;

---

[1] Vgl. auch Fallstudien unter http://www.adelphi.de/de/news/dok/43482.php?nid=111 (16.3.2012)

2. militärisch starke Staaten Drohpotentiale aufbauen, um den Zugang zu Rohstoffen und die Abnahme zu ihren Bedingungen sicherstellen zu können. Dabei können, wie das Fallbeispiel der Rolle Chinas im Südchinesischen Meer zeigt, Fischereirechte im Vordergrund stehen, im Kern jedoch Abbaurechte von mineralischen Rohstoffen gemeint sein.

Die Zunahme der Anzahl von Staaten und der Relevanz von religiösen Themen in den letzten zwanzig Jahren dürfte die zwischenstaatlichen Kooperationschancen erschweren.

Für den Handel mit Rohstoffen, der in der Regel auf privatwirtschaftlich ausgehandelten Verträgen zwischen Unternehmen basiert, gibt es derzeit keine grundlegende Rechtsordnung und keine internationale Organisation mit entsprechenden Kompetenzen (WTO 2011). Einige politische Handelsverzerrungen resultieren aus Restriktionen, wie sie z.B. China bei den Exporten von Seltenen Erden praktiziert und die für die GATT/WTO maßgeblich sind.

5   Neue *Governance*-Mechanismen

Eine besseres Systemdenken darüber, welche Stoffe zu welchem Zweck wie am besten eingesetzt werden könnten (Bringezu/Bleischwitz 2009), findet bislang erst ansatzweise statt. Aus Innovationssicht ist das wesentliche Hemmnis, dass dazu notwendige internationale Kooperationen erst mühsam aufgebaut werden müssen und angesichts fundamentaler Unsicherheiten über die künftige Nachfrage nach entsprechend neuen Produkten und Systemdienstleistungen große Pionierleistungen abverlangt. Die internationalen Risiken machen den Aufbau derartiger Kooperationen nicht einfacher.

Im Kern sind es *Governance*-Herausforderungen, denen sich Unternehmen, Politik und Gesellschaft stellen müssen. Wie sollen Rohstoffe eingesetzt werden? Wie können die erkennbaren Querbezüge der Rohstoffnutzung zu einer allgemeinen Wohlstandsteigerung beitragen? Wie können die rohstoffreichen, aber wirtschaftlich armen und politisch fragilen Länder Afrikas einen nachhaltigen Entwicklungsweg einschlagen?

Das langjährige Verständnis von Rohstoffen als privaten Handelsgütern, gepaart mit einer offenen Welthandelsordnung zwischen den Staaten, hat zumindest im öffentlichen Bewusstsein die Illusion genährt, dass Rohstoffe „wie Manna vom Himmel fallen" und ein rohstoffabhängiges Land wie Deutschland unaufwändig und kostengünstig Rohstoffe beschaffen kann. So wie jedoch spätestens seit dem Nuklearunfall in Fukushima die Illusion überwunden werden konnte, dass der Strom aus der Steckdose kommt, sollte künftig ein *Bewusstsein* von der Rohstoffbasis des Wirtschaftens vorhanden sein. Dazu sollte ein ganzheitlicher Ansatz gefunden werden, der zwei Denkansätze einbezieht:

1. Rohstoffe werden in vorhandenen Ökosystemen abgebaut; ihre Nutzung ist
    entlang des Lebensweges bis hin zu Recycling und Entsorgung mit Umweltbe-
    lastungen verbunden.

2. Die Nutzungswege sind geologisch und geographisch konzentriert; man muss
    also Ausgleichsmechanismen zwischen Regionen finden.

Ein interessanter Ansatz läge darin, den Gesamtbestand der geologischen
und anthropogenen Ressourcen als *Gemeinsames Erbe der Menschheit*
(*common heritage of mankind*) anzusehen. Mit anthropogenen Ressourcen ist
der in Produkten und Infrastrukturen gespeicherte Materialbestand gemeint
(Graedel/UNEP 2010), der potentiell wiederverwertbar ist. Bisherige Erfahrungen mit diesem Ansatz wurden in den Bereichen Antarktis, Meeresboden,
Weltraum, Weltmeere (Seerechtsabkommen) und Weltkulturerbe gemacht.
Diese Erfahrungen sind raumbezogen, jedoch weniger auf Ressourcen ausgerichtet. Eine entsprechende Charakterisierung müsste also faire Eigentumsrechte und Nutzungsentgelte für rohstofffreie Regionen vorsehen.

Rossnagel und Sanden (2007) weisen in ihrer Analyse des Ressourcen-
rechts darauf hin, dass das britische Recht Treuhandmodelle (*trust models)*
kennt, wonach das Eigentum an einer Fläche einer Person zugeordnet ist, die
Flächenverwaltung aber zum Nutzen einer anderen Person oder mehrerer
Personen erfolgt. Der Begründer (*settlor*) überträgt Eigentumsrechte auf
einen eigens gegründeten und zeitlich befristeten Trust. Zur Verwaltung
werden weitere Personen eingesetzt und es werden Begünstigte festgelegt.
So gesehen wird also privates Eigentum für eine gemeinschaftliche Nutzung
reserviert. Letztere profitieren durch die laufend oder einmalig aus dem Trust
ausgeschütteten Erträge. Üblich ist es, einen öffentlichen Trust zugunsten des
Schutzes bestimmter Gebiete einzurichten, der auch Vorsorge vor übermäßi-
ger Ausbeutung bestimmter Ressourcen bieten kann. Die Eingriffe in das
Eigentumsrecht werden unter Hinweis auf Vorschriften der Europäischen
Menschenrechtskonvention (EMRK) für verhältnismäßig erachtet.Der Ansatz müsste argumentativ dadurch erleichtert werden, dass Rohstoffe bei
näherer Betrachtung Merkmale von Gemeinschaftsgütern aufweisen, insbesondere von so genannten *Common Pool Ressourcen* oder Clubgütern:

1. Der Zugang zu Wasser und Land ist traditionell weitgehend offen (WTO 2011).
    Bei Rohstoffen müssen Eigentumsrechte erst konstituiert werden – in vielen
    neuen Bergbauländern ein hochproblematischer Prozess. Jedes Abbau- und In-
    vestitionsrecht müsste Regeln enthalten, die die Umwelt- und Sozialverträglich-
    keit sowie langfristige Nutzungsperspektiven sicherstellen. Dabei müssten alle
    potentiellen Nutzungsformen abgewogen und bewertet werden. Viele Vorkom-
    men erstrecken sich über mehrere Jurisdiktionen. Die Einnahmen und Ressour-
    cenrenten sind traditionell eine Quelle für Korruption und Konflikte, was wiede-
    rum Fragen nach sich zieht, wie Transparenz und eine öffentliche Kontrolle or-
    ganisiert werden können. In späteren Nutzungsphasen (Recycling) sind Produkt-
    verantwortungen unübersichtlich oder nicht existent, d.h. auch hier überwiegt
    der Gemeinschaftsgutcharakter.

2. Nutzungskonkurrenzen sind bei allen Ressourcen evident. Oben wurde zuge-
    spitzt auf die Nutzungskonkurrenz „Grundbedürfnisbefriedigung" armer Bevöl-
    kerungsgruppen versus „Konsum- und Luxusbedürfnisse" einer internationalen
    Mittel- und Oberschicht hingewiesen. Der Preismechanismus sorgt für eine
    Allokation in Richtung der Zahlungskräftigen, kennt also kein normatives Kor-
    rektiv zugunsten der Schwachen.

Ein entsprechender internationaler Rechtsrahmen würde es erleichtern, Ziele
und Prioritäten für Grundbedürfnisbefriedigung, internationale Gerechtigkeit
und Nachhaltigkeit zu formulieren. Mittelfristig müsste also vorstellbar sein,
Nutzungsprinzipien im Interesse aller Menschen zu formulieren und Sou-
veränitäten einzuschränken, wo erforderlich. Dabei sind Ausgleichsleistun-
gen vorzusehen, wie sie bspw. das deutsche Naturschutzrecht in Anlehnung
an Art. 14 Abs. 1 Satz 2 GG kennt, um die rohstofffreien Regionen zu
kompensieren. Aus wirtschaftspolitischer Sicht hieße dies, der an sich
zweckfreien Marktwirtschaft normative Ziele zuzuordnen und einen Rechtsrahmen zu schaffen, in dem die Allokation von Gütern öffentlichen Belangen
Rechnung trägt. In einer etwas weiter gefassten Perspektive betrifft dies die
Debatte über Fähigkeiten und Freiheit (Amartya Sen) und nach einer internationalen Ordnung für Gerechtigkeit (Ekardt 2011).

In einer derartigen Langfristperspektive sollte es auch kurzfristig möglich sein, die für die gewerbliche Nutzung in Deutschland und in der EU
bestehende Produktverantwortung um eine internationale *Materialverant-*
wortung zu erweitern und ergänzen. Damit ist gemeint, dass Stoffströme
entlang ihrer internationalen Nutzungssysteme systematisch gemanagt werden und eine Schließung industrieller Kreisläufe angestrebt wird – auch im
Bereich von Konsumgütern. Für Unternehmen würden dadurch neue Märkte
für Stoffstrominnovationen entstehen, die teils innerhalb bisheriger Produkt-
linien und teils horizontal entlang von Stoffnutzungen erschlossen werden
können.

Institutionell geht es bei verbesserter *Governance* für ein nachhaltiges
Ressourcenmanagement also nicht um die Alternative Markt oder Staat,
sondern um eine bessere institutionelle Ordnung der Rohstoffmärkte einschließlich ihrer Nutzungen, in der Staaten, Unternehmen und andere Akteure jeweils mehr Verantwortung übernehmen sollten.

Eine Ressourcenpolitik sollte die Rahmenbedingungen wirtschaftlichen
Handelns in einer Weise gestalten, dass Anreize für einen effizienten und
nachhaltig umweltverträglichen Umgang mit Ressourcen gegeben und Such-
prozesse nach ressourcensparenden Technologien in Gang gesetzt werden.
Dabei bietet sich ein *Policy Mix* an, der schrittweise Hemmnisse beseitigt
und Innovationschancen ermöglicht (Bleischwitz et al. 2009; Bleischwitz/
Jacob et al. 2009). Die folgenden Optionen sind dabei naheliegend.

Ressourcenpolitik: Beispielhafte Instrumente im Policy Mix

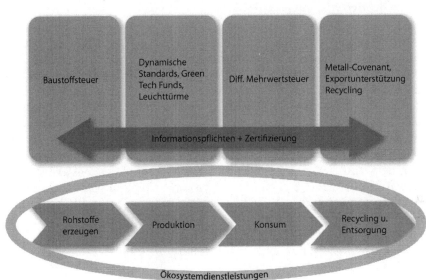

Abbildung 2: Ressourcenpolitik im Policy Mix, Quelle: Eigene Darstellung.

5.1   Informationen und Wissen

Im Einklang mit Wissensdefiziten und notwendigen Lernprozessen könnte eine Reihe von Initiativen auf den Weg gebracht werden:

- eine internationale Datenbank für Ressourcen und Stoffstrominnovationen, vor allem zur Materialintensität von Vorleistungen und „ökologischen Rucksäcken" auf der internationalen Ebene. Ferner wäre ein Kataster sinnvoll, das den Bestand an Roh- und Werkstoffen in Infrastrukturen erfasst, damit diese später zurückgewonnen werden können. Aufzubauen wäre ferner ein Materialdatenpool für gängige Werkstoffe, der charakteristische Eigenschaften sowie Kennziffern zur Material- und Umweltintensität umfasst;

- Gründungen von regionalen Ressourceneffizienzagenturen, die mit professionellen Beratern zusammenarbeiten und neben Kurz-Checks auch Qualifizierungs- und Trainingsmaßnahmen leisten; mittelfristig sollte sich ein europäisches und internationales Netzwerk derartiger Einrichtungen herausbilden;

- Berichtspflichten über Inhaltsstoffe und die Materialintensität von Produkten und Wertschöpfungsketten, zumindest für die materialintensiven Bereiche;

- Zertifizierung von Handelsketten mineralischer Rohstoffe, insbesondere für Rohstoffe in Problemregionen (z.B. nach dem "Failing States Index");

- ein internationales Forum für Ressourcen, vergleichbar dem internationalen Energieforum, wo ein Austausch auf Ministerebene unter Beteiligung gesellschaftlicher Gruppen (*stakeholder*) stattfindet.

5.2 Ordnungspolitik durch ökonomische Anreize: Baustoffbesteuerung

Grundsätzlich wäre es vorteilhaft, wenn die Preisschwankungen geglättet und die Knappheiten in vorhersehbare Schritte von Preissteigerungen münden würden. Steuern auf die Extraktion der Rohstoffe in den Abbauländern sind daher grundsätzlich ein geeigneter Ansatz. Langfristig wäre auch eine Materialinputsteuer denkbar, also die Besteuerung aller Ressourcen auf Basis eines Index. Kurzfristig machbar und zweckmäßig müsste für Deutschland und die EU eine Baustoffbesteuerung sein. Baustoffe werden in verschiedenen EU-Ländern besteuert (EEA 2008); sie sind der materialintensivste Bereich der Wirtschaft und unterliegen weniger dem internationalen Wettbewerb als z.B. Metalle. Ihre Besteuerung ist somit rational und machbar. Zur Erhöhung der Ressourcenproduktivität sollte eine Steigerung der Steuersätze in absehbaren Schritten verankert sein. Denkbar ist z.B. eine Besteuerung in Höhe von 2,00 Euro pro Tonne auf Sand, Kies, Schotter und Kalkstein (Vorläuferprodukte von Baustoffen) in Verbindung mit einer 3–5%igen Progression. Das Aufkommen kann gegebenenfalls in ein Programm einfließen.

5.3 Internationale Wirtschaftspolitik

Angesichts der Defizite im internationalen Recycling, weltwirtschaftlicher Verflechtungen und Folgekosten ist eine internationale Wirtschaftspolitik erforderlich. Interessant und machbar erscheint ein internationaler Vertrag (*Covenant*) im Metallbereich (Wilts et al. 2010): Vertragspartner wären Automobilhersteller und -zulieferer, Metallverarbeitung, Recyclingindustrie sowie zuständige öffentlichen Stellen in den Export- und Zielländern. Dieser Covenant sollte langfristige Ziele zur Steigerung der Ressourceneffizienz durch ein hochwertiges Recycling festlegen. Die Vertragsparteien verpflichten sich auf ambitionierte Ressourcenschutzziele, die Staaten garantieren für die Vertragslaufzeit stabile und fördernde Rahmenbedingungen. Zudem sollten die Verpflichtungen einklagbar sein, gleichzeitig sollen im Vertrag wirksame Verfahren zur Streitbeilegung und Sanktionsmöglichkeiten vorgesehen sein. Mittelfristig wäre ein internationales Abkommen zum nachhaltigen Ressourcenmanagement überlegenswert (Bleischwitz 2009).

6   Ausblick

Der Beitrag zeigt, dass beide Wege – Innovationen und Kooperationen sowie Krisen und Konflikte – sichtbar sind und in absehbarer Zeit weiterhin ausgeprägt sein werden. Die Einschätzung lautet, dass der eigentlich attraktivere

Weg, über Innovationen und Kooperationen Ressourcen zu schonen und zum Wohle der Menschen einzusetzen, kein Selbstläufer ist. Im Gegenteil, ohne klare Unterstützungssignale und ohne politische Schritte in Deutschland, in der EU und international würden zu wenige Pioniere zu wenig erreichen. Im Unterschied dazu sind einige Konfliktszenarien vorstellbar, die erhebliche negative Auswirkungen auf alle Gesellschaften haben könnten, d.h. nicht nur auf arme Bevölkerungsgruppen, sondern auch auf Industrieländer. Insofern lautet der Ausblick, dass schrittweise und langfristig angelegte kollektive und internationale Entscheidungsprozesse zugunsten eines nachhaltigen Ressourcenmanagements und einer internationalen Gerechtigkeit erforderlich sind.

Literatur

Adebahr, C. et al. 2011. *Kein Kampf um Rohstoffe. Die Zukunft der Industriepolitik liegt in internationaler Kooperation und Regulierung*, Stiftung neue Verantwortung, Berlin.

ADL/Fraunhofer ISI/WI 2005. *Studie zur Konzeption eines Programms für die Steigerung der Materialeffizienz in mittelständischen Unternehmen. Abschlussbericht*, Wiesbaden.

Bleischwitz, R. 2005. *Gemeinschaftsgüter durch Wissen generierende Institutionen. Ein evolutorischer Ansatz für die Wirtschaftspolitik*, Marburg.

Bleischwitz, R. 2009. Ein internationales Abkommen als Kernelement eines globalen Ressourcenmanagements – Ein Vorschlag an die Politik, in: Bleischwitz R./Pfeil F. (Hg.), *Globale Rohstoffpolitik. Herausforderungen für Sicherheit, Entwicklung und Umwelt*, Baden-Baden, 147–161.

Bleischwitz, R./Jacob, K. 2011. Innovative Ressourcenpolitikansätze zur Gestaltung der Rahmenbedingungen – ein Überblick, in: Hennicke, P./Kristof, K./Götz, T. (Hg.), *Aus weniger mehr machen. Strategien für eine nachhaltige Ressourcenpolitik in Deutschland*, München, 40–56.

Brauch, H.G. 2009. Human Security Concepts in Policy and Science, in: Brauch, H.G./Behera, N.C./Kameri-Mbote, P./Grin, J./Oswald Spring, U./Chourou, B./Mesjasz, C./Krummenacher, H. (Hg.), *Facing Global Environmental Change. Environmental, Human, Energy, Food, Health and Water Security Concepts*, Wien/New York, 965–990.

Bretschger, L./Brunnschweiler, C./Leinert L./Pittel, K./Werner, T. 2010. *Preisentwicklung bei natürlichen Ressourcen – Vergleich von Theorie und Empirie*, Bern.

Bringezu, S./Bleischwitz, R. (Hg.) 2009. *Sustainable Resource Management: Trends, Visions and Policies for Europe and the World*, Sheffield.

Collier, P. 2011. *Der hungrige Planet. Wie können wir Wohlstand mehren, ohne die Erde auszuplündern*, München.

DIW/ISI/Berger 2007. Wirtschaftsfaktor Umweltschutz. Vertiefende Analyse zu Umweltschutz und Innovation, in: BMU/UBA, *Schriftenreihe Umwelt, Innovation, Beschäftigung (1/07)*, Berlin/Dessau.

EEA 2008. Effectiveness of Environmental Taxes and Charges for Managing Sand, Gravel and Rock Extraction in Selected EU Countries, in: *EEA Report 2/08*, Kopenhagen.

Ekardt, F. 2011: *Theorie der Nachhaltigkeit. Rechtliche, ethische und politische Zugänge – am Beispiel von Klimawandel, Ressourcenknappheit und Welthandel*, Baden-Baden.

Feil, M., Tänzler/D., Supersberger, N./Bleischwitz, R./Rüttinger, L. 2010. *Rohstoffkonflikte nachhaltig vermeiden – Forschungs- und Handlungsempfehlungen. Teilbericht der Studie im Auftrag des Umweltbundesamtes (Forschungsprojekt FKZ 370819 102)*, http://www.adelphi.de/de/news/dok/43482.php?nid=111 (23.11.2011).

Graedel, T./UNEP 2010. *Metal Stocks in Society. Scientific Synthesis*, http://hqweb.unep.org/metalstocks/documents/pdf/MetalStocksInSociet yScienceSynth_full_en.pdf (23.11.2011).

HIIK 2010. *Conflict Barometer 2011*, Heidelberg.

Homer-Dixon, T. 1995. The Ingenuity Gap. Can Poor Countries Adapt to Resource Scarcity? in: *Population and Development Review (21/3)*, 1–26.

Homer-Dixon, T./Blitt, J. (Hg.) 1998. *Ecoviolence: Links Among Environment, Population, and Security*, Lanham.

Link, W. 2004. Konfliktformationen des Internationalen Systems im Wandel, in: Knapp, M./Krell, G. (Hg.), *Einführung in die Internationale Politik*, München, 368–397.

Meadows, D./Randers, J. 2006. *Grenzen des Wachstums – Das 30-Jahre-Update. Signal zum Kurswechsel*, Stuttgart.

McKinsey Global Institute 2011. *Resource Revolution. Meeting the World's Energy, Materials, Food and Water Needs*, London.

Mildner, St.-A. (Hg.) 2011. *Konfliktrisiko Rohstoffe? Herausforderungen und Chancen im Umgang mit knappen Ressourcen. SWP-Studie*, Berlin.

Münkler, H. 2002. *Die Neuen Kriege*, Hamburg.

NIC 2008. *Global Trends 2025. A Transformed World*, Washington DC.

OakdeneHollins/DEFRA 2011. *The Further Benefits of Business Resource Efficiency*, London.

PBL Netherlands Environmental Assessment Agency 2011. *Scarcity in a Sea of Plenty? Global Resource Scarcities and Policies in the European Union and The Netherlands*, Den Haag.

Rennings, K./Rammer, C. 2009. Increasing Energy and Resource efficiency through Innovation – an Explorative Analysis Using Innovation Survey Data, in: *Czech Journal of Economics and Finance (59)*, 442–459.

Richert, J./Richter, S. 2009. Kooperation und Eskalation? Warum Rohstoff-knappheit nicht zwangsläufig zu Konflikten führt, in: *Internationale Politik (64/11–12)*, 10–16.

Ross, M.L. 2004. What do We Know about Natural Resources and Civil War? in: *Journal of Peace Research (41/3)*, 337–356.

Roßnagel, A./Sanden, J. 2007. *Grundlagen der Weiterentwicklung von rechtlichen Instrumenten zur Ressourcenschonung*, Berlin.

SATW 2010. *Seltene Metalle, Rohstoffe für Zukunftstechnologien. SATW Schrift (41)*, Zürich.

Tilton, J. E. 2003. *On borrowed time? Assessing the Threat of Mineral Depletion*, Washington DC.

Wilts. H./Bleischwitz, R./Sanden, J. 2010. *Ein Covenant zur Schließung internationaler Stoffkreisläufe im Bereich Altautorecycling. Ressourceneffizienzpaper 3.5*, Wuppertal, http://ressourcen.wupperinst.org/downloads/MaRess_AP3_5.pdf (23.11.2011).

UNEP 2010. *Assessing the Environmental Impacts of Consumption and Production: Priority Products and Materials. A Report of the Working Group on the Environmental Impacts of Products and Materials to the International Panel for Sustainable Resource Management*, http://www.unep.org/resourcepanel/Publications/PriorityProducts/tabid/56053/Default.aspx (23.11.2011).

WTO 2010. *World Trade Report 2010: Trade in Natural Resources*, Genf.

World Economic Forum 2011. *Global Risks 2011 – Sixth Edition. An Initiative of the Risk Response Network*, Genf.

Konkurrenz um knappe Ressourcen

Herausforderungen für Sicherheit und Frieden

Peter J. Croll, Lena Guesnet und Rebecca Schmitz

Das Thema „Kampf um Ressourcen und die (De-)Stabilisierung der Weltordnung" ist weiterhin aktuell. Als Friedensforschungsinstitut geht das BICC (*Bonn International Center for Conversion*) insbesondere Fragen der Sicherheit und des Friedens nach. Dazu gehört auch ein Programmbereich „Natürliche Ressourcen & Konflikte".

Im Folgenden möchten wir daher auf die „Zunehmende Konkurrenz um knappe Ressourcen: Herausforderungen für Sicherheit und Frieden" eingehen. Drei Aspekte dieser Problematik, die in der Diskussion um dieses Thema häufig zu kurz kommen, werden wir dabei vorrangig behandeln, nämlich die Situation in Ländern, in denen gefragte Rohstoffe vorkommen; die globale menschliche Sicherheit sowie mögliche Ansätze zur Prävention von Konflikten rund um Rohstoffe.

Idealerweise würde sich die Menschheit an den *kategorischen Imperativ* von Immanuel Kant halten: „Handle so, dass die Maxime deines Willens jederzeit zugleich als Prinzip einer allgemeinen Gesetzgebung gelten könne" (Kant 2003, 41).

Wie würde sich diese Maxime in der Rohstoffpolitik auswirken? Wäre etwa die im vergangenen Jahr beschlossene Rohstoffstrategie der deutschen Bundesregierung als allgemeine Gesetzgebung weltweit tauglich? Wenn sich alle Akteure an die Vorgabe Kants hielten, wäre trotz der Angst vor knappen Rohstoffen kein Konflikt zu erwarten. Dann würden weltweit die Bemühungen zur Senkung des Rohstoffverbrauchs vor den Bemühungen um den Zugang zu Ressourcen stehen.

Allerdings ist Rohstoffpolitik weniger von philosophischen Erwägungen als von wirtschaftlichen Interessen geprägt. Und daher geht die Befürchtung, dass Rohstoffe knapp werden könnten, mit der Furcht einher, dass Konflikte um die Versorgungssicherheit entstehen könnten.

1   Knappheit?

Zunächst ist die *angenommene Knappheit von Rohstoffen* genauer zu betrachten. Auch wenn in den Medien oft der Eindruck verbreitet wird, dass
Rohstoffe immer rarer werden und deshalb Alarmstimmung angebracht sei,
kann ein differenzierterer Blick helfen, die Gemüter zu besänftigen. Die
Bedeutung des Begriffs „Knappheit" und die Art und Weise, wie er verwendet wird, ist durch das eigene subjektive Ermessen geprägt. Die Situation der
Knappheit lässt sich nicht verallgemeinern, sie ist relativ. Ausschlaggebend
ist hierbei das Verhältnis von Bedarf und Nachfrage hinsichtlich eines Gutes.
So muss ein Rohstoff, der weltweit selten vorkommt, nicht automatisch
knapp sein. Denn ein rares Gut, das nicht nachgefragt wird, erscheint nicht
als knapp. Erst das Moment der Nachfrage und der Wert des Rohstoffs, der
mit diesem verbunden ist, zeichnet Rohstoffknappheit aus. Wenn von
Knappheit die Rede ist, handelt es sich daher meist um *relative Knappheit*.
Im Gegensatz zu relativer Knappheit kann man von einer *tatsächlichen
Knappheit* sprechen, wenn ein Rohstoff vollständig ausgeschöpft worden ist,
sich nicht erneut bilden oder technisch entwickelt werden kann (Mildner
2010). Durch Situationen wie Krieg und Krisen können Knappheiten sehr
schnell entstehen. Plötzlich werden Rohstoffe in ungewöhnlich hohem Maße
nachgefragt, die vorher in ausreichender Menge vorhanden waren.
    Die technische und industrielle Entwicklung in Deutschland und Europa
hat große Auswirkungen auf den Rohstoffbedarf jedes Einzelnen. Durch
neue technische Geräte wird bspw. plötzlich ein bestimmtes Erz sehr wichtig, das vorher nicht in dem Maße relevant war. Immer mehr und in immer
kürzerer Zeit geht es darum, an dieses begehrte Gut heranzukommen. Das
weltweite Vorkommen, die Abbaumöglichkeiten und die Menge des Roh-
stoffvorkommens stehen hierbei im Mittelpunkt. Seit vielen Jahren existiert
die Diskussion um weltweite Erdölvorkommen und "peak oil". Wann aber ist
die Produktionsspitze erreicht, wann ist wirklich kein Erdöl mehr förderbar
und was folgt danach?

2   Versorgung mit Rohstoffen für Deutschland
       und Europa

Laut Europäischer Kommission ist die *Versorgungssituation* der europäischen Wirtschaft mit 14 Hightech-Metallen kritisch. Dazu gehören Bauxit
(zur Herstellung von Aluminium), Kobalt, Coltan (auch als Tantal bekannt),
Platin und die Seltenen Erden (European Commission 2010). Kritisch ist die
Situation aufgrund von Monopolstellungen oder instabilen Verhältnissen
einiger Lieferländer.

Besonders China ist ein wichtiger Lieferant gefragter Rohstoffe: 97% der Produktion Seltener Erden findet in der Volksrepublik statt. Die Seltenen Erden sind eine Gruppe von 17 Elementen, von denen einige für die Herstellung von Laptops und Handys, aber auch Elektromotoren und Lenkwaffen benötigt werden. Auch die in Deutschland ansässige Hightech-Branche ist also auf Seltene Erden angewiesen. Seine exponierte Position hat das Reich der Mitte in der Vergangenheit bereits strategisch genutzt und seine Exportquote verknappt.

Ein anderes Beispiel für eine kritische Versorgungslage ist das in der Elektroindustrie benötigte Kobalt. Kobalt ist ein strategisch wichtiger Rohstoff, da er in Stählen und Superlegierungen genutzt wird. 45% der weltweiten Kobaltvorkommen liegen in der Demokratischen Republik Kongo und damit in einer der unruhigsten Gegenden der Welt (European Commission 2010; UBS 2010). Viele der als kritisch eingestuften Metalle sind zudem für Zukunftstechnologien, insbesondere innovative Umwelttechnologien essentiell. Da dieser Bereich als Wachstumsbranche gilt, erwartet die Europäische Kommission einen starken Anstieg der Nachfrage und befürchtet eine Versorgungslücke.

Auch in Deutschland werden immer wieder alarmistische Töne angeschlagen, wenn es um die Versorgung der deutschen Industrie mit Rohstoffen geht. In den Medien ist von „Rohstoff-Alarm" (NZZ 2010) oder einem „Gefährliche(n) Engpass" zu lesen (Kreimeier et al. 2010). Tatsächlich ist die verarbeitende Industrie in Deutschland im Bereich der Metalle zu 100% von Importen abhängig. Der Wert der Importe von Metallen lag 2009 bei 22 Mrd. Euro und es wird mit weiteren Zuwächsen gerechnet. Insgesamt betrug der Wert der deutschen Rohstoffeinfuhren im Jahr 2009 rund 84 Mrd. Euro (BMWi 2011). Die Industrie, vertreten durch den Bundesverband der deutschen Industrie (BDI), drängt daher auf Unterstützung der Rohstoffsicherung durch die Politik. Aus Sicht der Bundesregierung und der deutschen Industrie liegt der Fokus beim Thema Rohstoffe auf der sicheren Versorgung der heimischen Wirtschaft. Ihrer Position nach hängt daran die Sicherung deutscher Arbeitsplätze und letztlich der Wohlstand in der Bundesrepublik. Insgesamt über 1,2 Mio. Menschen, d.h. 3,6% aller Beschäftigten in Deutschland, sind im Rohstoffsektor tätig (VRB 2011).

Mit dem Ziel der „Gewährleistung einer bedarfsgerechten Versorgung der Industrie mit mineralischen Rohstoffen" (BMWi 2010a, 1) beschloss die deutsche Bundesregierung die deutsche Rohstoffstrategie. Mit dieser Strategie soll sich Deutschland im Wettbewerb um Rohstoffe im internationalen Vergleich weltweit behaupten können. Die Anfang Oktober 2010 gegründete Deutsche Rohstoffagentur „soll vor allem die Versorgung mit Rohstoffen für Hightech-Produkte durch Analyse der Rohstoffmärkte und Darstellung von Rohstoffpotentialen unterstützen" (BMWi 2010b,). Die Unterstützung der deutschen Industrie soll durch Außen- und Handelspolitik erfolgen, aber auch die Unterstützung über Entwicklungspolitik spielt eine zentrale Rolle.

Gudrun Kopp, Parlamentarische Staatssekretärin im Bundesministerium für wirtschaftliche Zusammenarbeit und Entwicklung (BMZ), erklärt: „Wir leiten einen Kurswechsel in der Entwicklungspolitik ein. Wir stehen für eine werte- und zugleich auch interessenorientierte Entwicklungspolitik. Selbstverständlich sollen davon auch deutsche Unternehmen profitieren können" (dpa-AFX 2011). Zur Bedeutung von Entwicklungspolitik und wirtschaftlicher Aktivität fährt die FDP-Politikerin fort: „In der Entwicklungspolitik war die Zusammenarbeit mit der Privatwirtschaft bislang ein ungeliebtes Kind. Diese Berührungsängste gehören abgebaut" (dpa-AFX 2011). Auch wenn es in der deutschen Entwicklungspolitik primär um die Verbesserung der Lebenssituation der Bevölkerung in Entwicklungsländern gehe, sei auch für die Entwicklungspolitik das berechtigte Interesse deutscher Unternehmen an einer Versorgung mit Rohstoffen von Belang.

Dieser Trend – die Entwicklungspolitik immer mehr dem Ziel des uneingeschränkten Zugangs zu Rohstoffen unterzuordnen – ist nicht nur auf nationaler Ebene, sondern auch in der Rohstoffstrategie der Europäischen Union zu erkennen. Die EU setzt dabei auf das Instrument Freihandel, um sich bedingungslosen Zugang zu den Rohstoffen ihrer Partnerländer zu sichern. Dies ist zwar nachvollziehbar im generellen Kurs der EU-Handels- und Investitionspolitik, verstärkt aber die Risiken und Nachteile für rohstoffreiche Entwicklungsländer. Durch den von der EU gewollten Freihandel verlieren Regierungen rohstoffreicher Entwicklungsländer wertvolle Handlungsspielräume für den Aufbau heimischer Industrien. Diese benötigen sie aber dringend, um ihren Rohstoffreichtum in Wohlstand für ihre Bevölkerungen umsetzen zu können (Fröhlich et al. 2011).

Und nicht nur die Entwicklungspolitik, sondern auch die Außen- und Sicherheitspolitik kann im Namen der Rohstoffsicherung aktiv werden. Dies zeigten Äußerungen des ehemaligen deutschen Verteidigungsministers zu Guttenberg auf der Berliner Sicherheitskonferenz im November 2010: „Die Sicherung der Handelswege und Rohstoffquellen ist ohne Zweifel unter militärischen und globalstrategischen Gesichtspunkten zu betrachten" (zitiert in FR 2010). Zu Guttenberg wolle sich dafür einsetzen den „Zusammenhang von regionaler Sicherheit und Wirtschaftsinteressen in unserem Lande offen und ohne Verklemmung" zu diskutieren (zitiert in Repinski 2010). Aus Sicht zu Guttenbergs können neue Krisen gerade durch den stetig steigenden „Bedarf der aufstrebenden Mächte an Rohstoffen" entstehen, da dies „mit unseren Bedürfnissen in Konkurrenz" trete (Tagesschau 2010). Das wirtschaftliche Wohlergehen Deutschlands sei durch die Verknappung der Rohstoffe bedroht. „Da stellen sich Fragen auch für unsere Sicherheit, die für uns von strategischer Bedeutung sind" (Tagesschau 2010).

Und auch Bundesverteidigungsminister Thomas de Maizière denkt in diese Richtung, wenn er trotz aller Sparpläne die Rolle der Marine betont und sagt: „Der Welthandel findet auf den Meeren statt, und diese sind in einer Weise gefährdet, wie wir uns dies vor 50 oder 60 Jahren noch nicht vorstellen konnten" (FAZ 2011).

Diese Gedankengänge sind indes nicht neu. Bereits 1992 hielt Volker Rühe in seinen Verteidigungspolitischen Richtlinien fest, dass es Sache deutscher Sicherheitspolitik sein solle, für die „Aufrechterhaltung des freien Welthandels und des ungehinderten Zugangs zu Märkten und Rohstoffen in aller Welt" (zitiert in pax christi 2010) zu sorgen. Zentrale politische Papiere wie der Bericht der Weizsäcker-Kommission von 2000, die Verteidigungspolitischen Richtlinien von 2003 und das Weißbuch von 2006, die danach folgten, sind maßgeblich durch diese Haltung geprägt (pax christi 2010). Sicherheitspolitik wird also seit Jahren zunehmend auf militärische Unterstützung wirtschaftlicher Ambitionen und Interessen ausgeweitet.

3 Folgen für Sicherheit und Frieden

Rohstoffknappheit rückt immer stärker in den Mittelpunkt der Diskussion um Sicherheit und Frieden. Wir meinen, dass die angenommene Knappheit zunehmend zum Sicherheitsproblem für die EU Staaten konstruiert wird. Rohstoffknappheit wird zum Sicherheitsrisiko hochstilisiert (Fröhlich et al. 2011). Zunächst handelt es sich hier um einen *securitizing move*. Zum einen erreicht die Versicherheitlichung eine gewisse Reichweite – hier: die deutsche und EU-Entscheidungsebene. Zum anderen braucht die Konstruktion eines Sicherheitsproblems die Akzeptanz durch ein Publikum – in diesem Falle Teile der Politik und Bevölkerung. Ein derartiger Versuch der Versicherheitlichung ist die Vorstufe für die Rechtfertigung des Einsatzes besonderer Maßnahmen zur Durchsetzung eigener Interessen – dies kann auch den Einsatz von militärischer und struktureller Gewalt beinhalten (Fröhlich et al. 2011).

Solche Rechtfertigungen wurden bereits formuliert, zuletzt durch den ehemaligen deutschen Verteidigungsministers zu Guttenberg: „Die Sicherung der Handelswege und der Rohstoffquellen sind ohne Zweifel unter militärischen und globalstrategischen Gesichtspunkten zu betrachten" (zitiert in FR 2010). Die Gefahr, dass der Schutz des Zugangs zu Rohstoffen durch Deutschland oder die EU mit Gewalteinsatz verteidigt wird, erscheint zwar unwahrscheinlich, ist aber nicht völlig abwegig: Das rhetorische Aufrüsten hat historisch gesehen schon oft den Weg für tatsächliche Gewaltanwendung bereitet (Fröhlich et al. 2011).

Ob sich diese verteidigungspolitischen Grundpositionen in Kriegshandlungen niederschlagen, kann hier nicht beantwortet werden. Wenige Kriege finden heutzutage zwischen Staaten statt; die meisten werden innerstaatlich geführt und/oder sind Stellvertreterkriege. Die größten Herausforderungen für Sicherheit und Frieden, die sich aus der Konkurrenz um knappe Ressourcen ergeben, liegen in den Produzentenländern. Darauf liegt auch der Fokus der Arbeit des BICC.

In der Diskussion um mögliche zwischenstaatliche Konflikte, deren Gegenstand Rohstoffe wären, wird ein Aspekt oft vergessen: Welche Auswirkungen hat der Abbau von Rohstoffen auf die Abbau-Regionen? Denn in rohstoffreichen Regionen haben Rohstoffprojekte schon heute oft verheerende Folgen für die menschliche Sicherheit.

3.1 Rohstoffkonflikte in Rohstoff-Export-Ländern und Auswirkungen in Produzentenländern

Das Stichwort Rohstofffluch (*resource curse*) ist inzwischen in aller Munde. Demnach sei Rohstoffreichtum kein Segen, sondern ein Fluch, da Rohstoffe Konflikte schürten. Tatsache ist, dass Rohstoffreichtum in vielen Ländern nicht zur Vermehrung von Wohlstand und Entwicklung führt, sondern zu Armut, Staatszerfall, Gewalt und Korruption beiträgt. So leben 75% der Armen weltweit in rohstoffreichen Ländern (Lauster et al. 2010). Und über 50% der wichtigen mineralischen Rohstoffreserven liegen innerhalb von Staaten, deren Bruttonationaleinkommen pro Kopf und Tag bei 10 US $ oder weniger liegt (European Commission 2010).

Doch auch hier lohnt ein genaueres Hinsehen. Nicht das Vorkommen der Rohstoffe an sich, sondern der Umgang mit dem Rohstoffreichtum determiniert die Folgen. Der Rohstofffluch entsteht, wenn eine Volkswirtschaft sich stark auf den Abbau eines Rohstoffs stützt und zunehmend andere produktive Sektoren vernachlässigt werden. Dadurch entstehen eine Abhängigkeit von den Einnahmen aus Rohstoffexporten einerseits und andererseits auch eine Verwundbarkeit, etwa bei fallenden Weltmarktpreisen. Hinzu kommt schlechte Regierungsführung, insbesondere in der Verwaltung des Rohstoffsektors. Häufig durchzieht Korruption den Rohstoffsektor von der Konzessionsvergabe bis zur Verwendung der Einnahmen und macht jeglichen potentiellen Nutzen zunichte.

Konflikte im Zusammenhang mit Rohstoffen entstehen in den Abbauländern aus unterschiedlichen Gründen, z.B. wegen der Verteilung der Einnahmen, der Verschlechterung der Lebensbedingungen im direkten Umfeld der Abbaugebiete oder der Kontrolle der Rohstoffe. Durch einen Wettlauf um Rohstoffe können bestehende Konflikte außerdem verschärft und neue angeheizt werden.

Das Risiko für interne Konflikte ist innerhalb von Staaten, die durch den Rohstofffluch geschwächt sind, besonders hoch. Sowohl auf der lokalen als auch der nationalen Ebene kann der Umgang mit dem Rohstoffsektor zu Unzufriedenheit in der Bevölkerung führen. Ausbleibende Entwicklung in Rohstoffabbaugebieten, Korruption auf beiden Seiten und Intransparenz erhöhen das Konfliktpotential, indem der allgemeine Unmut mit der Zentralregierung in der Bevölkerung oder innerhalb bestimmter Bevölkerungsgruppen wächst. Zudem beschränkt sich das staatliche Gewaltmonopol in vielen afrikanischen Ländern auf die Hauptstädte und ihre Umgebung.

So kann es in einem Konflikt primär um die Verwendung und Verteilung der erzielten Einnahmen aus dem Rohstoffsektor gehen. Auf nationaler Ebene fehlt es oft an einer transparenten und gerechten Verwendung der Einnahmen, was Unmut und Begehrlichkeiten wecken kann, besonders in einem Umfeld, das von Korruption und schlechter Regierungsführung geprägt ist. In einer Situation, in der eine Elite die Einnahmen kontrolliert und sich bereichert, kann Unzufriedenheit in der Bevölkerung entstehen, die sich in einem nicht-demokratischen Land schnell gewaltsam äußert. Zudem können sich Machtkonflikte an den Rohstoffgeldern entzünden, da Macht Zugang zu den Einnahmen bedeutet (Fröhlich et al. 2011).

Zu Zeiten des Ost-West-Konflikts wurden verbündete Länder der „Dritten Welt" durch die Blockmächte unterstützt und im Falle eines Konflikts auch mit Waffen beliefert. Heute ist jeder im Wesentlichen selbst für die Beschaffung zuständig. Dafür werden große Summen an Geld benötigt. Eine Kriegsökonomie entsteht dann, wenn die Einnahmen aus dem Rohstoffabbau der Finanzierung von Waffenkäufen, sei es für Rebellengruppen oder für die staatliche Armee, dienen.

Konflikte auf lokaler Ebene entzünden sich, wenn durch den Rohstoffabbau die Lebensbedingungen der örtlichen Bevölkerung dramatisch verschlechtert werden oder sich die lokalen Machtverhältnisse und Lebensgewohnheiten abrupt ändern. Dies können soziale Konflikte sein, die zu sporadischer Gewaltanwendung führen und eventuell keine staatlichen Akteure einbeziehen, weshalb sie in den meisten Zahlen und Statistiken zu Bürgerkriegen gar nicht erst auftauchen. Auf der lokalen Ebene ergeben sich rund um den Abbau von Rohstoffen zahlreiche Probleme. An erster Stelle steht die Missachtung der Bedürfnisse der lokalen Bevölkerung beim Abbau der Rohstoffe. In Entwicklungsländern existieren häufig menschenunwürdige und umweltschädliche Abbaumethoden; zudem wird die betroffene Bevölkerung nur sehr selten an den erzielten Einnahmen aus der Rohstoffförderung beteiligt. Auch erfordern große Rohstoffvorhaben häufig die Umsiedlung von ganzen Dörfern. Im Zuge dieser Maßnahmen werden die Rechte auf vorherige Information und angemessene Entschädigung der Anwohner regelmäßig missachtet. Die Ignorierung von Umweltvorschriften durch Bergbauunternehmen hat oft direkte Auswirkungen auf die Lebensumstände im Abbaugebiet, etwa wenn Flussläufe verseucht werden. So gerieten Tochterunternehmen des britisch-südafrikanischen Minenkonzerns *Anglo American* deshalb in den letzten Jahren wiederholt in die Schlagzeilen. Das Tochterunternehmen *Anglo Platinum*, der größte Platinproduzent der Welt, hat allein für die Anlage neuer Minen im Norden Südafrikas 10.000 Menschen umsiedeln lassen. Wegen ausbleibender Kompensationen und Strafmaßnahmen für diejenigen, die sich weigerten, kam es zu Demonstrationen und Gerichtsverfahren (BBC 2008; Mattera 2008). Der südafrikanische Bergbaukonzern *AngloGold Ashanti* wurde im Jahr 2011 am Rande des Weltwirtschaftsforums in Davos mit dem Jurypreis *Global Award* der sog. *Public Eye Awards* ausgezeichnet. Das Unternehmen erhielt diesen „Schmähpreis" für sein verantwortungsloses Handeln im Bereich Soziales und Umweltschutz (Public Eye Awards 2011).

Des Weiteren entsprechen in nicht westlichen Staaten die Arbeitsbedingungen im Rohstoffabbau meist nicht den Konventionen der internationalen Arbeitsorganisation (ILO). Immer wieder kommt es in industriellen Bergwerken oder bei artisanalem Bergbau zu Unfällen mit Todesopfern. Allein „in Südafrikas Platinminen kamen von 1996 bis 2006 jedes Jahr zwischen 39 und 65 Beschäftigte ums Leben" (Hütz-Adams et. al 2010, 36; siehe auch ICEM 2008, 20). Hinzu kommen Konflikte zwischen der Bevölkerung und Sicherheitsfirmen oder staatlichen Sicherheitskräften, die Industrieanlagen sichern.

Beispiel Nigeria

Gibt es für die Belange der Bevölkerung weder die Möglichkeit der friedlichen Artikulation noch reelle Chancen auf Verbesserung, was in schwachen Staaten die Regel ist, bleiben die Stimmen der Bevölkerung ungehört oder werden sie gar unterdrückt, kann dies Gewaltkonflikte begünstigen. Ein Paradebeispiel hierfür ist das Niger-Delta in Nigeria. Die Aktivitäten der Ölkonzerne haben zu massiven Umweltverschmutzungen geführt, wodurch die ansässige Bevölkerung in ihrer Nahrungssicherheit bedroht wurde. Zur Sicherung der Ölförderung arbeiteten die Ölfirmen in der Vergangenheit auch mit der nigerianischen Militärregierung zusammen, wobei es zu massiven Menschenrechtsverletzungen kam. Nicht zuletzt wegen dieser fortwährenden Missachtung der Belange der Bevölkerung ist die Situation im Niger-Delta soweit eskaliert, dass bewaffnete Gruppen in Öldiebstahl involviert sind, die nationale Armee eingesetzt wird und es zu zahlreichen Menschenrechtsverletzungen durch diese Gewaltakteure kommt (Fröhlich et al. 2011).

Beispiel Kongo

Eines der drastischsten Beispiele für die negativen Auswirkungen von Rohstoffabbau auf Frieden und Entwicklung bietet die Demokratische Republik Kongo. Der Kongo ist ein mit Rohstoffen geradezu gesegnetes Land, dessen Ostprovinzen jedoch seit 1996 nahezu ununterbrochen von kriegerischen Auseinandersetzungen erschüttert werden. Insbesondere in den östlichen Provinzen bedeutet Rohstoffförderung auch militärische Gewalt. Die Vorkommen an Gold, Kassiterit, Coltan, Wolfram und vielen anderen Mineralien waren zwar nicht die Ursache des Bürgerkriegs. Sie beeinflussen jedoch das Konfliktgeschehen, da sie von allen Gewaltakteuren als eine direkte Finanzquelle genutzt werden. Bewaffnete Gruppen – Rebellen, Milizen, aber auch die staatliche Armee – beteiligen sich durch die direkte Kontrolle von

Abbaugebieten oder die Erpressung von Zöllen auf Handelswegen am Rohstoffhandel. Teilweise ist dieses Geschäft so lukrativ, dass der Konflikt aufrechterhalten wird, um weiterhin Zugang zu den Rohstoffeinnahmen zu haben (Guesnet 2010).

3.2   Hin zu einer verantwortungsvollen Rohstoffpolitik

Wie in den Beispielen über die Situation in Nigeria und im Kongo beschrieben, gibt es besonders auf dem afrikanischen Kontinent – aber auch in Süd-
amerika und auf anderen Kontinenten – Regionen, die unter negativen Folgen ihres Rohstoffreichtums leiden. Gleichzeitig wollen die rohstoffbezie-
henden Industrienationen fortdauernd und auch zukünftig mit den benötigten
Rohstoffen versorgt werden, also ihre Versorgung und damit auch ihren
Wohlstand sichern. Dies ist legitim. Allerdings darf die Sicherung der eigenen Versorgung nicht um jeden Preis geschehen. Leider klingt ein solches
Vorgehen in der momentanen Debatte immer wieder an – z.B. wenn Thys-
sen-Krupp Chef Ekkehard Schulz fragt: „Warum sollen wir Afrika den Chi-
nesen überlassen?" (zitiert in Finanzwirtschafter 2010). Statt verantwortungsvoll zu handeln, werden die rund um den Rohstoffabbau entstehenden
Probleme ausgelagert und gerade den Schwächsten dieser Erde aufgebürdet.
    In Rückbezug auf die Aussage Kants sollte man sich nicht nur um die ei-
genen Belange kümmern. Moralisches Handeln muss – über die eigenen
Interessen und das eigene Umfeld hinaus – weitergedacht werden. Der
Blickwinkel unserer hochentwickelten, reichen Nationen sollte über den
eigenen Tellerrand hinausgehen. Das vorherrschende Vorgehen zur Rohstoffsicherung um jeden Preis ist unmoralisch. Anstatt nur eigene Interessen
und eigene Versorgungssicherheit in den Fokus der Diskussion zu stellen,
sollte das Ziel sein, Sicherheit für alle zu erreichen. Es gilt nicht nur die ver-
meintlich drohenden Gewaltkonflikte zwischen Staaten, sondern auch
niedrigschwelligere Konflikte zu vermeiden, die in den rohstoffreichen Ländern tatsächlich stattfinden und die dortige Bevölkerung massiv betreffen.
Wenn in Deutschland und der EU forcierte Rohstoffbeschaffung das Ziel ist
und dabei gerade rohstoffreiche Entwicklungsländer anvisiert werden, muss
auch die Situation in diesen Ländern beachtet werden.

„Als Abnehmer von Rohstoffen haben europäische Staaten und ihre Unternehmen
eine Verantwortung gegenüber den Produzentenländern; sie können nicht an einer
Stelle als Verfechter der Menschenrechte auftreten, diese aber an anderer zum eigenen Nutzen mit Füßen treten (lassen). Eine Forcierung des Rohstoffabbaus für den
europäischen Bedarf darf nicht zu weiteren Menschenrechtsverletzungen, Umwelt-
verschmutzung, schwachen Institutionen und gewaltvollen Konflikten in den Abbauländern führen" (Debiel et al. 2011, 135–136).

Eurozentrismus und nationaler Egoismus sind also fehl am Platze – langfristig gesehen auch für das eigene Wohlergehen und die eigene Sicherheit.

Rohstoffvorkommen sind auch weltweit endlich und menschliche Sicherheit ist ein höheres Gut als sichere Rohstoffversorgung für unseren Wohlstand.

3.3   Menschliche Sicherheit

Ein rhetorisches Aufrüsten und die Verteidigung nationaler Interessen auf Kosten des Wohlergehens anderer sind kontraproduktiv. Ziel sollte mehr Kooperation und der faire Umgang miteinander sein. Eine Alternative könnte das Konzept der *menschlichen Sicherheit* bieten, das die konkreten menschlichen Grundbedürfnisse in den Blick nimmt und nicht die abstrakte Bedrohung durch externe Akteure. Damit Rohstoffpolitik der menschlichen Sicherheit dient, ist ein Umdenken im Umgang mit der Rohstoffproblematik erforderlich. Zentral ist der Gedanke der Kooperation, um einerseits den Zugang zu Rohstoffen zu erhalten und anderseits die Staaten in ihrer Entwicklung zu stärken, die besonders abhängig von Rohstoffexporten sind. Im Fokus steht die Frage, wie menschliche Sicherheit global erreicht werden kann, denn nur so kann auch Sicherheit für Europa gewährleistet werden. Dazu bedarf es einer Weiterentwicklung der Verregelung des Energie- und Rohstoffsektors. Unternehmensstandards, die den Rohstoffgeberländern und der Bevölkerung zugutekommen, sollten eingeführt und vor allem auch eingehalten werden. Im Rahmen einer internationalen Regulierung des Rohstoffsektors muss das Ziel ein Interessensausgleich sein. Als maßgeblicher Rohstoffimporteur wäre es für die EU an der Zeit, hier eine Vorbildfunktion einzunehmen (Fröhlich et al. 2011).

4   Regulierung des Rohstoffsektors
zur Konfliktprävention

Um die Risiken des Rohstoffsektors zu minimieren und gleichzeitig die vorhandenen Potentiale auszuschöpfen, müssen sich alle Beteiligten – dem kategorischen Imperativ folgend – an universelle Regeln halten. Allerdings existiert für den Rohstoffsektor bisher keine internationale Konvention, die nachhaltiges und gerechtes Rohstoffmanagement vorschreibt. Bestehende UN-Normen, die sich implizit auf den Rohstoffsektor beziehen, sind nicht verbindlich und nicht sanktionierbar. Nationale Gesetze sind zum Teil unzureichend und werden häufig missachtet. Im Folgenden möchten wir einige wichtige internationale Regulierungsansätze in der Rohstoffwirtschaft näher erläutern, die zwar nicht universell gültig und zum Teil freiwillig sind. Wichtig ist aber, dass diese Initiativen den Anspruch des kategorischen Imperativs erfüllen. So ist es wünschenswert, dass sie in Zukunft allgemein verpflichtende Regeln werden. Internationale, verbindliche Regelwerke, die insbesondere auch global tätige Unternehmen wegen Menschenrechtsverstößen in die Pflicht nehmen, lassen sich nur schwer durchsetzen. Aus diesem Grund wurde John Ruggie, UN-Sonderbeauftragter für Menschenrechte und Unternehmen, damit beauftragt, die praktische Umsetzung existierender Verpflichtungen von Staaten und Unternehmen zu fördern. Das sog. *Ruggie-Framework* wurde im Jahr 2008 im Bericht "Protect, Respect and Remedy: a Framework for Business and Human Rights" vorgestellt. Es basiert auf drei Säulen, die die Bedeutung der Verantwortung aller beteiligten Akteure unterstreichen:

•   Schutzpflichten der Staaten (*protect*)

•   Verantwortung der Unternehmen (*respect*)

•   Beschwerdemöglichkeiten für Betroffene (*remedy*)

Die unterschiedlichen Adressaten und Themenbereiche der drei Säulen sind die Gebiete, in denen Ruggie Notwendigkeit für Veränderungen durch neue Ansätze und Maßnahmen sieht, um die Einhaltung der Menschenrechte und unternehmerische Verantwortung besser zu verbinden. Inhaltlich stützt sich Ruggie auf zahlreiche bestehende Richtlinien und bringt diese zusammen, um Staaten die Umsetzung zu erleichtern. So soll es für Staaten generell einfacher sein, Unternehmen zur Verantwortung zu ziehen und z.B. Mechanismen zu entwickeln, wie Entschädigungen gerecht gestaltet werden können. Das Ruggie-Framework ist nicht legal bindend. Viele Nichtregierungsorganisationen haben aber Hoffnung, dass es immer mehr Teil der internationalen Verträge über Menschenrechte wird (Ruggie 2011). Des Weiteren gibt es Multi-Stakeholder-Prozesse auf internationaler Ebene (Regierung, NGOs, Unternehmen), die versuchen, den Handel mit Konfliktrohstoffen zu unterbinden und die Transparenz im Rohstoffsektor zu erhöhen.

4.1   Zertifizierungsprozesse

Der *Kimberley-Prozess (KP)* ist ein Zertifikationssystem für den Rohdiamantenhandel. Ziel des Systems ist es, die Herkunft der Rohdiamanten durchgehend transparent zu gestalten und somit dem Handel von „Blutdiamanten" entgegenzuwirken. Dafür haben sich die EU sowie am Handel beteiligte Länder, die Industrie und NGOs zusammengetan. Weitergehende Bemühungen existieren in der Region der Großen Seen. Die *Internationale Konferenz über die Region der Großen Seen (ICGLR)* setzt sich für Frieden Sicherheit Stabilität und Entwicklung in der Region der großen Seen ein. Die ICGLR sieht eine Zertifizierung für vier Mineralien (Gold, Wolfram, Coltan, Zinn) vor. An der Entwicklung beteiligt ist die Bundesanstalt für Geowissenschaften und Rohstoffe (BGR) in Hannover. Für die Umsetzung der neuen Gesetzgebung wurden sehr detaillierte Vorschriften entwickelt. Die Idee ist, Lücken in der Überwachung zu schließen, die z.B. im Kimberley Prozess noch bestehen, weil es keinen unabhängigen Überwachungsmechanismus gibt. Schwierig ist allerdings ihre Umsetzung, da sie durch schwache Regierung und schlechte Regierungsführung gefährdet sind.

4.2   Transparenz: Von freiwilliger zu verpflichtender Regulierung?

Über einen derartigen Kontrollmechanismus verfügt die *Extractive Industries Transparency Initiative (EITI)*, eine weitere Initiative zur Transparenz im Rohstoffabbau und Handel. Die Initiative, ein Gremium aus Regierung, Industrie/Wirtschaft und Zivilgesellschaft, bietet einen Rahmen, in dem rohstoffreiche Länder und die Industrie sich zu Transparenz in der Rohstoffwirtschaft verpflichten. EITI arbeitet gegen Korruption, indem im Rohstoffsektor tätige Unternehmen dazu aufgefordert werden, die Gelder offen zu legen, die sie an Regierungen zahlen. Im Gegenzug dazu werden Regierungen angehalten, die Summen zu veröffentlichen, welche sie von Unternehmen erhalten haben. Diese Zahlen und unter Umständen auch Differenzen werden durch EITI allgemein zugänglich veröffentlicht. Transparenz im Rohstoffsektor ist ein Schritt hin zu mehr Stabilität und Sicherheit in einem Land. Dies zeigen auch die steigenden Zahlen der Länder, die sich den EITI-Standards verpflichten wollen. Verbunden damit ist die Hoffnung auf steigende Auslandsinvestoren, neue Arbeitsplätze und Ausbildungsmöglichkeiten.

Im vergangenen Jahr hat die US-Regierung ein Gesetz (*Dodd-Frank-Act*) verabschiedet, das börsennotierten Bergbauunternehmen auferlegt, über ihre Zahlungen an Regierungen in Abbauländern und über den Bezug von Mineralien aus der DR Kongo Bericht zu erstatten. Damit ist zum ersten Mal eine verbindliche Transparenzregelung für Rohstoffunternehmen verabschiedet worden. Sie ist geeignet, von anderen Staaten (-Bündnissen) wie der EU übernommen zu werden und so einer universellen Gesetzgebung näher zu kommen.

5   Fazit

Zusammenfassend ist festzustellen, dass rund um den Rohstoffabbau sichergestellt werden muss, dass Menschenrechte, Arbeitsnormen und Umweltschutz eingehalten werden. In der Verwaltung des Rohstoffsektors gilt es, transparent zu handeln und die Gelder gut zu verwalten. Besonders in rohstoffreichen Entwicklungsländern muss die Verwaltung gestärkt werden, um verantwortungsvoll mit dem Rohstoffsektor umzugehen und dessen Potential für Armutsreduzierung und Entwicklung zu nutzen.

Entwicklungspolitische Aspekte und Fragen der Nachhaltigkeit sind jedoch sowohl in der deutschen als auch in der europäischen Rohstoffstrategie
nicht hinreichend enthalten. Diese Aspekte in den Fokus der Diskussion zu
stellen, wäre jedoch von zentraler Bedeutung, um globale menschliche Sicherheit zu gewährleisten. Durch verantwortungsvollen Umgang mit Rohstoffen können Konflikte vermieden werden (Fröhlich et al. 2011). Dass die
EU durch ihren Rohstoffhunger davon aber oft noch weit entfernt ist, lässt
sich auch aktuell an der Entwicklung in Libyen beobachten. Libyen unter
Gaddafis Regime rangiert auf Rang 12 des *Global Militarization Index*. Dieser hohe Militarisierungsgrad zeigt deutlich die Präferenz, die dem Militär
vor anderen Sektoren zukommt. Laut GKKE-Rüstungsexportbericht 2010
(GKKE 2010) hatten Europäische Staaten wie z.B. Frankreich (2007) und
Deutschland (2009) durch große Rüstungsexporte nach Tripolis einen bedeutenden Anteil daran. Nicht zuletzt das Interesse an libyschem Öl spielte in
den vergangenen Beziehungen eine Rolle. Der Verdacht, Rüstungsexporte an
das Gaddafi-Regime stehen in Zusammenhang mit europäischen Interessen
für gemeinsame Kooperationen im Erdölsektor, liegt nahe.

Um dem Ziel von Frieden und Sicherheit näher zu kommen, soll abschließend auch die Wichtigkeit der Rohstoffeffizienz und des Recycling
betont werden. Ziel muss es sein, den Einsatz von Primärrohstoffen immer
weiter zu verringern, sodass der absolute Rohstoffverbrauch so weit wie
möglich minimiert wird (Fröhlich et al. 2011). Zur Prävention von Konflikten bietet der World Development Report 2011 (Weltbank 2011) mit dem
Titel „Konflikt, Sicherheit und Entwicklung" Handlungsempfehlungen globaler Art. Mit der zentralen Botschaft der Verfasser hinsichtlich einer eindeutigen Prioritätensetzung für Entwicklung möchten wir unseren Beitrag
beenden. Die Durchbrechung von Gewaltkreisläufen sowie Möglichkeiten
einer friedlichen Entwicklung umfassen weltweit: „Investitionen in die Sicherheit der Menschen", „Aufbau von Justiz/Rechtssystemen" sowie die
„Schaffung von Arbeitsplätzen" (alle Weltbank 2011).

Diese allgemeinen Handlungsansätze für mehr menschliche Sicherheit
weltweit sollten auch im Rohstoffsektor berücksichtigt werden. Den ange-
deuteten Regulierungsansätzen für mehr Transparenz und den Ausschluss
von Handel mit Konfliktmineralien muss breitere Geltung verschafft werden.
Die Unterstützung des Aufbaus heimischer Industrien in Rohstoffproduzen-
tenländern, z.B. durch den Handel beschränkende Maßnahmen, ist einer der
zentralen Aspekte. Daneben möchten wir aber auch darauf hinweisen, dass
jede und jeder Einzelne hier und jetzt einen wichtigen Beitrag leisten kann:
Die Erhöhung der Rohstoffpreise und ihre Akzeptanz durch die Bevölkerung
sowie besonders auch die Senkung des Rohstoffverbrauchs der Menschen in
den entwickelten Industrien tragen zu menschlicher Sicherheit bei und reduzieren den Druck auf die Umwelt (Fröhlich et al. 2011). Dies ist ganz im
Sinne Kants: „Handle so, dass die Maxime deines Willens jederzeit zugleich
als Prinzip einer allgemeinen Gesetzgebung gelten könne" (Kant 2003, 41).

Literatur

BBC 2008. *Mining Forces out Thousands in SA*, 25.3.2008, http://news.bbc.co.uk/2/hi/africa/7312018.stm (1.2.2012).

BMWi 2010a. *Rohstoffstrategie der Bundesregierung. Sicherung einer nachhaltigen Rohstoffversorgung Deutschlands mit nichtenergetischen mineralischen Rohstoffen*, http://www.bmwi.de/Dateien/BMWi/PDF/rohstoffstrategie-der-bundesregierung,property=pdf,bereich=bmwi,sprache=de,rwb=true.pdf (1.2.2012).

BMWi 2010b. *Gründung der Deutschen Rohstoffagentur: Mehr Transparenz auf den Rohstoffmärkten*, http://www.bmwi.de/BMWi/Navigation/energie,did=3632 20.html (1.2.2012).

dpa-AFX 2010. „HB": *Entwicklungshilfe soll Rohstoffversorgung der deutschen Wirtschaft sichern*, 8.11.2011, http://news.onvista.de/alle-news/artikel/08.11.2010-09:06:42-hb-entwicklungshilfe-soll-rohstoffversorgung-der-deutschen-wirtschaft-sichern (1.2.2012).

European Commission 2010. *Critical Raw Materials for the EU. Report of the Ad-hoc Working Group on Defining Critical Raw Materials*, http://ec.europa.eu/enterprise/policies/raw-materials/critical/index_en.htm (1.2.2012).

FAZ 2011. *Bundeswehr-Reform. „Marine zur Sicherung der Meere unverzichtbar"*, 19.5.2011.

Finanzwirtschafter 2010. *Neue Deutschland AG oder VEB Rohstoffe: Rohstoffversorgung im Blickpunkt*, 15.11.2010, http://www.finanzwirtschafter.de/8080-neue-deutschland-ag-oder-veb-rohstoffe-rohstoffversorgung-im-blickpunkt (1.2.2012).

FR 2010. *Hinter der Maske der Moral*, 10.11.2010.

Fröhlich, C./Guesnet, L./Müller, M. 2011. Versorgungssicherheit um jeden Preis? Europas Rohstoffhunger zwischen Angst vor Knappheit und Notwendigkeit zur Kooperation, in: Debiel, T./Fröhlich, C./Hauswedell, C./Johannsen, M./Schoch, B. (Hg.) 2011. *Friedensgutachten 2011*, Berlin, 126–138.

GKKE 2010. *Rüstungsexportbericht 2010*, http://www3.gkke.org/fileadmin/files/publikationen/ 2010/REB_2010_fuer_Presse.pdf (1.2.2012).

Guesnet, L. 2010. Sicherheit – für wen? Von Rohstoffabhängigkeit und Rohstoffreichtum, in: *Rundbrief Forum Umwelt und Entwicklung (4). Buddeln bis zum „geht nicht mehr"? Rohstoffboom – Rohstofffluch*, 14–15.

ICEM 2008. *Report on Research, Activities and Development. World Conference for the Mining and DJGOP Industries*, 9.–11.7.2008, http://www.icem.org//files/PDF/Events_pdfs/2008ICEMMiningReportEN.pdf (1.2.2012).

Hütz-Adams, F./Schneeweiß, A./Koch, S. 2010. *Schmuck – Liebesbeweis, Broterwerb und Ausbeutung. Vom Rohstoff bis zur Ladentheke*, Siegburg.

Kant, I. 2003. *Kritik der praktischen Vernunft* hg. von Brandt, H.D./Klemme, H.F., Hamburg.

Kreimeier, N./Schäfer, S./Kade, C./Bialdiga, K. 2010. Gefährlicher Engpass. Merkel will Rohstoffversorgung sichern, in: *Financial Times Deutschland*, 13.10.2010, http://www.ftd.de/politik/deutschland/:gefaehrlicher-engpass-merkel-will-rohstoffversorgung-sichern/50182589.html (1.2.2012).

Mattera, P. 2008. *Anglo American's Track Record – Rhetoric or Reality*, 31.7.2008, http://ourbristolbay.com/pdf/anglo_trackrecord_final.pdf (1.2.2012).

Lauster, G./Mildner, S.-A./Wodni, W. 2010. Transparenz im Rohstoffhandel, in: *SWP-Aktuell (76)*, 1–4.

Mildner, S.-A. (Hg.) 2010. *Konkurrenz um knappe Ressourcen. Projektpapier der SWP*, http://www.swp-belin.org/fileadmin/contents/projects/Konkurrenz%20um%20knappe%20Ressourcent.pdf (1.2.2012).

NZZ 2010. *„Rohstoff-Alarm" in Deutschland. Die Politik soll der Wirtschaft bei der Sicherung der Versorgung helfen*, 27.10.2010.

pax christi 2010. *Wider einen abermaligen Missbrauch deutscher Soldatinnen und Soldaten. Stellungnahme der pax christi-Kommission Friedenspolitik zur angekündigten noch engeren Verzahnung von Militär- und Wirtschaftspolitik*, 3.12.2010, http://www.friedensinitiative-wuerselen.de/files/pax%20christi%20Pressemiteilung12–10_0.pdf (1.2.2012).

Public Eye Awards 2011. *Medienmitteilung. Neste Oil und AngloGold am Davoser Public-Eye-Pranger*, 28.1.2011, http://www.publiceye.ch/de/news/pressemitteilung–28-januar–2011 (1.2.2012).

Repinski, G. 2010. Guttenberg auf Köhlers Spuren, in: *taz*, 9.11.2010, http://www.taz.de/1/politik/deutschland/artikel/1/guttenberg-auf-koehlers-spuren (1.2.2012).

Ruggie, J. 2011. *Guiding Principles on Business and Human Rights: Implementing the United Nations "Protect, Respect and Remedy"*, http://www.business-humanrights.org/media/documents/ruggie/ruggie-guiding-principles–21-mar–2011.pdf (1.2.2012).

Tagesschau 2010. *Guttenberg verteidigt Ex-Bundespräsident Köhler. Wirtschaftliche Interessen militärisch verteidigen*, 9.11.2010.

UBS 2010. *Schwellenländer im Wettlauf um Rohstoffe. UBS Research Focus*, Zürich.

VRB 2011. *Fakten und Zahlen. Fakten zur Rohstoffgewinnung*, http://www.v-r-b.de/pages/layout1sp. php?idpage=15 (1.2.2012).

Weltbank 2011. *World Development Report 2011. Conflict, Security and Development*, Washington DC.

La Françafrique

Der französische Zugriff auf afrikanische Rohstoffe am Beispiel des Uranabbaus in Niger

János Riesz

Die Wahl meines Themas, der französische Uranabbau im westafrikanischen Land Niger, einer ehemals französischen Kolonie, lässt sich damit begründen, dass es in fast extremer Zuspitzung das Thema unseres Symposions in seinen zentralen Aspekten illustriert: Begrenztheit der Ressource (des Urans) und ihre weltweit ungleiche Verteilung, die enge Verbindung von wirtschaftlichen und politischen Interessen, ein geostrategischer Hintergrund im Aufeinandertreffen der Interessen der ehemaligen Kolonialmacht Frankreich und dem *Newcomer* China, schließlich die fatalen Auswirkungen auf das afrikanische Land, das zu den ärmsten der Welt gehört (in den Listen der *least developed countries* steht es oft an letzter oder vorletzter Stelle) und sich seit längerem in einer Art Bürgerkrieg befindet, als dessen Ursache die Revolte der Tuareg gegen die Zentralregierung gilt, der teilweise aber auch von außen geschürt wird. Was ich im Februar 2011, als ich das Thema vorschlug, noch nicht vorhersehen konnte, war die dramatische Zuspitzung dieser Situation durch die Ereignisse im Nachbarstaat Libyen, die verstärkten Aktivitäten des nordafrikanischen Arms der *Al-Qaida* nach der Tötung von Osama bin Laden und die Neubewertung der Zukunft der Atomenergie nach dem GAU des AKW im japanischen Fukushima.

Ich habe an den Anfang meines Titels den Begriff der *Françafrique* gestellt, der das System post- und neokolonialer Verflechtungen Frankreichs in Afrika bezeichnet und um den sich in den letzten Jahren viele Diskussionen zur französischen Afrika-Politik gelegt haben. Er soll von dem langjährigen Präsidenten der Elfenbeinküste, Félix Houphouet-Boigny, (in positivem Sinne) geprägt worden sein, und wurde durch zwei Bücher des französischen Ökonomen und Journalisten François-Xavier Verschave (1945–2005) in die politische Diskussion eingeführt (Verschave 1998; 2000), die heftige Debatten in Frankreich – und natürlich auch in Afrika – ausgelöst und ihrem Autor u.a. einen Prozess wegen Beleidigung fremder Staatsoberhäupter eingetragen haben. *La Françafrique* von 1998 trägt den sprechenden Untertitel: „Der längste Skandal der Republik", und das zweite, um umfangreiches weiteres

Material erweiterte Buch von 2000, dessen Titel *Noir Silence* auf die Tatsache anspielt, dass nur wenig von den „dunklen" Machenschaften der *Françafrique* ans Licht der Öffentlichkeit gelangt, stellt im Untertitel die provokante Frage: „Wer soll die *Françafrique* aufhalten?"[1]

Den Inhalt der beiden Bücher fasst der Umschlagtext des ersten wie folgt zusammen:

„Seit 40 Jahren zielt die französische Afrika-Politik einzig auf die Ausbeutung der natürlichen und geopolitischen Ressourcen der frankophonen Länder Afrikas. Die Profite sind immens. Da kommt es wenig auf die Mittel an: Korruption, Mord, Manipulation und Kriege. Es ist der am längsten währende Skandal der Republik" (Verschave 1998, Umschlagtext).[2]

Die Korruption findet von beiden Seiten aus statt: Afrikanische Politiker werden dafür „belohnt", dass sie den französischen Firmen vorteilhafte Bedingungen machen, sie „bedanken" sich ihrerseits bei den französischen Politikern und deren Parteien durch großzügige Geldzuwendungen.

Erik Orsenna, der langjährige Berater und Redenschreiber von François Mitterrand (seit 1998 auch Mitglied der *Académie Française*), sagte in einem Interview der Zeitschrift *Télérama* vom 8.9.1993:

„Alle wissen, dass die [französischen, J.R.] politischen Parteien durch Geldzuwendungen aus afrikanischen Ländern finanziert werden. Man bedient sich des Umwegs über Afrika für die Geldwäsche der politischen Parteien. Das ist auch deshalb ein Skandal, weil die afrikanischen Eliten pervertiert werden und man sich nicht im Geringsten um die Entwicklung Afrikas kümmert. Ich bleibe bei meiner Mindestforderung, dass die Geldbewegungen transparent sein müssen" (zitiert nach Verschave 1998, 56).

Die Schieflage der französischen Entwicklungspolitik erhellt sich z.B. auch aus der Tatsache, dass das reiche Gabun, im Verhältnis zu seiner Einwohnerzahl ein Vielfaches der Entwicklungshilfe von so armen Ländern wie Niger oder Burkina Faso bekommt. Der französische Politologe Jean-François Bayart zitiert in einem Interview in *Le Monde* (29.4.1997) Omar Bongo, den langjährigen Staatschef von Gabun (1967–2009) und einen der Hauptakteure der *Françafrique*, mit dem Ausspruch: „Afrika ohne Frankreich, das ist wie ein Auto ohne Chauffeur. Frankreich ohne Afrika, das ist wie ein Auto ohne Benzin" (zitiert nach Verschave 1998, 135).

Der Gerechtigkeit halber muss man sagen, dass sich nicht alle – weder in Frankreich noch in Afrika – an diesem Spiel beteiligen. Und dass sich die französisch-afrikanischen Beziehungen nicht auf Vetternwirtschaft und

---

[1] Die Übersetzungen der französischen Zitate sind vom Verfasser (J.R.).

[2] „Frankophon", weil es nicht alleine um die ehemaligen Kolonien Frankreichs geht, sondern das System der *Françafrique* auch die ehemals belgischen Kolonien des Kongo (früher Zaïre), Rwanda und Burundi einschließt. In die internationalen Organisationen der Frankophonie wurden in den letzten Jahren auch lusophone und anglophone Länder aufgenommen.

Klientelismus, Korruption und Geldwäsche beschränken. Jean-Pierre Dozon, ein angesehener Anthropologe und Forschungsdirektor an der Elite-Hochschule EHESS (*Ecole des Hautes Études en Sciences Sociales*), hat versucht, die französisch-afrikanischen Beziehungen in eine Langzeitperspektive von der Kolonialpolitik des *Ancien Régime* bis heute zu stellen und den Titel seiner Analyse, das Gegensatzpaar „Brüder und Untertanen" (*Frères et Sujets*, Dozon 2003), der Totalitarismus-Studie von Hannah Arendt entnommen. Er fasst damit die in der Tat gegensätzlichen Tendenzen der gesamten französischen Afrika-Politik zusammen: einerseits eine auf Ausbeutung der Rohstoffe des Kontinents (zu denen bis zur Französischen Revolution auch der Sklavenhandel gehörte) und der Sicherung von Absatzmärkten zielende merkantilistische Politik, andererseits die scheinbar gegenläufigen Strebungen, die oft mit dem Schlagwort der „Assimilation" bezeichnet wurden, mittels derer man die afrikanischen Völker an den Errungenschaften der „Zivilisation" teilhaben lassen, die Sklaverei abschaffen und die Menschenrechte auch in den Kolonien durchsetzen wollte.

Tatsache bleibt – was man sich auf deutscher Seite oft gar nicht recht vorstellen kann und auch in den Medien wenig Berücksichtigung findet – die sehr enge, wirtschaftliche und kulturelle Verbindung zwischen Frankreich und seinen ehemaligen afrikanischen Kolonien. Dozon verdeutlicht das am Beispiel der Begräbnis-Feierlichkeiten (7. Dezember 1993) für den über 30 Jahre die Elfenbeinküste regierenden Félix Houphouet-Boigny, an der nicht weniger als 80 hochrangige offizielle Vertreter Frankreichs teilnahmen, darunter der aktuelle Staatspräsident, sein Vorgänger, nicht weniger als sechs frühere Premierminister und zahlreiche ehemalige Minister.

Auch die Ereignisse der letzten Wochen und Monate (2010–2011) in der Elfenbeinküste, nach dem fast in einen Bürgerkrieg ausartenden Zwist zwischen den beiden Kontrahenten um das Präsidentenamt, Laurent Gbagbo und Alassane Ouattara, bestätigen diesen Sachverhalt: In der führenden französischen Tageszeitung *Le Monde* wurde darüber täglich, oft auf mehreren Seiten, berichtet. Man konnte den Eindruck haben, es handele sich um ein Ereignis der französischen Innenpolitik. Als sich der Wahlsieger Ouattara, mit französischer militärischer Unterstützung, endlich durchgesetzt hatte, flog Staatspräsident Sarkozy in den letzten Wochen gleich zweimal in die Elfenbeinküste – einmal um den Wahlsieger weiterhin seiner Unterstützung und der Freundschaft Frankreichs zu versichern, das zweite Mal zur Amtsübernahme Ouattaras am 21. Mai in der Hauptstadt Yamassoukrou, was *Le Monde* mit der Überschrift ankündigte: „In Abidjan gibt Nicolas Sarkozy bekannt, dass in der Elfenbeinküste auch weiterhin eine französische militärische Präsenz vorgesehen ist."[3] Die ivorische Bevölkerung habe den französi-

---

[3] Bei früheren Anlässen hatte er seit 2007 mehrfach versichert, dass er die französische militärische Präsenz in der Elfenbeinküste, wie generell in Afrika, reduzieren wollte. Vgl. dazu auch das Interview des damaligen Verteidigungsministers Alain Juppé in *Le Monde*

schen Präsidenten mit lauten Jubelrufen und einem vielfachen: „Merci! Merci! Merci!" empfangen.

Was aus diesem Tatbestand für unser Thema abzulesen ist und deshalb nachfolgend auch in den Vordergrund gestellt werden soll, ist das Faktum, dass es Frankreich gelungen ist, mit seinen ehemaligen Kolonien in Afrika südlich der Sahara seit der Kolonialzeit und darüber hinaus eine *special relationship* aufzubauen. Strukturen, die eine besondere Nähe und vielfache Möglichkeiten der Kooperation ebenso ermöglichen wie sie offenbar auch neokoloniale Einflussnahme bis hin zur militärischen Intervention, eine Absicherung des eigenen Rohstoffbedarfs (vor allem Erdöl und Uran) mit oft sehr „energischen" Mitteln und eine Nähe der politischen Klasse im ehemaligen „Mutterland" mit den in den jetzt unabhängigen Staaten an der Macht befindlichen Politikern begünstigen, die bis zur Kumpanei gehen kann.

1   Die französische Kolonie Niger

Niger war die letzte französische Kolonie, die in das Ensemble der AOF (*Afrique Occidentale Française*), Französisch Westafrika, aufgenommen wurde. In Verträgen mit den Engländern wurden 1890 die beiderseitigen Einflusszonen festgelegt. Die genaue Vermessung und Festlegung der Grenzen erfolgte durch die *Mission Monteil* 1890–92 (Monteil 1894). Die militärische Eroberung und „Befriedung" (*pacification*) des Landes gehorchte von Anfang an strategischen und geopolitischen Interessen. Das Land lag am Ausgang und Schnittpunkt der Wege nach Nordafrika (über die Sahara), Westafrika (den Niger-Fluss) und Zentralafrika (über den Tschad-See). 1922 wurde aus dem militärischen Territorium die Kolonie Niger, zu deren Hauptstadt 1926 Niamey bestimmt wurde. Als reines Binnenland grenzt Niger an sieben andere Länder: Algerien, Libyen, Tschad, Nigeria, Dahomey (später Bénin), Ober Volta (Burkina Faso), Mali; die West-Ost-Ausdehnung beträgt ca. 2.000 km, Nord-Süd ca. 1.300 km, zum Golf von Guinea und zum Hafen von Cotonou sind es ca. 700 km, zum Mittelmeer ca. 1.200 km, zur Atlantikküste des Senegal ca. 1.900 km.

Die militärische Eroberung des Landes war von unnachsichtiger Härte und oft von Grausamkeiten und Massakern begleitet. Besonders die *Mission Voulet-Chanoine* blieb wegen ihres rücksichtslosen Vorgehens gegen die Zivilbevölkerung in nachhaltiger Erinnerung.[4] Ein langer und hinhaltender Widerstand der einheimischen Bevölkerung und der gemeinsame Kampf gegen die fremden Eroberer ließ die ethnischen Gegensätze und alte Rivalitä-

---

vom 19.01.2011 unter der Überschrift: „Wir sind nicht mehr in Afrika, um uns in die inneren Angelegenheiten der Länder einzumischen".
[4] Vgl. dazu die Zusammenfassung bei Kimba 1992, 225–227.

ten in den Hintergrund treten. Besonders heftig war die Gegenwehr der no-
madisierenden Tuareg, die durch den kolonialen Verwaltungsstaat wie durch
den späteren Nationalstaat ihre Lebensgrundlagen bedroht sahen, sich immer
wieder in Aufständen dem Machtanspruch der Zentralregierung widersetzten
und bemüht waren, die Verbindungen zu den Tuareg-Stämmen jenseits der
nationalen Grenzen (in Algerien, Libyen, Mali) beizubehalten. Mehrfach
erlebte das Land im 20. Jahrhundert Dürreperioden mit nachfolgenden Hungersnöten, die durch den von der Kolonialverwaltung erzwungenen Anbau
von *cash crops* (Erdnuss, Baumwolle) noch verstärkt wurden (Spittler 1993).

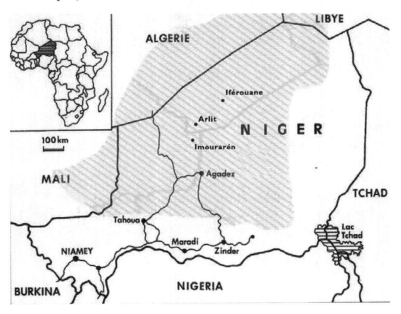

*Quelle: Politique Africaine (38), Juni 1990, 4. Dazu weitere Einträge vom Verfasser
(J.R.): Imouraren, Arlit, Iférouane; die schraffierte Zone entspricht in etwa dem von
Tuareg bewohnten Gebiet.*

Von den Angehörigen der Kolonialverwaltung wurde Niger als „Strafkolo-
nie" angesehen, wohin andernorts „unliebsame Elemente" versetzt wurden.
Dennoch erlebte das Land ein ununterbrochenes Bevölkerungswachstum, das
von ca. 1 Mio. Einwohnern um 1920, über 2,2 Mio. 1950, 3,2 Mio. im Jahr
der Unabhängigkeit 1960, auf heute (geschätzte) 15 bis 16 Mio. anstieg. Vier
Fünftel des Landes sind Wüste; eine extensive Landwirtschaft ist nur im
südlichen Fünftel möglich. Den nördlichen, überwiegend von Tuareg bewohnten Gebieten bot sich die Chance, mit der Entdeckung reicher Uranvorkommen wirtschaftlich aufzuholen und den Abstand zum Süden zu verringern. Doch dem standen sowohl die Interessen der ehemaligen Kolonialmacht Frankreich wie ethnische Rivalitäten innerhalb des Nationalstaates
Niger entgegen.

2   Das Interesse der Atommacht Frankreich an Niger

Für die Geschichte der Beziehungen zwischen Frankreich und Niger und die Rolle, welche das Uran dabei spielt, richten wir nachfolgend den Blick auf die historische Entwicklung dieser Beziehungen, die sich unter dem Thema der Herausbildung einer *Françafrique* einordnen lassen. Am Anfang steht der Entschluss Frankreichs (genauer: Charles de Gaulles) nach dem Zweiten Weltkrieg, aus Frankreich eine Atommacht zu machen, um so mit den andern Siegermächten (USA, UdSSR, Großbritannien) mithalten zu können. Als 1957/58 in der damaligen (Noch-) Kolonie Niger Uranvorkommen entdeckt wurden, sollte dies zu einem entscheidenden Faktor in der französischen Politik gegenüber dem Land werden, das 1960 seine formale Unabhängigkeit erlangen würde. Das lässt sich an drei historischen Ereignis-Konstellationen verdeutlichen:

1. an der politisch „heißen" Situation des Übergangs von der Kolonialzeit zur Unabhängigkeit in den Jahren von 1958 bis 1960;

2. am Ende der langjährigen Herrschaft des ersten Staatspräsidenten Hamani Diori (1974) und dem Übergang zu einer Militär-Junta;

3. im Zusammenhang mit den Ereignissen des letzten Jahrzehnts (1998–2011), in dem wieder ein Wechselspiel von ziviler und militärischer Herrschaft stattgefunden hat, das fürs erste mit einer Rückkehr zu demokratischen Verhältnissen zu einem vorläufig „glücklichen" Ende fand.

2.1   Der Anfang

Nach der Rückkehr Charles de Gaulles aus dem britischen Exil wird sehr schnell nach Kriegsende, am 18. Oktober 1945, das nationale *Commissariat à l'Energie Atomique* (CEA) gegründet, dessen Name per Gesetz vom 9. März 2010 um den Zusatz: *et aux énergies alternatives* erweitert wird. Nach der Gründungsurkunde umfassen die Aufgaben des CEA die wissenschaftliche und technische Erforschung der Möglichkeiten der Anwendung der Atomenergie in verschiedenen Bereichen der Wissenschaft, Industrie und nationalen Verteidigung; weiterhin die Erforschung geeigneter Maßnahmen zum Schutz von Personen und Gütern vor den zerstörerischen Wirkungen der Atom-Energie; und nicht zuletzt: „Das CEA plant und realisiert die Prospektion und Ausbeutung der dafür notwendigen Rohstoffe" (Le CEA 2011).

Die aktuelle Website des CEA nennt für 2010 folgende Zahlen: ca. 16.000 Angestellte, 10 Forschungszentren, 4,2 Mrd. Euro Jahresetat, seit 1984 Gründung von 130 neuen Firmen, 51 Forschungseinrichtungen, die mit andern (z.B. universitären) Zentren zusammen arbeiten; 10 Hauptniederlassungen in Frankreich. Das CEA ist somit eines der wichtigsten staatlichen Industrie-Unternehmen Frankreichs. Es sieht seine Aufgaben vor allem in den Bereichen der Energiegewinnung, der nationalen Verteidigung, der Informationstechnologien und der Lebenswissenschaften. Es spielt bis heute in der Urangewinnung und dem Ausbau der Atomenergie eine Schlüsselrolle.

2.2 Die Zeit des Übergangs von 1958 bis 1960

Die entscheidende Phase, in der die Weichen für die kommenden Jahrzehnte gestellt wurden, liegt in der Zeit kurz vor und nach dem Verfassungs-Referendum Ende September 1958. Der Algerienkrieg war in den Jahren davor eskaliert und zu einer schweren Belastung auch für Frankreich geworden. Mit der Machtübernahme durch de Gaulle im Mai 1958 verband sich vor allem auch die Hoffnung auf eine Lösung der immer dringender sich zuspitzenden kolonialen Probleme.

Eine der ersten Amtshandlungen de Gaulles bestand in der Einsetzung einer interministeriellen Kommission, die mit der Ausarbeitung einer neuen Verfassung beauftragt war. Houphouët-Boigny gehörte ihr als Staatsminister an. Im Unterschied zur Verfassung von 1946, die der Verbindung von Metropole und Kolonien den Namen *Union Française* gegeben hatte, fehlte in der neuen Verfassung das Adjektiv „französisch". Artikel I definierte die neue „Gemeinschaft" wie folgt: „Die Republik und die Völker der Übersee-gebiete, die auf der Grundlage eines Aktes freier Entscheidung diese Verfassung annehmen, bilden eine Gemeinschaft (*communauté*). Diese Gemeinschaft gründet auf der Gleichheit und Solidarität der Völker, aus denen sie sich zusammensetzt" (zitiert in Godechot 1995, 411–456). Die Verfassung sollte eine weitere Etappe auf dem Wege zur Unabhängigkeit der Kolonien markieren. Sie unterschied zwei Kompetenzbereiche: einen innenpolitischen, in dem jedes Mitglied weitgehend unabhängig sein sollte, und den Gemeinschafts-Bereich, bestehend aus Außenpolitik, Verteidigung, Währungs-, Wirtschafts- und Finanzpolitik, außerdem dem Abbau und der Verwendung von strategisch wichtigen Rohstoffen. Gemeinsam sollten ferner sein: das Rechtswesen, die Hochschulen, der länderübergreifende Verkehr und der Bereich der Telekommunikation.

Über die neue Verfassung sollte am 28. September 1958 per Referendum abgestimmt werden. Im August unternahm de Gaulle einen großen Werbefeldzug durch die afrikanischen Kolonien. Trotz der Beschränkungen ihrer Souveränität, die aus den Kolonien Mitglieder zweiter Klasse der „Gemeinschaft" machten, stimmte die überwiegende Mehrheit der Bevölkerung in den afrikanischen Kolonien und auf Madagaskar mit „Ja" – mit Prozentanteilen, die bis zu 99,9 Prozent in der Elfenbeinküste reichten. Die afrikanischen Politiker fürchteten, dass Frankreich die technische und Wirtschaftshilfe für den Fall einstellen würde, dass die Verfassung abgelehnt würde. Lediglich Sékou Touré in Guinea hatte erklärt, er wolle auf die sofortige Unabhängigkeit nicht verzichten und ziehe – nach einer berühmten Formel – „Armut in

Freiheit einem Reichtum in Knechtschaft" vor; Guinea stimmte zu 97,4 Prozent mit „Nein". Dafür wurde es von Frankreich exemplarisch bestraft. In weniger als drei Monaten zogen die Franzosen die gesamte koloniale Verwaltung, Militärs und Siedler ab und hinterließen einen Scherbenhaufen – alle von Franzosen betriebenen Einrichtungen und Plantagen wurden zerstört oder unbrauchbar gemacht. Dennoch trug das Beispiel Guineas und Sékou Tourés, der unter den politischen Eliten in Französisch Westafrika viele Sympathisanten hatte (vgl. dazu Riesz 1998, 342ff.), dazu bei, das Feuer der Begeisterung über die bevorstehende Unabhängigkeit und die Unzufriedenheit mit der Kolonialherrschaft zu schüren. Gemäß Artikel 78 der Verfassung verlangten nacheinander auch die andern sieben Mitglieder der AOF die Übertragung der weiterreichenden Zuständigkeiten der *communauté* und erklärten zwischen April und Oktober 1960 ihre Unabhängigkeit.

Neben dem Fall Guineas, der eindeutig und unumkehrbar war, weil Sekou Touré seit Jahren ein sehr dichtes Netz – bis in die kleinsten Dörfer – seiner Partei über das ganze Land gesponnen hatte, erwartete man, dass alle andern Kolonien mit an die 100% für die neue Verfassung stimmen würden. Das einzige Land, dessen Ergebnis ungewiss war und auf der Kippe stand, war Niger, was eng mit der politischen Entwicklung der Kolonie seit 1946 zusammen hängt. In der Übergangszeit von 1956 bis 1958, nach der am 23. März 1956 verabschiedeten *loi cadre*, die eine weitgehende Dezentralisierung der AOF und die innere Selbstverwaltung der einzelnen Kolonien vorsah, wurde Bakary Djibo zum ersten Regierungschef (formal: Vizepräsident des *Conseil Territorial*, noch unter dem französischen Gouverneur) des semi-autonomen Niger.[5]

Bakary Djibo (1922–1998) ist die zentrale Figur dieser Jahre im politischen Unabhängigkeitskampf des Niger von 1946 bis 1958. 1946 war er erster Generalsekretär des PPN (*Parti Progressiste Nigérien*), einem Ableger des von Houphouet-Boigny bestimmten RDA (*Rassemblement Démocratique Africain*). In den 1950er Jahren hatte er zunächst eine wichtige Position in der westafrikanischen Sektion der CGT (*Confédération Générale du Travail*), der kommunistischen Gewerkschaft in Frankreich und ihrem Ableger in Westafrika. Daneben ist er bemüht, seine eigene Partei aufzubauen und sich von der RDA Houphouet-Boignys abzunabeln. Der Gouverneur des Niger, Jean Ramadier, holt ihn in die sozialdemokratische SFIO (*Section Française de l'Internationale Ouvrière*), und als deren afrikanischen Ableger gründet Djibo den MSA (*Mouvement Social Africain*). Im November 1956 wird er vom Stadtrat zum Bürgermeister der Hauptstadt Niamey gewählt, mit 14 gegen 13 Stimmen für Diori Hamani. Nach den Wahlen zur Territorialversammlung am 31. März 1957 (der ersten gemäß der *loi cadre*, welche die territoriale Autonomie vorbereiten soll) wird er mit 41 gegen 19 Stimmen der

---

[5] Die folgende Darstellung fußt im Wesentlichen auf G. Chaffard 1967, darin besonders das Kapitel: „La longue marche des commandos nigériens", 269-332.

Abgeordneten zum Regierungschef gewählt. Entgegen den Erwartungen erweist er sich als fähiger und starker Politiker. Sein Ehrgeiz geht aber über die reine Zusammenarbeit mit Frankreich hinaus. Er will als afrikanischer Nationalist auf AOF-Ebene eine Rolle spielen, gründet seine eigene Partei SAWABA (in der Sprache der Haussa: „Freiheit", „Unabhängigkeit") und macht sich, neben Sékou Touré, zum Wortführer des „Nein" beim bevorstehenden Referendum.

Bakary Djibos (37) Sympathien galten schon lange dem ungefähr gleichaltrigen Sékou Touré (36) und dessen Vorgänger in der Erlangung der Unabhängigkeit in der britischen Goldküste, Kwame Nkrumah. In einer Rede am 8. August 1958 hatte De Gaulle unverhohlen all jenen, welche die neue Verfassung nicht annehmen würden, mit dem vollständigen Rückzug Frankreichs und der Einstellung jeglicher Hilfe gedroht. Sékou Touré und Bakary Djibo, die zuvor stets ihre Freundschaft und Verbundenheit mit Frankreich bekundet hatten, sahen darin eine „Erpressung" (*chantage*) und fühlten sich in ihrer „Ehre als Afrikaner" beleidigt. In diesem Sinne exponierte sich Bakary Djibo in einem Zeitungs-Artikel vom 18. August. In Paris wird man auf ihn aufmerksam und setzt sofort alles in Bewegung, um – neben Guinea, das man im Blick auf das Referendum für „verloren" hält – nicht auch noch den Niger aus der von Frankreich bestimmten „Gemeinschaft" zu verlieren.

Dem Kolonialminister in Paris, Bernard Cornut-Gentille, bleiben gerade noch sechs Wochen, um die Situation zu „retten". Louis Rollet, der neue Gouverneur des Niger, wird gegen Bakary Djibo in Position gebracht. Da er zögert und das Spiel nicht recht mitspielen will, wird er umgehend ersetzt durch den Korsen Don-Jean Colombani, der seit Jahrzehnten in der Kolonialverwaltung, vor allem in Senegal, arbeitet und als „harter Hund" bekannt ist. Der 57 Jahre alte Colombani ist der klassische Typ eines „Prokonsuls", der in erster Linie die Interessen der Metropole im Auge hat. Er trifft am 18. August in Niamey ein. Es beginnen hektische Wochen, in denen sich die Ereignisse überschlagen. Djibo ist einige Tage im Auto an die ghanaische Grenze gereist, um sich mit dem Staatschef der seit 1957 unabhängigen Goldküste (Ghana), Kwame Nkrumah, zu bereden. Er schickt zwei Emissäre nach Paris, die dort aber vor verschlossenen Türen stehen. Am 14. September 1958 treffen in Niamey die afrikanischen Abgeordneten der französischen Nationalversammlung aus dem Senegal, Sudan (Mali) und Dahomey (Bénin) ein. Sie werden vom Gouverneur empfangen. Vor dem Leitungsgremium der Partei Bakary Djibos erklären sie, weshalb sie mit „Ja" stimmen werden. Aus Conakry trifft die Nachricht ein, dass man sich auf ein „Nein" festgelegt hat.

Der Gouverneur Colombani untersagt Djibo und seinen Getreuen die Benutzung des staatlichen Wagenparks. Er braucht ihn selbst für seinen Wahlkampf. Es gelingt ihm, die traditionellen Chefs auf den Dörfern zum „Ja" zu überreden. Ein wichtiges Argument für die Bauern ist der von Frankreich garantierte, über dem Weltmarkt-Niveau liegende Erdnusspreis. Der reiche Plantagen-Besitzer Houphouet-Boigny schickt aus der Elfenbeinküste mehrere seiner Autos zur Unterstützung der Kampagne. Es folgen militärische Aufmärsche, Flugzeuge der Armee fliegen im Niedrigflug über die Dörfer und verbreiten Schrecken. In diesem Klima der Einschüchterung fliehen 40.000 Haussa-Bauern aus dem Süden der Kolonie Niger über die Grenze in das britische Nigeria.

Bei der Abstimmung am 28. September 1958 enthalten sich in Niger 62% der Wahlberechtigten, 78% stimmen mit „Ja". Aus der Sicht der französischen Kolonialverwaltung hat damit die bisher an der Macht befindliche Partei Djibos ihre Legitimation verloren. Seine Regierung tritt am 19. Oktober zurück. Der Gouverneur Colombani, der mit allerhand Manipulationen die SAWABA zerschlagen hat, erhält Anweisung aus Paris, Djibo zu eliminieren. Man hält ihn für eine Gefahr im Blick auf die französischen Interessen in der Region. Auch Houphouët-Boigny ergreift Partei gegen Bakary Djibo. Die Gründe sind in unserem Zusammenhang wiederum von Interesse: 1957 war in Paris die OCRS (*Organisation Commune des Régions Sahariennes*) gegründet worden, ein Interessenverbund der Sahara-Anrainer, der das Ziel hatte, über die jeweiligen Landesgrenzen hinweg, die gemeinsame Ausbeutung der Bodenschätze in Angriff zu nehmen.[6] 1957 ist auch das Jahr, in dem zweifellos feststeht, dass Niger reich an natürlichem Uran ist. Bakary Djibo ist aus dieser Sicht ein Unsicherheitsfaktor am südöstlichen Flügel der algerischen Sahara.

Der Gouverneur Colombani bringt die Minister des Kabinetts von Djibo vor Gericht mit der Anklage, sie hätten den Wagenpark der Regierung zu nicht-dienstlichen Zwecken missbraucht. Er übt Druck auf die 60 Mitglieder der Territorialversammlung aus, dass sie ihren Rücktritt erklären und so den Weg zu Neuwahlen freimachen. Einige können nicht Französisch lesen und unterschreiben unbesehen ihre Rücktrittserklärung. Als die notwendige Zahl einer Mehrheit von 32 Rücktritten erreicht ist, schickt Colombani – gegen die gesetzlichen Vorgaben – das Konvolut nach Paris. Der Kolonialminister Cornut-Gentille legt unverzüglich dem französischen Ministerrat ein Dekret zur Abstimmung vor, durch das die Territorialversammlung des Niger aufgelöst und ein neuer Wahltermin für den 14. Dezember festgesetzt wird.

Die Abgeordneten des Senegal (obwohl sie beim Referendum für das „Ja" waren) protestierten auf einer Pressekonferenz in Paris am 19. November gegen das willkürliche und unrechtmäßige Vorgehen des Gouverneurs und des Kolonialministers, sie versuchen zu vermitteln und schlagen eine Regierung der nationalen Einheit in Niger vor. Am 20. Dezember wird der senegalesische Abgeordnete Lamine Guèye von de Gaulle empfangen, der ihm verspricht, die Rechtmäßigkeit des Vorgehens überprüfen zu lassen. Colombani verfasst eine „Richtigstellung" und bleibt bei seinen alten Anschuldigungen gegen Djibo und seine Anhänger.

---

[6] Mit der algerischen Unabhängigkeit 1962 wird die OCRS aufgelöst.

Die traditionellen Herrscher in Niger laufen zum RDA über. Bereits vor den Wahlen wird festgelegt, dass Hamani Diori der neue Präsident sein soll. Die neue Liste trägt den Namen: *Union pour la Communauté Franco-Africaine* (Union für die französisch-afrikanische Gemeinschaft). Der Name ist Programm, insofern er die weiterhin enge Bindung an Frankreich betont. Djibo war u.a. auch wegen seiner vorgeblich separatistischen Tendenzen in Richtung Nigeria und seiner Verbindung zu Kwame Nkrumah in Ghana diskreditiert und von seinen politischen Gegnern angegriffen worden. Bei der Auszählung der Stimmzettel am 15. Dezember entfallen auf die Liste der *Union* 54 von 60 Sitzen. Zum Präsidenten des neuen *Conseil Territorial* wird Hamani Diori gewählt, obwohl er bei der Wahl in seinem Bezirk Zinder dem Vertreter der SAWABA unterlegen war. Die neu konstituierte Versammlung erklärt die Stimmen für die SAWABA schlicht für ungültig. Die Wahl im Bezirk Zinder wird am 27. Juni 1959 wiederholt. Diori ist der einzige Kandidat und wird gewählt. Die bisherige Regierungspartei wird überall eliminiert. Alle Organisationen, die beim Referendum am 28. September für das „Nein" plädiert haben, werden aufgelöst. Niger wird zum Einparteienstaat. Djibo geht ins Exil: nach Dakar, Bamako, Accra, Algier, Dar es Salaam. Seine Versuche, von außen her die politische Situation in Niger zu beeinflussen, bleiben erfolglos. Die Gefahr eines „Abfalls" der für Frankreich strategisch und im Hinblick auf seine Bodenschätze wichtigen Kolonie Niger scheint abgewendet und mit Hamani Diori steht ein Frankreich ergebener Politiker an der Spitze des neuen Staates, der bis 1974 an der Macht bleiben wird.

2.3 Das Ende der Regierungszeit Hamani Dioris und der Übergang zu einer Militärherrschaft 1974

Wie wir aus den Aufzeichnungen seines langjährigen Beraters Jacques Baulin (Baulin 1986) wissen, war Hamani Diori während seiner ganzen Amtszeit als Staatspräsident bestrebt, die Bodenschätze des Niger für das Wohlergehen des Landes und die Mehrung seines Reichtums nutzbar zu machen und es dadurch aus seiner Armut heraus zu führen. Seit 1957/58 das französische CEA nördlich von Agadez Bodenuntersuchungen durchgeführt hatte und dabei auf die reichen Uran-Vorkommen bei Arlit gestoßen war, kämpfte Diori um eine rasche Erschließung dieser Bodenschätze und eine angemessene Beteiligung seines Landes an den Gewinnen. Er verstärkte seine Bemühungen noch, als das Land Anfang der 1970er Jahre infolge einer langen Dürreperiode unter einer Hungersnot litt. Hoffnung machte ihm außerdem, dass in der gleichen Zeit der Erdölpreis um ein Mehrfaches anstieg und sich die Erwartungen auf eine Überwindung der Energiekrise noch entschiedener auf die Atomenergie richteten.

Die vertragliche Grundlage der Uran-Ausbeutung in Niger war ein unmittelbar nach Erlangung der Unabhängigkeit, am 24. April 1961, geschlos-

senes Abkommen zwischen Frankreich einerseits und den bisherigen Kolonien Elfenbeinküste, Dahomey und Niger andererseits, in dem sich die Vertragspartner verpflichteten, den französischen Streitkräften den Zugang zu
strategisch wichtigen Rohstoffen zu gestatten und im Verteidigungsfall den
Export in Drittländer zu begrenzen oder zu untersagen. Vom französischen
Außenminister Couve de Murville erhielt Diori im Januar 1967 die Zusiche-
rung, dass bis zum Ende des Jahres mit der Vorbereitung für den Uran-
Abbau begonnen werden sollte.

Jacques Baulin erzählt in seinen Erinnerungen an jene Jahre, wie die
Verantwortlichen des CEA in einem über Jahre sich hinziehenden Kleinkrieg
(„une guérilla de type mercantiliste") zu verhindern suchten, dass der bettel-
arme Niger einen höheren Anteil an den zu erwartenden Gewinnen der Uran-
ausbeutung erhielt. Er schildert diesen „Kleinkrieg" mit vielen Details und
auf der Grundlage von photokopierten Dokumenten; dabei zitiert er aus den
Briefen von Jacques Foccart, dem *Monsieur Afrique* des Elysée (Péan 1990),
der – in alter kolonialer Manier – die Ansprüche des afrikanischen Landes
brüsk zurückweist. De Gaulle, an den Diori einen persönlichen Brief ge-
schrieben hatte, stimmte zwar der Schaffung einer gemischten, französisch-
nigerischen Kommission zu, die den Uranabbau in Niger noch einmal unter
dem Aspekt der Entwicklung des afrikanischen Landes verhandeln sollte,
doch der CEA gab nicht nach und verhielt sich weiterhin wie in einem be-
setzten Land (Baulin: „les dirigeants du CEA se croient en territoire
conquis").

Nach dem Rücktritt de Gaulles setzt Diori seine Bemühungen mit dessen
Nachfolger Georges Pompidou fort und ist weiterhin bestrebt, die Entwicklungszusammenarbeit und im Besonderen den Uranabbau auf der Grundlage
einer gleichberechtigten Partnerschaft neu auszuhandeln. Von Seiten der
Regierung des Niger wird im Sommer 1968 ein interministerieller Ausschuss
(*Comité Technique Interministériel de l'Uranium*) eingesetzt, der sich die
Erarbeitung eines Planes („une doctrine") zum Ziel setzte und bis 1973 ca.
zehnmal zusammen trat. Gleichzeitig wurde eine gemischte französisch-
nigerische Kommission (*Commission Franco-Nigérienne de l'Uranium*)
gegründet, deren Aufgabe es war, alle Vorhaben der Suche und des Abbaus
von Uran zu begleiten und zu unterstützen und die zwischen Dezember 1968
und Februar 1974 vierzehnmal zusammen trat. Auch die Tageszeitung *Le
Monde* (18.12.1971) nimmt sich der Angelegenheit an und beschuldigt die
französische Seite, Niger statt der erhofften 20 Mio. Francs nur ein Almosen
von ca. einer Million gewährt zu haben: „In Paris hat man mehr Interesse
daran, Gewinn zu machen als zu investieren. Man muss befürchten, dass die
Nigerer Frankreich beschuldigen, die Reichtümer des Landes ungenutzt zu
lassen" („stériliser", *Le Monde* 18.12.1971).

Nach dem Begräbnis von Georges Pompidou am 4. April 1974 treffen
sich zwei Tage später ca. 20 frankophone afrikanische Regierungschefs, die
der Präsident des Niger für den Abend in seine Pariser Wohnung eingeladen

hat. Diori hatte zuvor dem französischen Premierminister Pierre Messmer angekündigt, dass er am 19. des Monats vor der Vollversammlung der UNO eine Rede halten würde und dabei besonders auf den neokolonialen Zugriff und die ungerechte Verteilung der Gewinne aus den Rohstoffen in den Entwicklungsländern eingehen wollte. Möglicherweise war dies der Anlass für das Ende seiner Präsidentschaft. In der Nacht vom 14. auf den 15. April wird Hamadi Diori in Niamey durch den Putsch einer Militär-Junta seines Amtes enthoben und gefangen gesetzt. Der Kommentar von Jacques Baulin (1986, 118) dazu lautet: „De toute évidence, un certain milieu parisien avait opté pour la chirurgie" („Es ist offenkundig, dass bestimmte Pariser Kreise diesen chirurgischen Schnitt für notwendig hielten").[7]

Für das Land Niger sind dies entscheidende Jahre im Sinne einer Neuorientierung seiner Wirtschaft, in denen es sich von einem „exportorientierten Bauernstaat" in ein Land mit dem begehrten Rohstoff Uran als Haupt-Exportgut entwickelt. Gerd Spittler beschreibt in seiner 1976 veröffentlichten Studie Niger noch als den „Typ des entfalteten Bauernstaates": Neben dem Anbau der Grundnahrungsmittel Hirse (Millet, Sorghum) und Reis (am Niger-Fluss) sind die Erdnussprodukte (ca. 70%) und Viehzucht (Lebendvieh, Fleisch, Häute, 15–20%) sowie Baumwolle die Exportgüter, deren Anbau seit der Kolonialzeit gefördert wurde. Der Erdnuss-Export ist seit den 1920er Jahren von 10.000 t auf über 100.000 t jährlich in den 1960er Jahren angestiegen. Statt Zwangsarbeit und Requisitionen in der Kolonialzeit zahlen die Bauern nach der politischen Unabhängigkeit nur noch Steuern. Alle staatlichen Agrarprogramme sind auf eine Steigerung der Exportpflanzen gerichtet. Sie werden überwiegend in den südlichen Departements Zinder und Maradi produziert, in denen 40% der Bevölkerung des Niger lebt. Die staatliche Verwaltung tritt als finanzkräftiger Arbeitgeber und Kunde auf. Die Stadtbevölkerung wächst schneller als die auf dem Land. Und seit 1973 wird Uran zum wichtigsten Exportgut des Landes (Spittler 1976).

3 Die Folgen des Uranabbaus

Die Folgen des Uranabbaus sind von Bedeutung sowohl für das innere Gleichgewicht des Staates Niger als auch für das Verhältnis des Landes zu seinen Nachbarn und zu Frankreich. In der bislang vorwiegend von Tuareg bewohnten Gegend des Aïr im Nordwesten des Landes (seit 200 Jahren dominiert hier der Stamm der Kel Ewey, vgl. Spittler 1993) entstehen um die Uranminen herum neue Städte, so die Doppelstadt Arlit-Akokan, deren Einwohnerzahl E. Grégoire (2010) mit ca. 80.000 angibt. Die Region mit der Hauptstadt Agadez (die von den Tuareg als ihre Hauptstadt angesehen wird,

---

[7] Vgl. zu dem Vorgang auch Grégoire 2010, 36; Raynal 1993, 23.

obwohl sie ethnisch durchaus gemischt ist) zog eine wachsende Stadtbevölkerung an. Nach der Fertigstellung der *Route de l'Uranium* 1981 wird
Agadez wieder, wie schon in der Vergangenheit, zum Ausgangs- und Ver-
kehrsknotenpunkt der Verbindungen zwischen dem schwarzen Afrika und
dem Maghreb. Diese Entwicklung kommt mit dem Tuareg-Aufstand von
1991 zu einem vorläufigen Ende. Ausländische Firmen und NGOs verlassen
die Stadt, der rege Tourismus erlahmt. Den Tuareg war es nicht gelungen,
ihre alte Lebensweise, die auf dem Karawanenhandel mit Kamelen, der
Viehzucht, in geringerem Maße auch auf Gartenbau und Handwerk beruhte,
mit den neuen Erfordernissen des Abbaus und des Vertriebs der Bodenschätze in Einklang zu bringen. Zuwanderer aus dem Süden (Haussa, Djerma), die
schon von der Kolonialverwaltung privilegiert worden waren, profitieren von
der neuen Situation. Den Tuareg gelingt es nicht, die neuen Arbeitsmöglichkeiten zu nutzen.

Wir versuchen nachfolgend, die Entwicklung von 1974 bis heute in drei
Punkten kurz zusammen zu fassen: (1) die „Boomjahre" des Urans und ihr
Ende, 1974–1989; (2) die Krisenjahre, 1990–2003; (3) die Entwicklung seit
2004, wobei wir ein besonderes Augenmerk auf die neuerliche Krise von
2009 bis 2011 richten wollen. Zuletzt soll dann noch einmal eine Gesamtbe-
trachtung dieser Entwicklung unter dem Aspekt der *Françafrique*, dem fort-
dauernden französischen Einfluss in seinen ehemaligen Kolonien in Afrika
und den Widerständen dagegen, erfolgen.

3.1   Die Boomjahre des Urans und ihr Ende, 1974–1989

In den bereits seit den 1950er Jahren durch das CEA erkundeten Uranvorkommen im Aïr, nahe Arlit, hatten 1967 die Vorbereitungen für den Abbau
begonnen. 1971 wurde die gemischte französisch-nigerische SOMAIR
(*Société des Mines de l'Aïr*) gegründet, an der zu einem geringen Teil auch
deutsche und italienische Firmen beteiligt waren. 1976 folgte als weitere,
vom CEA initiierte Gründung die COGEMA (*Compagnie Générale des
Matières Nucléaires*), die 2001 in die Areva einging. Die Uranproduktion
begann 1971 mit einer Jahresproduktion von 400t. Sie stieg bis 1974 auf
1.100 t, 1980 auf 4.120 t. In der gleichen Zeit kletterte der Preis für das Kilo-
gramm Uran von 5.000 Francs CFA bis 1980 auf das nahezu Fünffache,
24.500 Francs CFA; die Staatseinnahmen wuchsen entsprechend von 11
Mrd. auf 94 Mrd. Francs CFA. Die neuen Einnahmen erlaubten dem Land
Investitionen in die Infrastruktur: Straßenbau, Schulen, Sporteinrichtungen,
Krankenhäuser, Kulturzentren und ähnliches. 1976 wurde die noch aus der
Kolonialzeit stammende Kopfsteuer abgeschafft, was im Besonderen für die
ländliche Bevölkerung eine große Erleichterung war.

Doch schon ab 1982 ging die Nachfrage nach dem Uran zurück. Die erste Ölkrise schien überwunden, gegenüber der Atomenergie machte sich

wachsende Skepsis breit. Die Produktion des Urans pendelte sich ab 1987 bei ca. 3.000 t jährlich ein. Von 46% ging der Anteil der Uraneinnahmen an den Staatsausgaben auf 12% zurück. Dem Land erging es wie den meisten afrikanischen Staaten, die von ihren Bodenschätzen abhängen: Es hatte sich in Erwartung ständig wachsender Einnahmen hoch verschuldet. Der Schuldenstand entsprach der Hälfte des BIP, das Pro-Kopf-Einkommen der Bevölkerung lag unter 300 $ im Jahr, die Analphabeten-Rate bei 90%. Der Niger befand sich wieder unter den *least developed countries*. Eine neue (nach der von 1973/74) Dürreperiode 1984/85 verschlechterte die Ernährungssituation und die Lebensbedingungen der Bevölkerung dramatisch. Einer internationalen Geberkonferenz (Fottorino 1987), die auf Einladung des nigerischen Ministers für den Plan im März 1987 in Niamey zusammentrat, an der außer den ausländischen Geldgebern (Frankreich, USA, BRD, Saudi Arabien) auch IWF und Weltbank, die EU und die UNO mit ihren Entwicklungsprogrammen teilnahmen, lag ein umfangreicher (über 500 Seiten starker) Entwicklungsplan des Niger für die Jahre 1987 bis 1991 vor. Kernpunkt war eine Neubewertung der Landwirtschaft, der die Schlüsselrolle für die Zukunft des Landes zugeschrieben wurde: Neben der Grundsicherung der Ernährung der Bevölkerung sollte die landwirtschaftliche Produktion auch wieder auf den Export ausgedehnt und eine Ernährungsindustrie aufgebaut werden, mit der man vor allem den reichen Nachbarn im Süden, Nigeria, im Auge hatte. Doch musste man gleichzeitig einräumen, dass die natürlichen und infrastrukturellen Voraussetzungen in einem Land, das zum größeren Teil aus Wüste besteht, unter wiederkehrender Trockenheit und Dürreperioden leidet, dessen Verkehrsinfrastruktur sich nicht einmal für einen reibungslosen Warenaustausch und Binnenhandel eignet, dafür keine idealen Voraussetzungen bietet. Dazu kamen bürokratische Hemmnisse aller Art, hohe Zölle und Abgaben, mit denen wiederum ein schwunghafter Schmuggel und Schwarzmarkt korrelierten. Das Ergebnis der Konferenz war nicht ermutigend für ein Land, das sich in einer „grausamen Situation" befand und aus seiner Rolle als „internationaler Bittsteller" herauskommen wollte (Fottorino 1987).

3.2 Die Krisenjahre 1990–2003

Der Rückgang der Rohstoffpreise betraf nicht ausschließlich das Uran und stellte nicht nur das Land Niger vor große Probleme. Er traf auch die Kakao- und Kaffee-Produzenten in Ghana und der Elfenbeinküste, die Erdnussbauern des Senegal, die Baumwollpflanzer in Ägypten und Burkina Faso, den Kupfer- und Kobalt-Abbau in Sambia und im Kongo, und die von ihren reichen Phosphat-Vorkommen zehrenden Länder Nordafrikas. E. Fottorino, der Leitartikler von *Le Monde*, stellt in einem grundlegenden Beitrag vom 20.3.1990 den Irrglauben (*la chimère*) an die dauerhafte Rentabilität der

Monokulturen und die stets sprudelnden Rohstoff-Quellen in Frage und fordert ein Umdenken sowohl im Hinblick auf die Setzung der ökonomischen Prioritäten als auch in der zwischenstaatlichen (afrikanischen) wie internationalen (globalen) Zusammenarbeit.

Die Unruhe, die den afrikanischen Kontinent nach der Implosion der Sowjetunion und dem Sturz des südafrikanischen Apartheid-Regimes erfasste, führte auch in Niger, wie in anderen frankophonen westafrikanischen Ländern, zu einer „nationalen Konferenz", an der ein repräsentativer Querschnitt der Bevölkerung teilnehmen, eine Bilanz der vergangenen 30 Jahre der Republik Niger erstellt und Zukunftsperspektiven für das Land erarbeitet werden sollten (dazu Raynal 1993). Nach einer monatelangen Vorbereitung trat die Nationale Konferenz am 29. Juli 1991 zusammen, mit 884 stimmberechtigten Mitgliedern, zu denen noch 320 Mitglieder ohne Stimmrecht kamen. Am 10. August einigte man sich endlich auf eine Tagesordnung, die nicht weniger als 16 Seiten umfasste. Die große Zahl der Teilnehmer wie die in keiner Weise für das Land repräsentative Zusammensetzung (die 82% der Landbevölkerung und 51% der weiblichen Bevölkerung waren nur unzulänglich vertreten) waren ebenso hinderlich wie die geringe Erfahrung der Mitwirkenden in demokratischer Meinungsbildung und Beschlussfassung. So beschäftigte sich die Nationale Konferenz überwiegend mit der Aufarbeitung der Vergangenheit. Am 23. Oktober verabschiedete sie ein 150 Seiten langes *aide-mémoire*, in dem die anstehenden Reformen und die dafür notwendigen Maßnahmen aufgelistet wurden. Nach 98 Tagen mit langen Reden und nicht enden wollenden Debatten beschloss die Nationale Konferenz am 3. November 1991 ihre Tätigkeit in einem Zustand allgemeiner Erschöpfung. Das Land war in dieser Zeit wie gelähmt (Raynal 1993).

Dennoch gelang es, den Demokratisierungsprozess einzuleiten und voran zu bringen. Für die Zeit vom November 1991 bis Ende Januar 1993 sah man eine Zeit des Übergangs (*transition*) vor, in der es gelang, trotz fortgesetzter Revolten der Tuareg und Ansätzen zu einer Meuterei in den Kasernen, die Verfassung auszuarbeiten und demokratische Wahlen vorzubereiten. Am 26. Dezember 1992 wurde per Referendum über die neue Verfassung abgestimmt (die sich eng an die präsidiale Verfassung der Fünften Republik in Frankreich anlehnte); sie trat am 22. Januar 1993 in Kraft. Am 14. Februar fanden die Wahlen zur Nationalversammlung statt, am 27. Februar und 20. März (Stichwahl) die für das Amt des Staatspräsidenten. Am 23. April wurde die neue Regierung vorgestellt, Staatspräsident Mahamane Ousmane bestimmte Mahamadou Issoufou zum Premierminister. Trotz einer daniederliegenden Wirtschaft und z.T. bürgerkriegsähnlichen Zuständen im nördlichen Landesteil machte sich das Land auf den Weg zur Demokratisierung.

Auch Frankreich musste sich angesichts der veränderten Großwetterlage nach Ende des Kalten Kriegs neu positionieren und konnte seine Präsenz in den ehemaligen Kolonien nicht mehr nur mit der „kommunistischen Gefahr" legitimieren. Allgemein wird die Rede François Mitterrands in La Baule im

Juni 1990 als ein Wendepunkt der französischen Afrikapolitik angesehen. Man traf sich in dem Badeort an der französischen Atlantikküste zum 16. französisch-afrikanischen Gipfel. Dabei handelt es sich um eine Veranstaltung, die erstmals auf Vorschlag von Hamani Diori am 13. November 1973 in Paris unter Vorsitz von Georges Pompidou stattgefunden hatte und seit 1975 alljährlich als „Familientreffen" der frankophonen afrikanischen und der französischen Regierungen, abwechselnd in einer afrikanischen Hauptstadt und in Frankreich, stattfand und als informeller Meinungsaustausch gedacht war.[8] In seiner Rede vom 20. Juni 1990 kündigte Mitterrand einen Wandel der Beziehungen Frankreichs zu seinen afrikanischen Partnern an. Zwar sei man sich auch weiterhin seiner historischen Verantwortung für die ehemaligen Kolonien bewusst, man wolle aber in Zukunft mehr darauf achten, wieweit die afrikanischen Partner auf dem Wege zur Demokratie fortgeschritten seien. Es werde künftig eine „Prämie" für demokratisches Verhalten geben, die französische Hilfe gegenüber afrikanischen Ländern werde nur zurückhaltend gewährt, wo es sich um autoritäre Regimes handele, mit „mehr Begeisterung jenen, die mit Mut und Entschlossenheit den Weg zur Demokratie" gingen. Dennoch betonte Mitterrand weiterhin mehrfach, dass man sich keinesfalls als Lehrmeister aufspielen und sich nicht in die inneren Angelegenheiten der afrikanischen Länder einmischen wolle. Dieses Schwanken zwischen demokratischer Wachsamkeit und gleichzeitiger Zurückhaltung lässt sich in den folgenden Jahren auch im Verhältnis Frankreichs zu Niger feststellen.

Als am 27. Januar 1996 – zum wiederholten Male – die Militärs in Niger putschen, den im April 1993 gewählten Präsidenten Mahamane Ousmane gefangen setzen und das Parlament auflösen, stellt Frankreich seine Entwicklungszusammenarbeit mit dem Land ein, nimmt sie aber sofort wieder auf, als die Militärjunta verspricht, bis zum 30. September 1996 wieder demokratische Verhältnisse herzustellen. Der französische Minister für Entwicklungszusammenarbeit verfügt daraufhin am 20. Februar, dass drei Viertel der französischen Entwicklungshelfer mit sofortiger Wirkung ihre Arbeit wieder aufnehmen (Barrin 1996). Und als bei den Wahlen – wie man auch in Frankreich weiß: mit Betrug und Manipulation der Wahlergebnisse – der Offizier einer Fallschirmjäger-Einheit Ibrahim Baré Maïnassara (I.B.M.) zum neuen Staatsoberhaupt gewählt wird, drückt man in Paris beide Augen zu. Man ist aber auch nicht besonders ungehalten, als derselbe I.B.M. am 9. April 1999 von seiner eigenen Leibgarde auf dem Flughafen von Niamey erschossen wird. Angeblich soll es sich dabei um einen „Unfall" gehandelt haben. Die neue Militärjunta setzte Neuwahlen für den 17. Oktober 1999 an, bei denen sich sieben Kandidaten um das höchste Staatsamt bewarben. Aus der Stichwahl am 24. November 1999 geht Mamadou Tandja als Sieger hervor, der

---

[8] Der letzte dieser Gipfel, der 25. Insgesamt, fand am 31. Mai 2010 im französischen Nizza statt, auf Vorschlag Sarkozys auch mit Vertretern der Wirtschaft.

das Land zehn Jahre lang, über zwei Legislaturperioden bis Ende 2009, regieren wird.

Ein viertägiger Staatsbesuch des französischen Staatspräsidenten Jacques Chirac in Mali und Niger im Oktober 2003 dient der Bekräftigung und Verstetigung der beiderseitigen Freundschaft und Zusammenarbeit. Chirac präsentiert sich als „bester Anwalt Afrikas" und Kämpfer gegen Armut und Unterentwicklung, will gleichzeitig die Vertiefung der Demokratie und die Beförderung einer *Good Governance* unterstützen und hält zu dem Thema eine Rede in der Nationalversammlung in Niamey. Inzwischen werden die Staatsausgaben des Niger überwiegend mit internationaler Hilfe finanziert. Frankreich ist daran mit 50 Mio. Euro pro Jahr beteiligt, was gerade einmal den Ausgaben für sechs Wochen in der ebenfalls in der Krise befindlichen Elfenbeinküste entspricht (Smith 2003), deren Ereignisse sich wie ein dunkler Schatten über die *Françafrique* legen.

3.3   Die Entwicklung seit 2004

Die Entwicklung des Uranabbaus in Niger seit 2004 im Rahmen der innenpolitischen Entwicklung des Landes und angesichts der Weltlage und der besonderen Beziehungen zu Frankreich wird von gegenläufigen Tendenzen bestimmt: Einmal steigt die Nachfrage nach Uran und entsprechend sein Verkaufspreis seit 2004 deutlich an, ehe er am Ende des Jahrzehnts wieder abstürzt; gleichzeitig drängen neue Wettbewerber auf den Markt, vor allem die neue Weltmacht China. Innenpolitisch wird das Land durch die Aufstände der Tuareg im Aïr bestimmt; es kommt zu Geiselnahmen und Entführungen durch die AQMI (*Al-Quaida pour le Maghreb Islamique*). Als Staatspräsident Mamadou Tandja versucht, auf dem Wege einer Verfassungsänderung sich eine dritte Amtszeit zu sichern, greift erneut das Militär ein, mit dessen Hilfe das Land wieder auf den Pfad der Demokratie gebracht wird. Seit 2003 weisen französische und internationale NGOs mit wachsendem Nachdruck auf die für die Gesundheit der Bevölkerung und das Ökosystem schädlichen Folgen des Uranabbaus hin (vgl. Meyer 2010 u.a.).

Eine erste Wende zum Besseren tritt 2004 ein, als dem Land, als „Belohnung" für seine demokratische Entwicklung und innenpolitische „Stabilität", auch zum Dank für seine gute Zusammenarbeit mit IWF und Weltbank, am 12. Mai seine gesamten Schulden erlassen werden und es in den Genuss einer Aufbauhilfe für die ärmsten Länder kommt, durch die vor allem Sozialprogramme und das Gesundheitswesen unterstützt werden (Breuillac 2004). Im gleichen Jahr 2004 beginnt auch ein regelrechter Wettlauf um den Zugang zu bislang noch nicht erschlossenen Uran-Vorkommen. Allein zehn Konzessionen werden an kanadische Firmen vergeben. Auch China sichert sich Schürfrechte und Anteile. Der Preis des Urans 2007 ist seit Beginn des

Jahrzehnts um das Zehnfache gestiegen und hat wieder das Preisniveau von 1970 erreicht (Bezat 2007a).

Die Position des französischen Staatskonzerns Areva, des weltweit größten Unternehmens der Atomindustrie, scheint ins Wanken zu geraten. Die Regierung des Niger wirft Frankreich vor, den Tuareg-Aufstand finanziell zu unterstützen, und verweist den französischen Verantwortlichen der Firma in Niger am 25. Juli des Landes. Doch ein Telefongespräch zwischen Mamadou Tandja und Nicolas Sarkozy am 31. Juli 2007 und der Besuch des Staatssekretärs für wirtschaftliche Zusammenarbeit bringen die Angelegenheit wieder ins Lot. Schon am 1. August unterzeichnen die Außenministerin des Niger, Aïchatou Mindaoudou, und die Präsidentin der Areva, Anne Lauvergeon, in Paris die Verträge, die eine Verlängerung der Laufzeiten zum Abbau des Urans im Aïr vorsehen und Areva weitere Abbaurechte sichern. Niger hat günstigere Bedingungen und einen höheren Uranpreis ausgehandelt und ist gleichzeitig um eine Lösung der einseitigen Abhängigkeit von Frankreich, eine „Diversifikation" seiner Partner im Urangeschäft bemüht (Bezat 2007b).

„Wem nützt das Uran des Niger?", fragt ein Artikel in *Le Monde* vom 18.8.2007 und gibt im Untertitel gleich die Antwort: „Auf der einen Seite die [schönen] Reden über Entwicklungszusammenarbeit, auf der andern die Plünderung der Bodenschätze" (Labertit 2007). Trotz des um 50% gestiegenen Preises für das Uran aus dem Niger entspräche der von Frankreich bezahlte Preis immer noch nur einem Drittel des Weltmarktpreises. Entscheidend für die „Schlacht um das Uran" in Niger scheint die Tatsache, dass Frankreich – „mit Unterstützung des Elysée-Palastes" – die Nutzungsrechte für die Uran-Minen bei Imouraren bekommen hat. Es handelt sich um ein bereits 1977 entdecktes Uranlager, das mit 200.000 t Uranvorräten das weltweit zweitgrößte Uranvorkommen darstellt.[9] Areva will hier ab 2012 jährlich 5.000 t Uran abbauen und dem afrikanischen Land so auf 35 Jahre sichere Einnahmen garantieren. Wenn die Minen von Imouraren ihre maximale Förderkapazität erreicht haben, wird Niger weltweit das zweitwichtigste Uran produzierende Land sein. Areva habe vor anderen Bietern den Vorzug bekommen, weil es die ganze Kette der atomaren Industrie beherrscht, vom Abbau des Urans über den Bau von AKWs bis zur Entsorgung des Brennmaterials, und durch die starke Konzentration Frankreichs auf die Atomenergie auf Jahrzehnte eine gesicherte Abnahme zu bieten scheint (Bezat 2008).

Der Vertrag um die Nutzung von Imouraren wird am 5. Januar 2009 von der Regierung des Niger und der Präsidentin von Areva, Anne Lauvergeon, unterzeichnet. Er sieht Investitionen in Höhe von 1,2 Mrd. Euro vor. Areva hat in der zu diesem Zweck gegründeten AG zwei Drittel der Anteile, Niger ein Drittel. Das Ereignis wird als so wichtig für Frankreich angesehen, dass Präsident Sarkozy selbst – auf einer seiner zahlreichen Afrikareisen, die ihn

---

[9] Nach dem von Olympic Dam in Australien. Andere Quellen nennen auch die Vorkommen am McArthur River in Kanada als die weltgrößten.

dieses Mal außer nach Niger auch noch in die Demokratische Republik Kongo und nach Kongo-Brazzaville führt – am 27. März 2009 in Niamey Station macht, um das Ereignis gebührend zu feiern. *Le Monde* zitiert aus seiner bei dem Anlass in Niamey gehaltenen Rede: „Wir nehmen die Interessen Frankreichs wahr, und Ihr verteidigt die Interessen des Niger. Wir sind der Auffassung, dass eine solche langfristige Festlegung die einzige Art ist, beide Seiten zufrieden zu stellen und für beide zu einer *win–win* Situation zu machen" (AFP 2009, „La seule pratique contractuelle possible, c'est celle du gagnant-gagnant"). Und weiterhin: „Wenn Sie das Gefühl haben, keinen fairen Preis für Ihr Uran zu bekommen, wäre das auch für uns ein schlechtes Geschäft. Wir sind hier, weil wir Ihr Uran brauchen, aber auch weil wir strategische Partner brauchen, und Niger ist für uns ein unverzichtbarer strategischer Partner" (AFP 2009). Es wird leider nicht gesagt, worin – außer dem Uran – die „strategische" Bedeutung des Niger für Frankreich besteht; man fühlt sich an Diskurse aus der Kolonialzeit erinnert. Am Ende seines Auftritts in Niamey lobt Präsident Sarkozy den Präsidenten des afrikanischen Landes noch dafür, dass er dem Land Stabilität verliehen habe und versichert ihn der weiteren Unterstützung Frankreichs.

Bei der feierlichen Grundsteinlegung für die Uran-Mine von Imouraren scheint die Welt der *Françafrique* wieder in Ordnung. Für Anne Lauvergeon ist das Ereignis das logische Resultat einer über 40-jährigen (seit der Gründung von Somaïr) vertrauensvollen Zusammenarbeit. Um den in den zurückliegenden Jahren laut gewordenen Kritiken an den sanitären Verhältnissen in den Uran-Minen und dem ungenügenden Schutz der Bevölkerung, insbesondere der Tuareg, entgegenzutreten, verspricht Lauvergeon Investitionen in Krankenhäuser, freien Zugang zu Wasser und Elektrizität, Hilfe bei der Sesshaftwerdung der Tuareg-Nomaden, deren Kinder in den Genuss einer Schulbildung kommen sollen (Bezat 2009).

Die letzten beiden Jahre (seit 2009) waren gekennzeichnet durch den Versuch des Staatspräsidenten Mamadou Tandja, seine Amtszeit über die zweite ihm zustehende Legislatur, die am 22. Dezember 2009 endete, zu verlängern. Hatte er noch beim Besuch Sarkozys im März seine Treue zur Verfassung erklärt, so nutzt er die Gelegenheit der feierlichen Grundsteinlegung in Imouraren im Mai, um anzukündigen, dass er seine Amtszeit um drei weitere Jahre zu verlängern gedenke. Als Gründe dafür nennt er u.a. die Absicht, seine erfolgreiche Uran-Politik fortzuführen. Gegen Tandjas Angriff auf die Verfassung gibt es einen breiten Widerstand: Massendemonstrationen der Studenten, Widerstand der von Mahamadou Issoufou geführten Oppositionspartei PNDS (*Parti Nigérien pour la Démocratie et le Socialisme*). Die westlichen Länder (unter ihnen Frankreich) fordern ebenfalls die Einhaltung der Verfassungsgebote, und als sich Tandja darüber hinwegsetzt und am 7. August ein Referendum über die geplante Verfassungsänderung erzwingt, stellen die ausländischen Geldgeber ihre Zahlungen ein und drohen mit weiteren „ernsthaften Konsequenzen". Dennoch tut sich Frankreich schwer mit einer eindeutigen Stellungnahme, die Opposition in Niger wirft den Franzosen Heuchelei und Laxheit in der Verteidigung demokratischer Prinzipien vor (Bernard 2009).

Wieder kommt das Militär zu Hilfe: die neue Junta setzt Mamadou Tandja ab und erklärt am 21. Februar 2010 einer nach Niamey entsandten internationalen Kommission der UNO und der westafrikanischen Wirtschaftsgemeinschaft CEDEAO (*Communauté Économique des États de l'Afrique de l'Ouest*), dass sie das Land in der kürzest möglichen Zeit über eine neue Verfassung abstimmen lassen und Neuwahlen durchführen wolle. Noch vor Ablauf eines Jahres löst die Junta ihr Versprechen ein: Am 25. November 2010 wird über die neue Verfassung abgestimmt. In der Stichwahl für das Präsidentenamt wird der Führer der Oppositionspartei, Mahamadou Issoufou, mit 58% der Stimmen gewählt. Das Militär zieht sich in die Kasernen zurück. *Le Monde* jubelt: „Ein Jahr nach dem Putsch gelingt dem Niger die Rückkehr zur Demokratie" (Châtelot 2011a) und ist voll des Lobes für den neuen Staatspräsidenten, der seit 1993 in der Politik ist (zuerst als Abgeordneter, zwischenzeitlich für einige Monate als Premierminister) und als Mann des Ausgleichs gilt. Für seine zukünftigen Beziehungen zu Frankreich und zur französischen Atomindustrie wird es sicher auch hilfreich sein, dass er lange Jahre leitender Angestellter der nigerischen Niederlassung von Areva war (Châtelot 2011a). Ein kurzer Artikel in *Le Monde* vom 24.3.2011 feiert das Ereignis noch einmal mit der Überschrift: „Vive le Niger!" und spricht von einer „wundervollen Lektion in Demokratie" („une magnifique leçon de démocratie"), die eines der ärmsten Länder der Völkergemeinschaft erteilt habe. Leider habe man dieser guten Nachricht in den westlichen Medien nicht den ihr gebührenden Platz eingeräumt.

4 Ende oder Wandel der *Françafrique*?

Ereignisse wie der Kampf um die Ressource Uran in der ehemaligen Kolonie Niger oder die aktive Einmischung in die bürgerkriegsähnlichen Zustände der Elfenbeinküste nach der Wahl von Alassane Ouattara zum neuen Staatspräsidenten werden in der französischen Presse und neuerdings auch auf vielen Foren im Internet durchaus kontrovers diskutiert und häufig unter Bezug auf das Konzept der *Françafrique* in ihren politischen Konsequenzen reflektiert. Dabei ist auch immer wieder die Forderung (oder der Wunsch?) eines Endes der neokolonialen Mechanismen dieses Systems zu hören oder aber ihre Weiterführung unter den veränderten Vorzeichen einer gleichberechtigten Partnerschaft und eines gerechten Interessenausgleichs zwischen Frankreich und seinen ehemaligen Kolonien. Wir skizzieren nachfolgend einige der dazu abgegebenen Stellungnahmen und Meinungsäußerungen, wobei wir uns auf die Berichterstattung der Tageszeitung *Le Monde* stützen.

Bei Gelegenheit eines Staatsbesuchs von Nicolas Sarkozy in Gabun am 24. Februar 2010 fasst *Le Monde* das Ergebnis der Gespräche mit dem dortigen Staatspräsidenten im Titel so zusammen: „Nicolas Sarkozy und Ali Bongo verpflichten sich, die *Françafrique* zu Grabe zu tragen" (Bernard 2010a). Sie wollten aber weiterhin an einer „privilegierten Partnerschaft" festhalten, deren Grundsätze Ausgewogenheit und Transparenz bilden sollen. Im Widerspruch zu dem Gabun-Artikel scheint in den Beziehungen zwischen Frankreich und (seiner ältesten Kolonie in Westafrika) Senegal nach wie vor das gewohnte Muster der *Françafrique* zu dominieren, wie ein Artikel in *Le Monde* vom 12. Juni 2010 ankündigt („Entre Paris et Dakar, la *Françafrique* reste active", Bernard 2010b). In diesem Fall geht die Initiative vom Staatspräsidenten des Senegal aus, der die Abberufung des französischen Botschafters verlangt, weil dieser sich (wie aus den *Wikileaks*-Dokumenten des amerikanischen *State Department* zu erfahren war) unfreundlich über die Regierung des Senegal geäußert hat. Und wie seit de Gaulles Zeiten laufen die Beziehungen zwischen Frankreich und den afrikanischen Ländern weiterhin direkt über den Elysée-Palast und nicht über das Außenministerium auf den üblichen diplomatischen Kanälen. Entsprechend wird auch der Posten des Direktors der AFD (*Agence Française de Développement*, entspricht in etwa der deutschen GIZ, Gesellschaft für Internationale Zusammenarbeit), der staatlichen Organisation für Entwicklungszusammenarbeit, mit einem „Getreuen" Sarkozys, Dov Zerah, besetzt, was *Le Monde* die Frage stellen lässt: „Docteur Zerah ou Mister *Françafrique*?" (25.6.2011), was so viel bedeutet wie: Soll die französische Entwicklungszusammenarbeit künftig wieder stärker am Maßstab der Interessen Frankreichs orientiert werden, weg vom Gießkannenprinzip und *Charity Business*, stattdessen mit einer Konzentration auf die frankophonen Länder, die Mittelmeeranrainer und den Vorderen Orient?

Eine Serie von Artikeln in *Le Monde* zwischen dem 24.7.2010 und dem 7.10.2010 befasst sich speziell mit Niger und Frankreichs Beziehungen zu seinem wichtigsten Uran-Lieferanten. Der Artikel vom 24.7.2010 (Van Eeckhout) spricht von der erneuten Hungersnot, die 7 Mio. Menschen des Landes, darunter vor allem die Kinder, schwer heimsuchte. Im Unterschied zu früheren Hungersnöten schließe die Regierung des Landes aber nicht mehr die Augen vor diesem Notstand, sondern arbeite mit internationalen Hilfsorganisationen zusammen. Dabei wird deutlich, dass die Bevölkerung des Landes Niger wenig oder gar nicht vom Urangeschäft profitiert. Nur 7% seiner Einwohner haben Zugang zur Elektrizität. Ganz zu schweigen von der Bevölkerung im Umfeld der Uranminen, die unter hoher Strahlenbelastung und den Folgen des Uran-Abbaus zu leiden haben. Ein Meinungsartikel vom 15.03.2011 aus der Feder des Präsidenten des atomkritischen *Observatoire du Nucléaire*, Stéphane Lhomme, geht auf die Krise der Atomenergie ein und rechnet hart mit der französischen „Vogel-Strauß-Politik" in diesem Bereich ab, wirft ihr Blindheit und eine völlige Verkennung der internationalen Situation vor, was er als das MAM-Syndrom bezeichnet, nach der früheren Außenministerin Michèle Alliot-Marie, die der tunesischen Regierung bei Ausbruch der Revolution im Land die Hilfe Frankreichs angeboten habe.

Drei weitere Artikel gehen im Detail auf den Uranabbau und seine Zukunftsperspektiven ein. Für den französischen Staatskonzern Areva war Niger lange Zeit eine Art Eldorado, wo mit geringem Einsatz hohe Gewinne zu erzielen waren. Erst im letzten Jahrzehnt habe sich die Lage verkompliziert (Tuareg-Aufstände, Geiselnahmen und Entführungen, Spannungen mit der Regierung des Landes). Die Beziehungen zwischen den beiden Ländern werden aber weiterhin in erster Linie vom Uran bestimmt (18.9.2010), was *Le Monde* zu der Frage veranlasst: „Kann Frankreich ohne das Uran des Niger auskommen?" (7.10.2010). Die Antwort von Anne Lauvergeon, der Direktorin von Areva, ist nuanciert: Niger sei für Areva wichtig, aber nicht lebenswichtig („important, mais pas vital"). Der Konzern habe seine Quellen des Uranabbaus in den vergangenen Jahren diversifiziert (Kanada, Australien, Kasachstan) und könne seine Position als weltgrößter Uran-Produzent, bedeutendster AKW-Bauer und Betreiber auch ohne Niger aufrecht halten.

Letztlich taucht dabei immer wieder die Frage nach Frankreichs Weltgeltung im Zusammenhang mit seinen afrikanischen Verbindungen auf. Ein langer Artikel des Afrika-Korrespondenten Philippe Bernard vom 5.12.2010 mit dem Titel „Le reflux de la France en Afrique" bezieht sich auf die durch *Wikileaks* ans Licht gekommenen Telegramme und geheimen Schreiben des US-amerikanischen State-Departments und betont dabei den Sachverhalt, dass Frankreich auch wegen seiner starken Position in Afrika für die USA ein geschätzter und (z.B. für die Terrorbekämpfung) sogar unentbehrlicher Partner ist. Mit der wachsenden Bedeutung Chinas in Afrika habe parallel eine Annäherung zwischen den USA und Frankreich stattgefunden. Beide sähen sich in Afrika nicht mehr in erster Linie als Rivalen, sondern als Partner. Die alte *Françafrique* zu begraben, sei leichter gesagt als getan, schon deswegen, weil auch von afrikanischer Seite ein starkes Bedürfnis der Beibehaltung von über Jahrzehnten gewachsenen Strukturen bestünde. Letztlich sei es auch eine Generationenfrage; die noch von der Kolonialzeit geprägten Präsidenten (de Gaulle, Pompidou, Giscard, Mitterrand, Chirac) hatten ein anderes Verhältnis zu Afrika als die Generation der Sarkozys.

Eine diametral entgegen gesetzte Meinung vertritt der Rechtsprofessor Albert Bourgi von der Universität Reims in einem Meinungsartikel vom 16.4.2011 unter dem Titel: „Der unerträgliche französische Neokolonialismus" (Bourgi 2011). Sein aktueller Ausgangspunkt sind die Ereignisse der vergangenen Monate in der Elfenbeinküste, vor allem die Rolle, die das französische Militär mit seiner Eingreiftruppe *Licorne* dabei spielte. Bourgi zitiert u.a. den früheren französischen Außenminister (1976–1978) Louis de Guiringaud, der 1978 gesagt haben soll: „Afrika ist die einzige Weltregion, wo Frankreich sich für eine Großmacht halten und mit einer Eingreiftruppe von 500 Mann auf den Lauf der Geschichte Einfluss nehmen kann." Der französische Angriff auf die Residenz Laurent Gbagbos sei keineswegs durch einen Beschluss des UN-Sicherheitsrates gedeckt gewesen, sondern stehe in einer Reihe mit vielen vorausgegangenen militärischen Interventionen Frankreichs, wo man sich ebenso wenig um internationale Verträge und Abmachungen geschert habe.

Die zitierten Beispiele zeigen, dass man die Frage der Uran-Ressourcen und ihre Ausbeutung durch französische Staatsfirmen in Niger nicht von dem weiteren politischen Umfeld der Beziehungen zwischen einer früheren Kolonialmacht und ihren ehemaligen Kolonien in Afrika trennen kann. Es geht dabei stets auch um strategische und geopolitische Ansprüche und die Rechte und Lebensverhältnisse der Bevölkerung in den afrikanischen Ländern. Was trotz aller Negativschlagzeilen Hoffnung macht, ist die Tatsache, dass diese Fragen öffentlich und kontrovers diskutiert werden und dass mit dem Internet und seinen zahlreichen Debatten ein globales Forum entstanden ist, das früher (aus gutem Grund!) geheim Gehaltenes ans Tageslicht bringt.

Literatur

AFP 2009. Sarkozy se réjouit du partenariat „gagnant-gagnant" signé avec le Niger, in: *Le Monde*, 27.03.2009.

Barrin, J. de 1996. La communauté internationale contraint la junte nigériane à hâter le retour ces civils au pouvoir, in: *Le Monde*, 22.2.1996.

Basedau, M./Mehler, A. (Hg.) 2005. *Resource Politics in Sub-Saharan Africa*, Hamburg.

Baulin, J. 1986. *Conseiller du Président Diori*, Paris.

Bednik, A. 2008. Bataille pour l'uranium au Niger, in: *Le Monde diplomatique (6)*.

Bernard, Ph. 2009. Au Niger, le président Mamadou Tandja s'offre un bail illimité à la tête de l'État, in: *Le Monde*, 22.10.2009.

Bernard, Ph. 2010a. Au Gabon, Nicolas Sarkozy et Ali Bongo s'engagent à enterrer la „Françafrique", in: *Le Monde*, 26.2.2010.

Bernard, Ph. 2010b. Entre Paris et Dakar, la „Françafrique" reste active, in: *Le Monde*, 12.6.2010.

Bernard, Ph. 2010c. Le reflux de la France en Afrique, in: *Le Monde*, 5.12.2010.

Bezat, J.-M. 2007a. Areva entend doubler dans les cinq ans sa production d'uranium, in: *Le Monde*, 15.6.2007.

Bezat, J.-M. 2007b. Areva perd son monopole sur l'uranium du Niger, in: *Le Monde*, 5.8.2007.

Bezat, J.-M. 2008. Face aux Chinois, Areva obtient l'exploitation d'une mine uranium géante au Niger, in: *Le Monde*, 15.1.2008.

Bezat, J.-M. 2009. Au Niger, Areva navigue entre troubles et concurrence, in: *Le Monde*, 17.5.2009.

Bezat, J.-M. 2010. Malgré les tensions, le pays [= le Niger] reste stratégique pour le groupe nucléaire Areva, in: *Le Monde*, 18.9.2010.

Bourgeot, A. 1989. Le lion et la gazelle: États et Touaregs, in: *Politique Africaine (34)*, 19–29.

Bourgeot, A. 1990. Le désert quadrillé. Des Touaregs au Niger, in: *Le Niger. Politique Africaine (38)*, 68–75.

Bourgi, A. 2011. Insupportable néocolonialisme français, in: *Le Monde*, 16.4.2011.

Breuillac, B. 2004. Le Niger récompensé de ses efforts pour un allègement de sa dette, in: *Le Monde*, 25.5.2004.

Chaffard, G. 1967. *Les Carnets secrets de la décolonisation*, II, Paris.

Châtelot, Chr. 2011a. Un an après un coup d'État, le Niger réussit sa transition démocratique, in: *Le Monde*, 16.3.2011.

Châtelot, Chr. 2011b. Avec M. Ouattara, la France retrouve un rôle de premier plan en Côte d'Ivoire, in: *Le Monde*, 21.5.2011.

Dozon, J.-P. 2003. *Frères et Sujets. La France et l'Afrique en perspective*, Paris.

Faujas, A. 2010. Docteur Zerah ou Mister Françafrique?, in: *Le Monde*, 25.6.2010.

Fottorino, E. 1987. Après l'uranium, le Niger mise sur l'agriculture, in: *Le Monde*, 21.04.1987.

Fottorino, E. 1990. Afrique: la chimère des matières premières, in: *Le Monde*, 20.03.1990.

Fuglestad, F. 1983. *A History of the Niger, 1850–1960*, Cambridge.

Godechot, J. (Hg.) 1995. *Les Constitutions de la France depuis 1789*, Paris.

Grégoire, E. 1999/2010. *Touaregs du Niger. Le destin d'un mythe*, Paris.

Hooss, H. 2010. *Schmutzige Seite der Atomkraft. DRadio Wissen – Natur.* 7.9.2010, http://wissen.dradio.de/uranabbau-schmutzige-seite-der-atom kraft.35.de.html?dram:article_id=5255 (1.2.2012).

Issa Abdourhamane, B. 1996. *Crise institutionnelle et démocratisation au Niger*, Bordeaux.

Issoufou Tiado, M. 2010. *Le Niger – Une société en démolition*, Paris.

Kimba, I. 1992. Le Niger, in: Coquery-Vidrovitch, C./Goerg, O., *L'Afrique occidentale au temps des Français – Colonisateurs et colonisés, c. 1860–1960*, Paris, 221–250 und 449–451.

Koré, L. Ch. 2010. *La Rébellion Touareg au Niger. Raisons de persistance et tentatives de solution*, Paris.

Labertit, G. 2007. A qui profite l'uranium nigérien?, in: *Le Monde*, 18.08.2007.

Le CEA, 2011. *Le CEA, acteur clef de la recherche technologique*, http://www.cea.fr/le_cea/presentation_generale (7.2.2012).

Lhomme, St. 2011. Crise nucléaire. Le gouvernement français victime du „syndrome MAM", in: *Le Monde*, 15.3.2011.

Martin, F. 1991. *Le Niger du Président Diori. Chronologie 1960-1974*, Paris.

Meyer, C. 2010. Uranförderung im Niger – Der gelbe Fluch, in: *Der Spiegel (13)*, 108–113.

Mitterrand, F. 1990. Allocution prononcée à l'occasion de la séance solennelle d'ouverture de la 16ème Conférence des chefs d'État de France et d'Afrique, in: *Radio France Internationale*, 19.1.2003, www.rfi.fr/ac tufr/articles/037/ article_20103.asp (7.2.2012).

Monteil, P.-L. 1894. *De Saint-Louis à Tripoli, par le Lac Tchad. Voyage au travers du Soudan et du Sahara, durant les années 1890–91–92*, Paris.

Niandou Souley, A. 1990. L'armée et le pouvoir, in: *Le Niger. Politique Africaine (38)*, 40–50.

Péan, P. 1990. *L'Homme de l'ombre. Éléments d'enquête autour de Jacques Foccart, l'homme le plus mystérieux et le plus puissant de la Ve République*, Paris.

Raynal, J.-J. 1993. *Les Institutions politiques du Niger*, Saint-Maur.

Raynaut, Cl./Abba, S. 1990. Trente ans d'indépendance. Repères et tendances, in: *Le Niger. Politique Africaine (38)*, 3–29.

Reid, F. 2009. *Uranabbau im Niger und die katastrophalen Folgen*, 10.1.2009, http://www.suite101.de/content/uranabbau-im-niger-und-die-katastrophalen-Folgen-a51377 (7.2.2012).

Riesz, J. 1998. *Französisch in Afrika – Herrschaft durch Sprache*, Frankfurt am Main.

Rühl, B. 2010. Im Namen des Profits. Frankreichs atomare Interessen und die politische Instabilität in Niger, in: *Deutschlandfunk Hintergrund*, 4.11.2010, http://www.dradio.de/dlf/sendungen/hintergrundpolitik/1311 349/ (1.2.2012).

Salifou, A. 1989. *Histoire du Niger*, Paris.

Smith, S. 2003. Jacques Chirac se rend au Niger et au Mali, in: *Le Monde*, 23.10.2003.

Spittler, G. 1976. Niger als exportabhängiger Bauernstaat, in: *Afrika Spektrum – Deutsche Zeitschrift für moderne Afrikaforschung (11/2)*, 127–143.

Spittler, G. 1993. *Les Touaregs face aux sécheresses et aux famines. Les Kel Ewey de l'Aïr (Niger)*, Paris.

Valentin, S. 2006. Elend und Uranförderung in der Republik Niger, in: *anti-atom-aktuell (174)*, 1.4.2006, http://www.anti-atom-aktuell.de/archiv/ 174/174ele nd.html (1.2.2012).

Van Eeckhout, L. 2010. Au Niger, sept millions de personnes souffrent de la faim, in: *Le Monde*, 24.07.2010.

Verschave, F.-X. 1998. *La Françafrique. Le plus long scandale de la République*, Paris.

Verschave, F.-X. 2000. *Noir Silence – Qui arrêtera la Françafrique?* Paris.

Wasser und Land

Brennpunkte innerhalb der Entwicklungsgemeinschaft des südlichen Afrika (SADC)

Oliver C. Ruppel

Im Folgenden wird zunächst die Entwicklungsgemeinschaft des südlichen Afrika (SADC) vorgestellt, bevor die Brennpunkte „Wasser und Land" im Einzelnen besprochen werden. Sowohl Wasser als auch Land sind knappe Ressourcen in der Region. Das Thema Wasser wird eher aus umweltpolitischer Sichtweise und auch im erweiterten Kontext des voranschreitenden Klimawandels behandelt. Obwohl die Landfrage ebenfalls eng damit verbunden ist, hat insbesondere die Landverteilungsfrage auch sicherheitspolitische Relevanz, was am Beispiel Namibia und Simbabwe genauer untersucht wird. Zweifelsohne sind beide Themengebiete nicht nur aufs Engste miteinander verknüpft, sondern von herausragender entwicklungspolitischer Bedeutung, um einer Destabilisierung der Ordnung im südlichen Afrika vorzubauen. Im selben Zusammenhang werden Themen wie Menschenrechte und Armut, Migration und Konflikte sowie Entwicklungshilfeansätze beleuchtet und mit praktischen Beispielen (in Form von Exkursen) unterlegt.

1 Die Entwicklungsgemeinschaft des südlichen Afrika (SADC)

Die Entwicklungsgemeinschaft des südlichen Afrika (*Southern African Development Community – SADC*) wurde in ihrer heutigen Form 1992 in Windhoek, Namibia, durch die Unterzeichnung des SADC Vertrages begründet. Die Ursprünge der SADC reichen allerdings weiter zurück auf die (zunächst vorwiegend politisch orientierte) Zusammenarbeit der sog. Frontlinienstaaten[1] (Sambia, Mosambik, Botswana und Tansania und später auch

---

[1] Diese Staaten wurden deshalb Frontlinienstaaten genannt, weil sie als souveräne afrikanische Staaten geographisch an solche Staaten angrenzten, in denen Befreiungskämpfe zur Dekolonisierung stattfanden (siehe Khadiagala 1996).

Angola und Simbabwe), die es sich zum Ziel gesetzt hatten, eine wirtschaftliche Säule für den Kampf gegen Kolonialismus und das übermächtige
Apartheidregime des Nachbarstaates Südafrika aufzubauen. So wurde 1980
durch die Verabschiedung der Lusaka Deklaration mit dem Titel „Südliches
Afrika auf dem Weg zur wirtschaftlichen Freiheit" von Angola, Mozambi-
que, Malawi, Lesotho, Swasiland, Sambia, Zimbabwe, Tansania und Botswana die Koordinierungskonferenz der Länder des Südlichen Afrika (*Southern African Development Coordination Conference – SADCC*) gegründet.
Das gemeinsame Ansinnen dieser Länder war es, durch infrastrukturelle
Sicherheit in der Region wirtschaftliche Unabhängigkeit von Südafrika zu
erreichen (Schoeman 2002). Mit der Transformation von SADCC zu SADC
änderten sich Fokus und Zielrichtung der zunächst eher regionalpolitischen
Kooperation gegen das damalige Apartheid-Regime in Südafrika hin zu einer
wirtschaftlichen Integrationsgemeinschaft.

Die SADC in ihrer heutigen Form hat fünfzehn Mitgliedstaaten mit insgesamt 257,7 Mio. Einwohnern:[2] Angola, Botswana, Lesotho, Malawi, Mo-
zambique, Namibia, Sambia, Simbabwe, Swasiland, und Tansania (Grün-
dungsmitglieder von SADC 1992) sowie Südafrika (seit 1994), Mauritius
(seit 1995), die Seychellen (seit 1997), die Demokratische Republik Kongo
(seit 1997) und Madagaskar (seit 2004, Mitgliedschaft seit 2009 suspendiert).[3]

Die jährlich stattfindende Gipfelkonferenz der Staats- und Regierungschefs ist das oberste Entscheidungsgremium der SADC, mit einer Troika
bestehend aus dem Vorsitzenden, dem vorangegangenen und dem zukünftigen Vorsitzenden an der Spitze. Unterhalb der Gipfelkonferenz sind weitere
Organe angesiedelt, u.a. die Ministerkonferenz, der SADC Gerichtshof in
Windhuk(SADC Tribunal) und das SADC Sekretariat, welches seinen Sitz in
Gaborone, Botswana hat (Ruppel 2009e; Ruppel/Bangamwabo 2008).

Die Mitgliedstaaten der SADC haben ein Gesamtbruttoinlandsprodukt
von 462,2 Mrd. US $.[4] (Im Vergleich: Die Staaten der EU kommen auf ins-
gesamt über 16.400 Mrd. US $).[5]

Die Ziele der SADC sind in Artikel 4 des SADC Vertrages niedergelegt
und beinhalten u.a. das wirtschaftliche Wachstum sowie die sozio-
ökonomische Entwicklung nachhaltig und gerecht zu fördern, damit Armut
bekämpft und der Lebensstandard der Völker im südlichen Afrika verbessert
wird. Sozial Benachteiligte sollen durch regionale Integration unterstützt,
Demokratie, Frieden, Sicherheit und Stabilität sollen gefestigt und verteidigt

---

[2] Siehe www.sadc.int (16.5.2011).

[3] Die Mitgliedschaft Madagaskars in SADC wurde 2009 nach einem Staatsstreich in
Madagaskar suspendiert.

[4] Gross Domestic Product/current prices in billions US $. Angaben des Internationalen
Währungsfonds für 2008 (IWF 2010).

[5] Gross Domestic Product/current prices in billions US $. Angaben des Internationalen
Währungsfonds für 2009 (IWF 2010).

werden. Darüber hinaus werden eine nachhaltige Nutzung natürlicher Ressourcen sowie der Schutz der Umwelt angestrebt.

2003 wurde der (rechtlich allerdings nicht bindende) regionale strategische Entwicklungsplan der SADC (*Regional Indicative Strategic Development Plan – RISDP*) verabschiedet, der in regionalintegrativer Hinsicht folgende Zeitziele vorgibt: Eine SADC Freihandelszone für 2008, der Abschluss der Verhandlungen zu einer Zollunion für 2010, der Abschluss der Verhandlungen zu einem gemeinsamen Markt für 2015, eine Wirtschaftsunion sowie die Schaffung der Grundvoraussetzungen für die Errichtung einer Zentralbank im südlichen Afrika für 2016, und schließlich ist die Einführung einer gemeinsamen Währung für 2018 vorgesehen.

Von diesen ambitionierten Zielvorgaben wurde bislang die Errichtung der SADC Freihandelszone im Grunde realisiert, wobei anzumerken ist, dass Angola, Malawi, die Demokratische Republik Kongo und die Seychellen bei der Erfüllung der SADC Freihandelsbedingungen um Aufschub gebeten haben. Die für 2010 vorgesehene Einführung einer SADC Zollunion ist aufgrund der mangelnden Umsetzung theoretischer Vorgaben der Freihandelszone in die Praxis[6] auf unbestimmte Zeit verschoben worden.[7] Der Grundstein für eine Erweiterung der Freihandelszone auf die insgesamt 26 Mitgliedstaaten von COMESA (Gemeinsamer Markt für das Östliche und Südliche Afrika) und EAC (Ostafrikanische Gemeinschaft) wurde durch ein trilaterales Abkommen zwischen den vorgenannten Blöcken gelegt. Die Umsetzung dieser Pläne soll bereits 2012 erfolgen (Ruppel 2010b).

Die SADC verfügt mittlerweile über ein komplexes Geflecht rechtlich bindender Regelwerke. Neben dem SADC Vertrag gibt es die sog. SADC Protokolle zu verschiedenen Themengebieten, derzeit 24 an der Zahl.[8] Zweifelsohne ist das SADC Handelsprotokoll von größter praktischer Relevanz. Allerdings gewinnen auch die umweltbezogenen Protokolle (nämlich die

---

[6] Zwar besteht die SADC Freihandelszone auf dem Papier seit 2008, allerdings ist zu beobachten, dass weder Personen noch Güter frei innerhalb der Zone verkehren.

[7] Mit der Erarbeitung eines Plans für die Einführung einer Zollunion unter Berücksichtigung der Vor- und Nachteile einer solchen wurde eine ministerielle Arbeitsgruppe betraut. Mit ersten Resultaten und diesbezüglichen Empfehlungen wurde nach Angaben von SADC Generalsekretär Tomás Salomao zum Ende des Jahres 2011 gerechnet (van den Bosch 2011).

[8] SADC Protokolle gegen Korruption; zur Bekämpfung illegaler Drogen; zur Kontrolle von Schusswaffen, Munition und ähnlichen Materialien; über Kultur, Information und Sport; über Geschlechter und Entwicklung; über Bildung und Ausbildung; über Energie; über Auslieferung; über die Erleichterung des Personenverkehrs; über Fischerei; über Forstwirtschaft; über Gesundheit; über Immunitäten und Privilegien; über rechtliche Angelegenheiten; über Bergbau; über Zusammenarbeit in strafrechtlichen Angelegenheiten; über die Zusammenarbeit in Politik, Verteidigung und Sicherheit; über Tourismus; über Handel; über Transport, Kommunikation und Meteorologie; über das SADC Tribunal und dessen Prozessordnung; über den Schutz von wild lebenden Tieren und Durchsetzung des Rechts; über gemeinsame Wasserläufe; das überarbeitete SADC Protokoll über gemeinsame Wasserläufe.

über gemeinsame Wasserläufe, Forstwirtschaft, Fischerei, Bergbau und wild lebende Tiere) zunehmend an Bedeutung.

Der nachhaltige Umgang mit den natürlichen Ressourcen in der Region zieht sich wie ein roter Faden durch die verschiedenen rechtlichen Instrumente der Gemeinschaft. In Anerkennung der Tatsache, dass Wasser für die Menschen in der Region nicht nur im Hinblick auf die Nahrungsmittelsicherheit, sondern auch für die soziale und wirtschaftliche Entwicklung überlebenswichtig ist, wird auf das Wassermanagement ein besonderes Augenmerk gerichtet. Die Vielzahl gemeinsam genutzter Flussläufe in der SADC Region und ein steigender Wasserverbrauch machen bi- und multilaterale Abkommen unentbehrlich, um Nutzungskonflikte, insbesondere die für Flüsse üblichen Ober-Unterlieger-Probleme zu vermeiden (Wirkus/Böge 2005).

Um dies zu erreichen, wird besonderer Wert auf ein kooperatives Management der Wasserressourcen gelegt, was durch die Unterzeichnung des SADC Protokolls über gemeinsame Wasserläufe im Jahr 1999 untermauert wurde. Dieses sieht eine Harmonisierung nationaler Wassergesetzgebung und -politiken sowie den Aufbau von Wassergebietsorganisationen vor. So wurden – auch mit Hilfe ausländischer Geldgeber – zahlreiche internationale Wasserkommissionen gegründet. Ein Beispiel hierfür ist die OKAKOM,[9] die Kommission für das weltweit größte Inland-Delta, nämlich das Okavangodelta,[10] welche 1994 von den Anrainerstaaten Angola, Botswana und Namibia durch Unterzeichnung eines entsprechenden Abkommens gegründet wurde.[11]

2 Wasserknappheit und Klimawandel

2.1 *Wasserknappheit*

Wasserknappheit ist insbesondere in den Trockenzonen des südlichen Afrika eine allgegenwärtige Herausforderung und die Konkurrenz um die verfügbaren Oberflächen- und Grundwasserressourcen zwischen Städten, Industrie und Bewässerungslandwirtschaft nimmt vor allem in stadtnahen Bereichen ständig zu. Wasser ist – neben Sauerstoff – Grundvoraussetzung allen Le-

---

[9] The Permanent Okavango River Basin Commission. Unterstützt vom GEF, SIDA und USAID. Siehe http://www.okacom.org/okacom.htm (15.5.2011).

[10] Das als Ramsar Gebiet anerkannte Delta erstreckt sich über ca. 15 000 km^2 und ist Lebensraum für 2000 bis 3000 verschiedene Pflanzenarten, 162 Spinnenarten, über 450 Vogelarten und ca. 70 Fischarten (UNEP 2008; Ruppel/Bethune 2007).

[11] Weitere Kommissionen sind die ORASECOM für Orange-Senqu mit den Anrainerstaaten Südafrika, Namibia, Botswana, Lesotho; LIMCOM für den Limpopo mit den Anrainerstaaten Botswana, Mosambik, Südafrika und Simbabwe, ZAMCOM für das Zambesibecken mit den neun Anrainerstaaten im südlichen Afrika.

bens. Die menschliche Existenz ist ohne Trinkwasser nicht möglich. In den wasserarmen Regionen Afrikas und Asiens leben ca. 74% der Weltbevölkerung, während im wasserreichen Europa lediglich 12% beheimatet sind. Parallel dazu findet in den wasserarmen Regionen der Dritten Welt eine demographische Entwicklung statt, weshalb sich die einem in Afrika lebenden Menschen jährlich zur Verfügung stehende Frischwassermenge von 1970 bis 1994 um drei Viertel reduzierte. Es ist weiterhin zu erwarten, dass die fortschreitende Industrialisierung, steigendes Bevölkerungswachstum und die Urbanisierung der Städte den globalen Wasserverbrauch nochmals deutlich ansteigen lässt und zu einer ansteigenden regionalen Verknappung von Frischwasser führt (Lorenzmeier 2008).

Die internationale Entwicklungspolitik hat – auch in Bezug auf Wasserressourcen – durch die Einführung der Millenniums-Entwicklungsziele im Jahr 2000 neuen Antrieb erhalten. Die internationale Staatengemeinschaft hat sich damit auf die Erreichung verschiedener überprüfbarer Ziele verpflichtet. Für den gegenständlichen Zusammenhang sei hier das Entwicklungsziel 7 besonders hervorgehoben, nach dem unter der Überschrift, eine nachhaltige Umwelt zu gewährleisten, vorgesehen ist, bis 2015 den Anteil der Menschen zu halbieren, die keinen Zugang zu sauberem Wasser haben. Ebenso soll der Anteil der Menschen halbiert werden, die über keine sanitäre Basisversorgung verfügen. Das Erreichen dieser Zielvorgaben ist deshalb so wichtig, weil Fortschritte im Wasser- und Sanitärbereich entscheidend zur Erreichung weiterer Millenniums-Entwicklungsziele beitragen, wie etwa zur Hunger- und Armutsbekämpfung oder der Senkung der Kinder- und Müttersterblichkeit. In Entwicklungsländern leiden die Menschen, die in ländlichen Gebieten und den Slums der Großstädte leben, besonders unter mangelhafter Wasserversorgung und Abwasserwirtschaft. Gegenwärtig haben in Afrika mehr als 300 Mio. Menschen keinen Zugang zu sauberem Wasser. Über 60% der Menschen verfügen über keine ausreichende Sanitärversorgung (BMZ 2007).

Die Qualität der Wasser- und Sanitärversorgung hat einen nicht zu unterschätzenden Einfluss auf die gesellschaftliche Stellung und die Bildungschancen von Frauen und Mädchen, die in Afrika für gewöhnlich für die Herbeischaffung von Wasser für die Familie zuständig sind. Bis zu 60 Liter müssen über teilweise kilometerweite Distanzen nach Hause geschafft werden, was auf Kosten der (Schul-) Ausbildung oder einkommensschaffender Tätigkeiten geht (Ambunda 2008; Ruppel 2010c).

Des Weiteren werden der Schutz und die Erhaltung von Naturräumen gegenüber dem steigenden Wasserbedarf und -verbrauch oft vernachlässigt. Vor allem die Ausdehnung der landwirtschaftlich genutzten Flächen in der Region bedroht die natürlichen Wasserreservoirs und Regenerationsräume. Feuchtgebiete schrumpfen, Seen, Flüsse und Grundwasser werden übernutzt, die Wasserqualität lässt nach. Ein verbessertes Umweltmanagement und entsprechende Investitionen für eine nachhaltigere Verfügbarkeit der Ressource Wasser sind von Nöten.

Es fehlte in Afrika lange Zeit an ausreichendem Bewusstsein für die Notwendigkeit einer ausgewogenen Wasserpolitik. Doch in jüngerer Zeit haben viele Staaten wichtige Projekte auf den Weg gebracht und Maßnahmen ergriffen, um den Wassersektor zu reformieren und die nationalen Wasserressourcen besser zu bewirtschaften. Ohne Zweifel wurden auf dem Weg zur Erreichung der MDGs zur Trinkwasser- und Basissanitärversorgung auch in Afrika bereits große Fortschritte erzielt. Der jüngste Bericht zur Erreichung der Millenniums-Entwicklungsziele der Vereinten Nationen (2010) besagt, dass in Subsahara-Afrika mittlerweile 60% der Bevölkerung Zugang zu Trinkwasser haben (11% mehr als 1990). Im Bereich der Sanitärversorgung sieht die gegenwärtige Situation derweil weitaus kritischer aus: In den ländlichen Regionen Subsahara-Afrikas besteht eine ausreichende Sanitärversorgung nur für 22% der Bevölkerung und für die SADC Länder wie für die Region insgesamt wird vorausgesagt, dass die Erreichung der Millenniums-Entwicklungsziele, was die sanitäre Versorgung angeht, nicht zu erreichen ist (Chipika 2007). Allerdings ist auch anzumerken, dass die Wasserknappheit per se nicht alleinige Ursache der Wasserprobleme im südlichen Afrika ist. Mitursächlich sind ineffiziente Versorgungssysteme, Missmanagement, übertriebene Bürokratie und Korruption.[12]

Die Politik spielt bei der Verbesserung der Wassersituation eine entscheidende Rolle, aber auch die Bildung und Ausbildung zuständiger Entscheidungsträger, Mitarbeiter und nicht zuletzt der Bevölkerung insgesamt. Leidtragende von Wasserverknappung und Umweltschädigungen durch Übernutzung sind die Armen und es geht darum, durch eine entsprechende Wasserpolitik eine faire Verteilung und nachhaltige Nutzung der vorhandenen natürlichen Ressourcen zu erreichen.

„Es gibt genug Wasser für alle. Unser Problem heute ist im Wesentlichen eines der Regierungsführung: das Wasser fair miteinander zu teilen und gleichzeitig die Nachhaltigkeit der Ökosysteme zu wahren. Momentan haben wir dieses Gleichgewicht noch nicht erreicht" (Vereinte Nationen 2006, 3).

Um eine nachhaltige Wasserpolitik zu betreiben, sind die Interessen der Bevölkerung zu berücksichtigen, insbesondere durch die Einbeziehung der betroffenen Nutzergruppen in wasserrelevante Entscheidungsprozesse. Die Einhaltung internationaler Verträge kann u.a. dadurch unterstützt werden, dass zuständige Institutionen gestärkt und Transparenz befördert werden. Hier gilt es insbesondere, die verstärkte Kooperation bei grenzüberschreitenden Grundwasservorkommen zu unterstützen. Eine Harmonisierung und Vernetzung regionaler Initiativen und Vorhaben regionaler Institutionen wie der SADC und der Afrikanischen Union (AU) tragen zu einer ökologisch nachhaltigen Entwicklung der Wassersituation ebenso bei wie der intensive Erfahrungsaustausch zwischen den afrikanischen Flussgebietskommissionen.

---

[12] Vgl. http://www.bmz.de/de/was_wir_machen/laender_regionen/subsahara/wasser.html (12.5.2011).

Exkurs: The Future Okavango Project

Wasser ist weniger international als Klima. Dennoch gibt weltweit 263 grenzüberschreitende Flüsse, was Konflikte mit sich bringen kann. So ist das Okavango Einzugsgebiet mit seiner Vielfalt an Waldsavannen und Feuchtgebiet-Ökosystemen, die durch die zentrale Lebensader des Okavango Flusses verbunden werden, ein globaler *hot-spot* für zunehmenden Wandel und drohende Landnutzungskonflikte. Der Fluss entspringt im regenreichen Hochland von Südost-Angola und versickert im Okavango Delta, dem größten Binnendelta der Welt und dem größten Frischwasser-Sumpfgebiet südlich des Äquators. Das Projekt *The Future Okavango* (TFO) untersucht in diesem grenzübergreifenden Einzugsgebiet mit hoher internationaler Sichtbarkeit Ökosystemfunktionen und Dienstleistungen und ihre Wechselwirkungen mit Landnutzung. Die Ergebnisse versprechen ein hohes Potential an Übertragbarkeit auf andere tropische und subtropische Regionen.

Das Projekt bearbeitet drei zentrale Themenbereiche im Bereich der Regelung natürlicher Ressourcennutzung. Zunächst analysiert es den Einfluss von ökonomischen, rechtlichen und sozialen Institutionen auf individuelle und gemeinschaftliche Managemententscheidungen bei Land-, Wald-, Weide-, Wildtier-, und Wasserressourcen im Okavango-Einzugsgebiet. Besonderes Augenmerk liegt auf der Interaktion von Ressourcenmanagement und Ökosystemdienstleistungen. Dazu ist es notwendig, den Status quo der sozio-ökonomischen, kulturellen und rechtlichen Rahmenbedingungen zu beschreiben. Die Untersuchungen erfolgen auf lokaler, sub-nationaler, nationaler, regionaler als auch auf internationaler Ebene. Dabei werden nicht nur kurz-, sondern auch langfristige Interessen der verschiedenen Akteure berücksichtigt. In einem zweiten Schritt werden ökonomische und rechtliche Mechanismen zur Weiterentwicklung von *Governance*-Strukturen entwickelt. In Zusammenarbeit mit Vertretern verschiedener Interessengruppen werden Ansatzpunkte für Veränderungen von Rechtsystemen und Organisationsstrukturen untersucht, die nachhaltigere Ressourcennutzungspraktiken unterstützen können. Im dritten Schritt werden aus den vorhergegangenen Analysen Ansatzpunkte für die praktische Umsetzung von *Governance*-Strukturen abgeleitet.[13]

2.2 Wasser und Klimawandel

Wasser wird in Zukunft – gerade im südlichen Afrika – noch knapper werden, als es ohnehin schon ist. Das ist bedingt durch den voranschreitenden Klimawandel. In seinem Bericht über „Klimawandel und Wasser" von 2008 analysiert der Weltklimarat (IPCC) die regionalen Aspekte im Bezug auf *Klimawandel und Wasser*. Was Afrika betrifft, so wird Wasser hier als eine der kritischsten Herausforderungen bezeichnet. Bereits für 2025 wird für viele afrikanische Staaten, vorwiegend im östlichen und südlichen Afrikas (u.a. Südafrika), absolute Wasserknappheit in Bezug auf den jährlichen Prokopfverbrauch vorhergesagt. Es ist zu erwarten, dass diese Entwicklung

---

[13] Vgl. http://www.future-okavango.org/index.php?PHPSESSID=pmd19856fi9q6lrd7pj 1h8j2o3 (23.5.2011).

weitreichende Auswirkungen auch auf die Sektoren Energie, Gesundheit, Landwirtschaft und Biodiversität hat (Bates et al. 2008).

Der Weltklimarat hat bereits in seinem vierten Sachstandsbericht aus dem Jahr 2007 festgehalten, dass Bevölkerungsgruppen in weiten Teilen Afrikas zu jenen gehören, welche als besonders verwundbar gegenüber bereits stattfindenden oder zu erwartenden Klimaveränderungen gelten (IPCC 2007). Bevölkerungsgruppen, deren Lebensunterhalt unmittelbar von der Nutzung der natürlichen Ressourcen abhängt, werden am stärksten bedroht sein (Ruppel 2011a). Das trifft in besonderem Maße auf die Menschen zu, die in sensiblen Ökosystemen wie z.B. den Savannen und wasserarmen Gegenden in Subsahara-Afrika leben (IPCC 2007).

Durch Klimaveränderungen hervorgerufene Trockenzeiten, Dürren oder Überflutungen zerstören das Leben von Menschen und Tieren, vernichten Anbauflächen, Ernten und gefährden damit elementare Lebensgrundlagen. Die zunehmende Desertifikation großer Gebiete führt zu einer Ausweitung bereits bestehender Wüstenregionen, vernichtet landwirtschaftliche Anbauflächen und Weidegebiete.[14] Derzeit lebt bereits ein nicht unerheblicher Teil der Bevölkerung der südafrikanischen Entwicklungsgemeinschaft in Gegenden, die von Trockenheit und Dürre geprägt sind, keinen Zugang zu sauberem Trinkwasser haben und damit dem sog. *water stress* ausgesetzt sind (UNDP 2008).

Der im Jahr 2013/2014 erscheinende fünfte IPCC Sachstandsbericht ist bereits in Bearbeitung.[15] Es zeichnet sich aber schon heute ab, dass der weiter fortschreitende Klimawandel bestehende Ungleichheiten zwischen Gesellschaften und Ländern und zwischen den Geschlechtern in Subsahara-Afrika noch weiter verstärkt (Ruppel 2011d). Ohnehin sozial und wirtschaftlich schlecht gestellte Menschen werden dabei am härtesten getroffen (Ruppel 2010a), weil sie weniger in der Lage sind, die Folgen zu bewältigen oder sich der Situation anzupassen. Zunehmende Schwierigkeiten beim Zugang zu Trinkwasser bürden gerade Frauen zusätzliche Lasten auf und erfordern einen höheren zeitlichen wie körperlichen Einsatz, so dass sie noch weniger Zeit für ihre Kinder, andere familiäre Aufgaben oder die Teilnahme an Entscheidungsprozessen in Familie oder Dorfgemeinschaft zur Verfügung haben (Ruppel 2010c). Kinder und schwangere Frauen sind überdies besonders anfällig für Krankheiten, die von oder über Wasser übertragen werden. Es steht zu befürchten, dass die Folgen des Klimawandels im südlichen Afrika zu einer Verschlechterung der prekären Armuts- und Ernährungssituation führen. Unterernährung, erhöhte Sterblichkeit, gerade bei Kindern, Krankheiten und Verletzungen aufgrund extremer Wetterbedingungen sowie mit der

---

[14] Das ist gerade in Staaten wie Namibia ein ernstzunehmendes Thema (Mfune/Ruppel 2009).
[15] Vgl. http://www.ipcc.ch/ (14.5.2011).

Qualität des Trinkwassers verbundene Darmkrankheiten gehen damit Hand in Hand (IPCC 2007; Ruppel 2009a).

Es wurden in den vergangenen Jahren allerdings auch Untersuchungen durchgeführt, die belegen, dass indigene Völker im südlichen Afrika nicht nur Opfer des Klimawandels sein können, sondern mit ihrem traditionellen Wissen auch wertvolle Beiträge zur Anpassung an den Klimawandel und zur Minderung von CO_2 Emissionen leisten können. Durch ihre traditionellen Lebensweisen wissen sie mit schwierigen Umweltbedingungen umzugehen. Durch ihre Abhängigkeit von den Naturressourcen haben sie gelernt, sich veränderten Umweltbedingungen anzupassen und Techniken zu entwickeln, die auf den Erhalt der Ressourcen und damit ihrer Lebensgrundlagen angelegt sind. Hier wurde bspw. nachgewiesen, dass die traditionellen Gemeinschaften über differenzierte Wassermanagementsysteme, Fischereikultur, Weidewirtschaftstechniken, indigene Frühwarnsysteme etc. verfügen (Hinz/ Ruppel 2008 und 2010).

Nichtsdestotrotz stellt der Klimawandel auch für indigene Bevölkerungsgruppen in Subsahara-Afrika eine erhöhte Bedrohung dar und es bleibt zu hoffen, dass in der künftigen Klimadebatte besonders jene Bevölkerungsteile, die am meisten verwundbar sind, stärker vom politischen Willensbildungsprozess erfasst werden (Ruppel 2011a). Dazu erscheint es unabdingbar, künftig eine stärkere Verknüpfung von Wasser-, Klima-, Energie-, Wirtschafts-, Sicherheits- und Entwicklungspolitik zum effektiveren Schutz der „vulnerablen" Gruppen gerecht und chancenerhöhend herzustellen. Das erfordert globale Kooperation und die nationale, bzw. regionale Umsetzung (Edenhofer et al. 2010).[16]

Die mit der Wasserfrage im unmittelbaren Zusammenhang stehende zunehmende Verknappung von Nahrungsmitteln wird verschärft durch den gestiegenen Bedarf an Biokraftstoffen und an Futtermitteln sowie durch das Auftreten ausländischer Agrarunternehmen, die große landwirtschaftliche Flächen gerade in der Region für den Anbau von Nahrungsmitteln für Märkte außerhalb Afrikas nutzen. Schätzungen zufolge steigt der Bedarf, afrikanischen Boden käuflich zu erwerben oder für lange Zeiträume zu pachten, stetig. Außerdem werden landwirtschaftliche Flächen zunehmend – als ausländische Direktinvestitionen in die Landwirtschaft – zum Gegenstand internationaler Spekulationen (Baxter 1989).

Für die Ernteerträge von Bauern ist der Klimawandel im südlichen Afrika ein ernstzunehmendes Risiko. Diese Aussage im letzten IPCC Sachstandsbericht ist teils heftig kritisiert worden – sie sei nicht wissenschaftlich fundiert, so die Kritik. Eben diese Aussage wurde aber nun von der neueren

---

[16] Siehe hierzu ausführlich den 2010 Report des Potsdam-Instituts für Klimafolgenforschung und des Instituts für Gesellschaftspolitik im Auftrag von Misereor und der Münchner Rück Stiftung unter Leitung von Edenhofer, O./Wallacher, J./Reder, M./Lotze-Campen, H. 2010. *Global aber Gerecht. Klimawandel bekämpfen, Entwicklung ermöglichen*, München.

Forschung bestätigt: „Keine der afrikanischen Agrarregionen ist auf der sicheren Seite (...). Das ist ein belastbares Ergebnis, auch wenn wir vieles noch nicht genau genug wissen" (Müller et al. 2011, 2). Der Klimawandel trifft in Afrika vielfach auf eine Landwirtschaft, die bereits heute der lokalen Nachfrage nach Nahrungsmitteln nicht gerecht wird. Zugleich ist aber das Potential zur Verbesserung von Ernteerträgen in einigen bislang besonders ineffizient wirtschaftenden Ländern besonders groß.

3   Die Landverteilungsfrage in der SADC

Der Zusammenhang zwischen Wasser und Land und die Relevanz dieser Ressourcen für nachhaltige Entwicklung ist zwar offenkundig; trotzdem werden beide Ressourcen häufig als getrennte Themen betrachtet. Dabei ist das Verhältnis zwischen Land- und Wasserrechten politisch, ökonomisch und kulturell äußerst komplex und diese Komplexität wird mit fortschreitendem Klimawandel noch zunehmen. Die damit zusammenhängende Landrechtsfrage und das fortbestehende Problem der sozialverträglichen Verteilung der Bodenressourcen bleibt eine der Schlüsselfragen der friedlichen Entwicklung in den ehemaligen Siedlerkolonien des südlichen Afrika, insbesondere in Simbabwe, Namibia und Südafrika (Brandt/Otzen 2002).

Zugang zu Land sichert Menschen das Überleben. Was auf dem Land wächst, dient als Nahrung. Damit deckt die Ressource Land – neben der bereits angesprochenen Ressource Wasser – ein weiteres Grundbedürfnis der Menschen ab. Leider sind die Diskussionen der Eigentumsfrage und der Nutzungsmöglichkeiten von Land oftmals emotional gesteuert. Die Landfrage und die damit verbundene Ressourcenverfügbarkeit sind und bleiben kritische Themen und gütliche Lösungsmöglichkeiten werden unabdingbar sein für die weitere Demokratisierung und nachhaltige Armutsminderung in der SADC Region. Die Bodenreformen in Ländern der SADC Region sind unterschiedlich weit fortgeschritten. So sind bspw. in Swasiland bisher etwa zwei Drittel des Landes aus dem früheren Besitz weißer Siedler an einheimische schwarze Siedler übereignet worden. In Namibia und Südafrika tastet sich die Agrarpolitik weiterhin an tragfähige Reformkonzepte heran (Binswanger/Deininger 1996; Wemer 2000). In Simbabwe wurde die Frage der Verfügungsgewalt über den Siedlerbesitz gewaltsam durch staatliche Enteignung „gelöst" (Otzen 2000; Schwarz 2002).

3.1   Beispiel Namibia

Namibia und Deutschland sind durch eine aus der gemeinsamen Geschichte resultierende besondere Beziehung verbunden. Namibia war von 1884 bis

1915 deutsche Kolonie. In diese Zeit fällt auch der Aufstand der Herero, Nama und Damara gegen die Kolonialherrschaft, der von deutschen Truppen gewaltsam niedergeschlagen wurde (entscheidende „Schlacht am Waterberg" 1904). Diese sowie die darauf folgenden historischen Ereignisse zwischen 1904 und 1908 bilden die Grundlage des erhobenen Völkermordvorwurfes. Im August 2004 besuchte die damalige deutsche Bundesentwicklungsministerin Heidemarie Wieczorek-Zeul Namibia anlässlich des 100-jährigen Gedenkens an die Schlacht am Waterberg. Bei dieser Gelegenheit wurde erstmalig eine Entschuldigung offen ausgesprochen, als Wieczorek-Zeul die Herero „im Sinne des gemeinsamen ‚Vater Unser' um Vergebung" der damaligen Gräueltaten der deutschen Soldaten bat, was heute als Völkermord bezeichnet werden würde (Ruppel 2009d).

Dieser Verantwortung wird die Bundesregierung durch eine verstärkte bilaterale Zusammenarbeit, vor allem in der Entwicklungszusammenarbeit, gerecht. Dies kommt auch im Umfang der deutschen Entwicklungsleistungen für Namibia zum Ausdruck. Das Geschehene kann dadurch zwar nicht ungeschehen gemacht werden; allerdings zeugt dies vom Bestreben, Namibia eingedenk der gemeinsamen Vergangenheit auf seinem Weg in die Zukunft mehr zu unterstützen, als es in jedem anderen afrikanischen Land der Fall ist.

Trotz des beträchtlichen Umfangs deutscher Entwicklungsleistungen rangiert Namibia im sog. „Gini-Index", der die Ungleichverteilung von Einkommen und Vermögen beschreibt, weiterhin an einer der weltweit höchsten Stellen. Diese fortbestehenden ungleichen sozialen Verhältnisse haben zu einer Spaltung der Gesellschaft geführt, in der bis heute eine vorwiegend weiße Elite und eine neue schwarze Mittelschicht einen weitgehend europäischen Lebensstandard pflegen, während weite Teile der überwiegend schwarzen Bevölkerung in extremer Armut leben müssen.[17]

Namibia ist fast zweieinhalb Mal so groß wie Deutschland, wird jedoch nur von 2,1 Mio. Menschen bewohnt. Es ist das trockenste Land südlich der Sahara. Die Böden sind stark erosionsgefährdet, Wasser ist sehr knapp und die natürlichen Ressourcen sind durch Bevölkerungswachstum und unangepasste Bewirtschaftungsmethoden gefährdet. Weite Gebiete sind von Wüstenbildung bedroht und 70% der namibischen Bevölkerung sind direkt oder indirekt von der Landwirtschaft abhängig. Die Armut stellt Namibias Farmer vor enorme Probleme. So ist bspw. eine Mehrzahl der Straftaten, die auf Farmen begangen werden, auf verzweifelte Nahrungsmittelbeschaffung zurückzuführen. Das belegt auch, dass die Zielvorgaben der Agrarreform und ländlicher Entwicklung, nämlich Armut zu reduzieren, die Umwelt zu schützen und wirtschaftliche Entwicklung zu fördern, noch nicht erreicht sind (Muenjo/Mapaure 2011).

---

[17]	Vgl.	http://www.bmz.de/de/was_wir_machen/laender_regionen/subsahara/namibia/ index.html (20.5.2011).

Das kommerziell genutzte Farmland ist noch immer überwiegend unter Kontrolle weißer Großfarmer. Zwar sind inzwischen neue, kleinere Farmen entstanden, es wechselten jedoch bislang lediglich ca. 20% des Farmlandes auf diese Weise zu schwarzen Besitzern. Enteignungen und die bekannten damit verbundenen Unruhen konnte die namibische Regierung in dem Um-verteilungsprozess bislang vermeiden. Das klingt zunächst vielversprechend, genau genommen wurde das Thema der Landfrage aber seitens der namibi-schen Regierung nur bedingt richtig vorangetrieben.

„Bei der Lösung der sozialen Probleme baute die namibische Regierung – wie die meisten Regierungen der Länder des südlichen Afrika – nicht auf die Landwirtschaft, sondern auf den Ausbau moderner Dienstleistungsbetriebe und der Industrie. Trotz der dominanten Rolle der Landwirtschaft in Namibia und im südlichen Afrika war die Vision eines Agrarstaates nicht die Vorstellung der politischen Eliten. Man hoffte einfach, dass sich die Landfrage von selbst löse, wenn andere Einkommens- und Beschäftigungsmöglichkeiten geschaffen werden könnten" (Peters 2003, 3).

Der Landumverteilungsprozess ist auch immer wieder Gegenstand gerichtli-cher Auseinandersetzungen,[18] öffentlicher Kritik und Diskussion (Har-ring/Odendaal 2007; 2008; Weidlich 2007). Die Regierung hat bereits selbst festgestellt, dass die Landreformen nach dem Prinzip „verkaufsbereiter Ver-käufer – kaufbereiter Käufer" nur schleppend vorangehen. Die Gründe hier-für sind vielfältig:

„Erstens gibt es nicht immer einen willigen Verkäufer. Wenn es ihn gibt, dann kann der Verkaufspreis unerschwinglich sein. Oder der Verkäufer zieht sein Angebot sofort vor dem Gegenangebot des Ministers wieder zurück. In schlechten Fällen wird ungeeignetes Land angeboten" (Hofmann/!Naruseb 2010).

Nicht selten ruft die hinkende Landreform auch Stimmen radikaler Kräfte aufs Parkett. So forderte 2004 ein prominenter Gewerkschaftsführer weiße Farmer auf, das Land zu verlassen und endlich „ihre Verwandtschaft in Eu-ropa aufzusuchen" (Der Spiegel 2004, 114). Man blickt daher auch immer wieder beängstigt über die Grenze nach Simbabwe. Als Robert Mugabe, Präsident von Simbabwe, die sog. schnelle Landreform mit gewaltsamer Farmbesetzung und der Vertreibung weißer Farmer forcierte, wurden auch in Namibia populistische Stimmen laut, einen ähnlichen Kurs einzuschlagen (Hofmann 2008).

---

[18] So z.B. im High Court von Namibia: *Kessl v The Ministry of Land and Resettlement*, Case Nos. (P) A 27/2006 and (P) A 266/2006; *Heimaterde CC v The Ministry of Lands and Resettlement*, Case No. (P) A 269/2005; und *Martin Joseph Riedmaier v The Ministry of Lands and Resettlement*, Case No. (P) A 267/2005; Urteile vom 6. März 2008.

Erst vor wenigen Monaten formulierte Namibias Präsident Hifikepunye Pohamba, dass der langsame Fortschritt der Landreform die politische Stabilität im Lande gefährde. Er sagte, das Land könnte in einen Kriegszustand versetzt werden, wenn das Thema Landreform nicht mit der notwenigen Dringlichkeit behandelt würde. „Viele Revolutionen wurden von landlosen Menschen angezettelt" (Kirsting 2010, 1), so Pohamba. Im selben Zusammenhang drückte der Präsident seine ernsthafte Sorge im Bezug auf die Nahrungsmittelsicherheit in Namibia aus.

3.2   Beispiel Simbabwe

Simbabwe ist ein weitaus krasseres Beispiel für die Landfrage. Es hat hierfür einen sehr hohen Preis zahlen müssen, nämlich politische Instabilität, sozialen Unfrieden mit bürgerkriegsähnlichen Erscheinungen, eine unglaubwürdig gewordene Regierung und einen wirtschaftlichen Niedergang sondergleichen (Brandt/Otzen 2002). Simbabwe ist heute zu einem unberechenbaren Faktor der Instabilität in der gesamten Region geworden, der nicht nur ähnliche Reformvorhaben seiner Nachbarn gefährdet, sondern darüber hinaus die Integrationsentwicklung der SADC hemmt (Ruppel/Bangamwabo 2008).

Das Land befindet sich noch immer in einer schweren wirtschaftlichen und sozialen Krise, die ihre wesentlichen Ursachen in einer verfehlten Politik der Regierung hat. Die Wirtschaft ist nach Angaben des Auswärtigen Amtes zwischen 1998 und 2008 um mehr als die Hälfte geschrumpft.[19] In einem Umfeld, das bis zum Frühjahr 2009 geprägt war von Hyperinflation, Devisenknappheit und Importrestriktionen, gingen Produktion und Investitionen zurück und immer mehr Firmen mussten schließen. Ausländische Investoren werden durch fehlende Rechtssicherheit und den mangelnden Schutz von Eigentumsrechten abgeschreckt. Aufgrund der politischen Entwicklung Simbabwes (Menschenrechtsverletzungen, Aushöhlung rechtsstaatlicher Grundsätze, Fehlen einer entwicklungsorientierten Wirtschaftspolitik, Farmbesetzungen und -enteignungen) wurden seit dem Jahr 2000 kaum noch entwicklungspolitische Zusagen gemacht.[20]

---

[19] Siehe Länderinformationen des Auswärtigen Amtes zu Simbabwe, http://www.auswaer tiges-amt.de/DE/Aussenpolitik/Laender/Laenderinfos/Simbabwe/Bilateral_node.html (2.3.2012).
[20]   Vgl.   http://www.auswaertiges-amt.de/DE/Aussenpolitik/Laender/Laenderinfos/Sim babwe/Bilateral_node.html (19.5.2011).

Exkurs: Der Fall Campbell – Ein politisches Spiegelbild

2007 hat der weiße Simbabwische Farmer William Campbell gegen die Republik von Simbabwe wegen rassenpolitisch motivierter Landreformen vor dem SADC Tribunal geklagt, um seine Rechte wegen der Verletzung der Verfassung Simbabwes sowie des SADC Vertrages geltend zu machen. Hintergrund des Rechtsstreites bildete die auf das Jahr 2005 zurückgehende Verfassungsänderung, die durch den damaligen und jetzigen Machthaber Robert Mugabe in Simbabwe auf den Weg gebracht worden war (Ruppel 2009b). Das entsprechende Gesetz zur Verfassungsänderung (*The Constitution of Zimbabwe Amendment Act No. 17 of 2005*) sieht u.a. vor, dass Farmland grundsätzlich ohne Zahlung einer Entschädigung enteignet werden kann und dass enteignete Landbesitzer keine Möglichkeit haben, derartige Enteignungen vor nationalen Gerichten anzufechten. Aufgrund dieses Gesetzes wurde ein Großteil der rund 4000 weißen Farmer in Simbabwe zwangsweise enteignet und das Land umverteilt. Mit der Begründung, eine Landumverteilung sei notwendig, um koloniale Ungerechtigkeiten in Bezug auf Landeigentum zu korrigieren, nach denen das beste Land den Weißen vorbehalten war, war den enteigneten Farmern keine Entschädigung für den Verlust ihres Eigentums bezahlt worden. Schließlich sei das Land der einheimischen (schwarzen) Bevölkerung zu Kolonialzeiten „gestohlen" worden. Lediglich einzelne Baumaßnahmen und andere Investitionen, die auf dem enteigneten Farmland durchgeführt worden waren, wurden vereinzelt geringfügig vergütet (Ruppel 2009c; 2009f; 2012a).

Der Fall Mike Campbell war der bislang prominenteste Fall, den das SADC Tribunal zu beurteilen hatte. Der Fall wurde auch durch den Dokumentarfilm "Mugabe and the white African" weltweit bekannt. Mit dem Urteil vom 28. November 2008 hat die Mehrheit der verbescheidenden Richter des SADC Tribunals zugunsten der Kläger entschieden. Nach Klarstellung der seitens der Simbabwischen Regierung angezweifelten Zuständigkeit des SADC Tribunals stellt das Urteil fest, dass den Klägern in Harare der Zugang zu den Gerichten unrechtmäßig verwehrt wurde, dass Robert Mugabes Landreform diskriminierend gegen Weiße sei und damit gegen das Diskriminierungsverbot des Artikels 6 (2) des SADC Vertrages verstoße. Dieser verbietet u.a. jegliche Art von Diskriminierung aufgrund von Rassenzugehörigkeit und ethnischer Abstammung. Des Weiteren stellt das SADC Tribunal in seinem Urteil fest, dass die Simbabwische Regierung im Falle von bereits vollzogenen Enteignungen dazu verpflichtet ist, angemessene Enteignungsentschädigung zu leisten. Insbesondere die Regelung in der Verfassung Simbabwes, welche den Enteigneten das Recht verweigert, die Rechtmäßigkeit der Enteignung gerichtlicher Überprüfung zu unterziehen und die Regierung davon befreit, Enteignungsentschädigung leisten zu müssen, wurde bereits 2008 als unrechtmäßig und gemeinschaftswidrig im Sinne des SADC Vertrages angesehen.

Allerdings stellt man in Simbabwe bis heute die Bindungswirkung des Campbell Urteils und damit die Autorität des SADC Tribunals in Frage. Das SADC Tribunal hatte die Nichtbefolgung seiner Entscheidungen bereits vor Jahren dem höchsten Organ der Staatengemeinschaft, der SADC Gipfelkonferenz vorgelegt, damit diese geeignete Maßnahmen ergreift. Im August 2010 hieß es schließlich, man müsse das Mandat des Tribunals überprüfen und hat es vorläufig suspendiert. Hierfür wurde eine unabhängige Expertenkommission eingerichtet, die eine Studie vorbereitete und Anfang 2011 vorlegte.

Im April 2011 ist Mike Campbell in Harare im Alter von 78 Jahren verstorben (Ruppel 2011c). Campbell konnte sich von den Misshandlungen, denen er im Jahr 2009 zusammen mit seiner Frau Angela und seinem Schwiegersohn Ben Freeth auf seiner inzwischen niedergebrannten Farm in Simbabwe ausgesetzt war, nicht wieder gesundheitlich erholen. Noch kurz vor Mike Campbells Tod hat dessen südafrikanischer Anwalt Jeremy Gauntlett einen Eilantrag für Campbell, sein Farmunternehmen und einen weiteren kommerziellen Farmer beim SADC Tribunal eingereicht. Mit der Begründung des fortgeschrittenen Alters seiner Mandanten fordert Gauntlett die SADC Gipfelkonferenz, die 15 Regierungspräsidenten einschließlich Simbabwes Präsident Robert Mugabe auf, das SADC Tribunal unverzüglich wieder in Betrieb zu setzen, damit dieses sein Mandat gemäß Artikel 16 des SADC Vertrages auszuüben vermöge. Auf der Gipfelkonferenz im Mai 2011 wurde die Krisensituation in Simbabwe nicht diskutiert. Beschlossen wurde indes nur, dass die Tätigkeit des SADC Tribunals bis mindestens August 2012 weiter ausgesetzt bleibt.[21]

Der Fall Campbell ist ein politisches Spiegelbild der Landreformbestrebungen und damit einhergehenden gegenwärtigen Lähmungserscheinungen in der SADC.

Die Landverteilungsfrage stellt nicht nur in Simbabwe, sondern in vielen Ländern im südlichen Afrika eine Herausforderung dar, die von den zuständigen Entscheidungsträgern ein umsichtiges und verantwortliches Handeln erfordert, wenn politische Stabilität erreicht werden soll. Ein wesentlicher Punkt im regionalen Integrationsprozess ist die Modernisierung des Agrarsektors und dessen Integration in das Gesamtwirtschaftssystem.

„Eine solche Lösung muss dann im größeren Kontext der regionalen Integration der Staaten des südlichen Afrika gesehen werden: einer regional abgestimmten Agrarstrukturpolitik der SADC-Mitglieds-länder, in der Ernährungssicherung, Landreform, Modernisierung und Integration des bäuerlichen Agrarsektors im Zusammenhang gesehen werden" (Brandt/Otzen 2002).

---

[21] Wie aus dem Abschlusskommuniqué nach dem SADC Gipfeltreffen vom 20.5.2011 hervorgeht, ist den Teilnehmern der Bericht des Komitees, das sich aus Justizministern und Regierungsanwälten zusammensetzt, vorgelegt worden. Die Mitglieder seien daraufhin beauftragt worden, einen „Prozess mit dem Ziel der Änderung der relevanten rechtlichen Instrumente der SADC" einzuleiten. Ein Abschlussbericht werde, beim Gipfel im August 2012 vorgelegt. Die Gipfelmitglieder haben laut Kommuniqué ihre Marschrichtung wiederholt und das Moratorium aufrechterhalten, bis das SADC-Protokoll zum Tribunal verabschiedet werden würde. Das heißt, dass das SADC Tribunal weiterhin keine neuen Fälle entgegennimmt und keine Anhörungen zulässt. In diesem Zusammenhang wurde beschlossen, dass die Richter, deren Amtszeit am 31. August 2010 abgelaufen ist, nicht wieder berufen werden. Ebenso sollen die Richter, deren Amtszeit am 31. Oktober 2011 endet, nicht ersetzt werden. Siehe http://www.az.com.na/fileadmin/pdf/2011/az/SADC-Sondergipfel-05–23–11.pdf (23.5.2011).

4   Migration und Konflikte

Die SADC Region ist stark von Armut geprägt, die Wirtschaftsordnungen sind fragil, demokratische Entwicklung hinkt nicht selten hinterher, Millionen von Menschen sind ohne Arbeit, ohne elementare Grundversorgung und ohne sauberes Wasser. In der SADC Region, in der die HIV/AIDS-Rate fast 20% beträgt[22] und die durchschnittliche Lebenserwartung der Mehrheit der Bevölkerung kaum über 40 Jahren liegt, stellen mangelnde sanitäre Versorgung und Wasserknappheit eine konkrete Bedrohung für die Lebensgrundlage vieler Menschen dar – insbesondere in den ländlichen Regionen. Ohne dass afrikanische Länder den Klimawandel maßgeblich mit verursacht haben, werden dessen negative Auswirkungen auf dem afrikanischen Kontinent besonders deutlich. Dürren wechseln sich immer häufiger mit sintflutartigen Regenfällen ab. Die Wetterextreme nehmen nachweislich zu. Steigende Meeresspiegel, Küstenwassererwärmung, Wüsten und Stürme machen mehr und mehr Regionen des Kontinents unbewohnbar. Rund 80% des verfügbaren Wassers in Subsahara-Afrika stammen aus grenzüberschreitenden Oberflächen- und Grundwasserressourcen. Im Zuge des steigenden Wasserbedarfs aufgrund von Bevölkerungswachstum, zunehmender Verstädterung und Industrialisierung wächst auch das Potential für inner- und zwischenstaatliche Nutzungskonflikte in internationalen Wassereinzugsgebieten. Grenzüberschreitende Wasserkooperation und nachhaltige Nutzung vorhandener Ressourcen können dem vorbeugen. Obwohl es bisweilen noch wenige empirische Beweise für einen direkten kausalen Nexus von Klimawandel und gewaltsamen Konflikten gibt, ist ein Zusammenhang von Umweltzerstörung und klimabedingter Verknappung der natürlichen Ressourcen und insbesondere Wasser mit gewaltsamen Konflikten naheliegend (Tänzler 2009).

Die mit dem Klimawandel einhergehenden Veränderungen haben Einfluss auf die sog. menschliche Sicherheit (Kumssa/Jones 2010). Auch die Verknappung von Nahrungsmitteln im südlichen Afrika steht im vorgenannten Zusammenhang. Die Konkurrenz um Boden- und Wasserressourcen stellt daher künftig erhöhte Ansprüche an die Katastrophenvorsorge, an vorausschauende Planung und gezielte Prioritätensetzung in der Vergabe öffentlicher Mittel (Paulus/Haas 2008, Vorwort). Gleichzeitig gilt es, möglichen regionalen und grenzübergreifenden Krisen vorzubeugen und die Ausweitung bereits existierender Konflikte um Ressourcen einzudämmen. Ein großer Bevölkerungsanteil innerhalb der Entwicklungsgemeinschaft des südlichen Afrika lebt in Regionen, die von Trockenheit und Dürre gezeichnet sind. Viele der großen Städte (Kapstadt, Durban, Maputo, Mombasa) liegen

---

[22] Nach dem strategischen Plan des SADC Parlamentarischen Forums für 2007–2011 ist die HIV/AIDS-Rate in der SADC Region mit fast 20% weitaus höher als in Subsahara Afrika insgesamt, wo die HIV/AIDS-Rate bei 7,5% lag. Demnach leben in der SADC Region 37% derjenigen Menschen, die weltweit an HIV/AIDS erkrankt sind.

an der Küste und die voranschreitende Erderwärmung sowie ein Anstieg des Meeresspiegels werden nach Schätzungen für das Jahr 2050 bis zu 200 Mio. Umweltflüchtlinge, also klimabedingte Migranten zur Folge haben (Myers 2005). Solche Migrationsströme erhöhen auch die Wahrscheinlichkeit von Konflikten, insbesondere bei bereits bestehenden ethnischen Spannungen (Brown/Crawford 2009).

Nach Angaben der Internationalen Organisation für Migration (IOM) gibt es etwa 170 Mio. Migranten (Leighton et al. 2009) und auch im südlichen Afrika gibt es umweltbedingte (z.B. durch Klimawandel und Wasserknappheit) und konfliktbedingte (z.B. durch Landenteignung und Bürgerkrieg) Migration. Laut Schätzungen des Weltklimarats werden bspw. um 2080 zwei bis sieben Millionen Küstenbewohner von Überflutung betroffen sein. Der neben dem Begriff Umweltmigrant verwendete Begriff „Umweltflüchtling" wird von vielen Politikern kritisiert, da „Flüchtling" ein juristischer Begriff im Sinne der Genfer Konvention von 1951 ist. Zudem findet Migration oft innerhalb von nationalstaatlichen Territorien statt, was es unter Umständen erschwert, international verbindliche Regeln für Strategien zu entwickeln. Wenn das Thema umweltbedingte Migration künftig nicht besser erforscht wird und die Politik das Problem nicht stärker adressiert, können nur schwer nachhaltige Lösungen gefunden werden.[23] Umweltmigration ist insbesondere in den Ländern des südlichen Afrika ein kritisches Thema, nicht zuletzt weil es zumeist Randgruppen der Bevölkerung betrifft und die rechtlichen Institutionen zum Umwelt- und Menschenrechtsschutz oft unzureichend ausgebildet sind (Ruppel 2012b).

5   Menschenrechte und Armut

Während der Feierlichkeiten der sog. Nationalen Wasserwoche in Südafrika, die mit dem UN-Weltwassertag zusammenfiel, rief die südafrikanische Wasser- und Umweltministerin Edna Molewa im letzten Jahr allen Südafrikanern in Erinnerung, dass Südafrika ein Land ist, das unter Wasserknappheit leidet, und dass das Recht auf Wasser ein Menschenrecht ist, welches jedoch wie jedes Recht nicht ohne Verantwortung besteht.[24] Erst 2010 hat die UN-Vollversammlung das Menschenrecht auf Wasser und Sanitärversorgung anerkannt.[25] Mit dieser Entscheidung wird politisch und völkerrechtlich klar-

---

[23]   Siehe http://www.munichre-foundation.org/StiftungsWebsite/Projects/SocialVulnera bility/UNU/de/2010_EnvironmentalChangeMigration_DieErdestehtKopf.htm (20.5.2011).

[24]   Vgl. http://www.dwaf.gov.za/Communications/PressReleases/2011/WaterWeek2011 mediarelease.pdf (24.5.2011).

[25] UN Resolution verabschiedet auf der 64. Generalversammlung, GA/10967.

gestellt, dass das Recht auf Wasser und Sanitärversorgung den anderen Menschenrechten gleichgestellt ist. Jetzt gilt es, dieses Menschenrecht konsequent in die Praxis umzusetzen. Noch immer sieht man nämlich im Zugang zu sauberem Trinkwasser und zu Sanitärversorgung ein zu befriedigendes Grundbedürfnis, nicht jedoch ein Menschenrecht, auf das jede Person Anspruch hat. Dies ist ein wesentlicher qualitativer Unterschied. Menschenrechte basieren auf einem völkerrechtlichen Vertrag und müssen staatlicherseits geachtet, geschützt und gewährleistet werden.[26]

Exkurs: Wasser als Menschenrecht – Buschleute im Central Kalahari Game Reserve[27]

Viele Jahre lang war das Bohrloch in Mothomelo die einzige zuverlässige Wasserquelle für die Buschleute im Central Kalahari Game Reserve (CKGR). Als die Regierung von Botswana die Buschleute 2002 gewaltsam aus dem Reservat vertrieb, entfernte sie die Pumpe und verschloss das Bohrloch für den Fall, dass die indigenen Buschleute versuchen würden zurückzukehren. Trotz einer gerichtlichen Anordnung von 2006, nach der die Buschleute ein durch die Verfassung gegebenes Recht haben, auf ihrem Land zu leben, weigerte sich die Regierung zunächst, ihnen zu gestatten, das Bohrloch wieder in Betrieb zu nehmen – auch nicht auf eigene Kosten. Die Regierung Botswanas hat das Bohrloch verschlossen, weil sie nicht möchte, dass Buschleute im Reservat leben. Sie sagt, dass dies „das Leben wilder Tiere gefährden" könne. Wenn die vielen indigenen Buschleute, die in Folge der Gerichtsentscheidung von 2006 in ihre Heimat zurückgekehrt sind, also an akutem Wassermangel leiden, seien sie selbst daran schuld, denn „sie haben sich dazu entschieden, an einem Ort zu leben, an dem es kein Wasser gibt" (Ruppel 2011b, 228).

In dem unlängst in Botswana ergangenen Urteil *Matsipane Mosetlhanyane and Others v the Attorney General of Botswana*[28] hat das *Botswana Court of Appeal* eine Entscheidung des High Court aufgehoben, welche den Kalahari Buschleuten verbot, Wasserlöcher in der Central Kalahari Game Reserve zur Wasserversorgung aufrechtzuerhalten. Das bahnbrechende Urteil bekräftigte das Menschenrecht auf Wasser und insbesondere jenes indigener Völker. In seinem Urteil verweist das Gericht u.a. auf den UN-Sozialpakt.

Das Gerichtsurteil ist unter internationaler Beobachtung ergangen. So war auch der UN-Sonderbeauftragte für Indigene Völker, der dem UN-Menschenrechtsrat berichtete, der Ansicht, dass die Weigerung der Regierung, den Buschleuten Dienstleistungen im Reservat zuzugestehen, nicht mit der Stimmung und der zugrunde liegenden Logik der Entscheidung von 2006 übereinstimme und auch nicht mit den betreffenden internationalen Menschenrechtsstandards.[29]

---

[26] Deutscher Bundestag, Drucksache 17/3652 – 2, 17. Wahlperiode.

[27] Vertiefend siehe Ruppel und van Wyk (2012 in Vorbereitung).

[28] Fall Nr. CACLB-074–10, Appeal Court of Botswana, Urteil vom 27.12011.

[29] Vgl. *Report by the Special Rapporteur on the Situation of Human Rights and Fundamental Freedoms of Indigenous People, James Anaya, Addendum on the Situation of Indigenous People in Botswana*, UN General Assembly A/HRC/15, 22.2.2010 http://

Die Achtung der Menschenrechte und der Umweltschutz müssen künftig im Bedarfsfall auch stärker gegen die Staatensouveränität abgewogen werden. Dies klingt wie ein Angriff auf das klassische Völkerrecht und ist wohl teilweise auch so gemeint (Lorenzmeier 2008). Gerade wenn es um Wasserknappheit und Klimawandel geht, muss die Völkergemeinschaft eine universellere Rechtsordnung entwickeln. Es ist nämlich eine Illusion, zu glauben, eine stabile Weltordnung könne allein auf nationaler Staatsgewalt beruhen. Ohne Zweifel stellt die Staatensouveränität einen wichtigen Grundpfeiler der Völkerrechtsordnung dar. In Ergänzung dazu besagt das Territorialprinzip, dass ein Staat über bestimmte Gebiete endgültig und ohne Einschaltung weiterer Völkerrechtssubjekte verfügen kann. Allerdings kann das Völkerrecht der Ausübung nationaler Souveränität ebenso wie dem Territorialprinzip Grenzen setzen. Das wurde auch immer wieder in Bezug auf die begrenzte Territorialhoheit über natürliche Ressourcen thematisiert. Völkerrechtlich handelt es sich bei Wasser um eine natürliche Ressource, auf die sich die Territorialhoheit eines Staates auch grundsätzlich erstreckt. In diesem Zusammenhang bedarf es jedoch eines weiteren Diskurses, nämlich ob künftig ggf. das Prinzip der intergenerationellen Gerechtigkeit und die regionale Verknappung von Trinkwasser eine Einschränkung staatlicher Souveränität und Integrität rechtfertigt, auch um Konflikten vorzubeugen (mit weiteren Nachweisen Lorenzmeier 2008).

Auf nationaler Ebene stellt sich immer wieder die Frage nach einer sozialen Gerechtigkeit im Sinne eines Menschenrechts, die auch für diejenigen, die finanzielle Mittel nicht selbst erwirtschaften können, Lebensbedingungen zur Verfügung stellt, die unter den jeweils gegebenen sozioökonomischen Bedingungen als erträglich und gerecht angesehen werden (Roschmann 2011). Diese sozialen Rechte sowie ein nachhaltiger Demokratisierungsprozess sind Grundvoraussetzungen für Armutsreduzierung, nachhaltiges wirtschaftliches Wachstum und Entwicklung. Um soziale Rechte und damit eine nachhaltige menschliche Entwicklung zu ermöglichen, bedarf es adäquater finanzieller Mittel und einer Zivilbevölkerung, die ihre Rechte formuliert und einfordert. Die Stärkung des Rechtswesens ist dann essentiell, um die Durchsetzung sozialer Rechte gewährleisten zu können. Besonders förderlich in diesem Zusammenhang ist ein bestehendes Verwaltungsrecht und eine funktionierende Verwaltungsgerichtsbarkeit, bei der von Verwaltungsakten Betroffene diese überprüfen lassen können, da ansonsten Willkür die Erwartbarkeit wirtschaftlichen Planens und die Rechtssicherheit stark vermindert (Roschmann 2011).

Afrikaweit gibt es bekanntermaßen eine Vielzahl von Faktoren, die ein nachhaltiges wirtschaftliches Wachstum und eine soziale Entwicklung hemmen. Mangelnde Kompetenz, Desinteresse auf der Verwaltungs- und Über-

www2.ohchr.org/english/issues/indigenous/rapporteur/docs/ReportVisitBotswana.pdf (2.3.2012).

regulierung auf der gesetzgeberischen Ebene sind in diesem Zusammenhang zu erwähnen (Roschmann 2011). Allen voran ist indes die Korruption als eines der zentralen Probleme zu nennen, welche nicht zu Unrecht als „Krebsgeschwür"[30] des Kontinents bezeichnet wird, da sie vergeudende Leistungsaustausche bewirkt, die hohen volkswirtschaftlichen und entwicklungsrelevanten Schaden anrichten (Edenhofer et al. 2009).

6   Entwicklungszusammenarbeit

Westliche Industrienationen verfolgen in ihrer Wirtschafts- und Entwicklungspolitik offensichtlich einen Ansatz, in dem Kriterien wie Rechtsstaatlichkeit, Demokratie und Menschenrechte durchaus eine Rolle spielen. Die deutsche Bundeskanzlerin formulierte den Ansatz der Bundesregierung in Bezug auf Entwicklungszusammenarbeit im Vorfeld ihres Besuches bei der deutschen Gesellschaft für Internationale Zusammenarbeit (GIZ) im Februar des Jahres 2011 folgendermaßen:

„Auf der einen Seite haben wir die ethische Verpflichtung, wo immer uns das möglich ist, Menschen in Not zu helfen und ihnen Wege zu öffnen, damit sie selber besser leben können. Dabei geht es vor allen Dingen um Hilfe zur Selbsthilfe. Zum anderen ist Entwicklungszusammenarbeit aber auch in unserem ureigensten Interesse. Denn auch wir wollen, dass wir in einer Welt leben, in der es mehr und mehr demokratische und stabile Strukturen gibt, in denen Menschen keine Not verspüren, z.B. aus ihren eigenen Ländern zu flüchten und bei uns Asylanträge zu stellen. Auch hier geht es darum, Stabilität und Demokratie vor Ort weltweit zu gestalten" (Merkel 2011).

Exkurs: China und Neokolonialismus in Afrika?

Immer wieder werden Stimmen laut, in Afrika entwickele sich derzeit ein Neokolonialismus[31] im Sinne eines Wettlaufes um die natürlichen Ressourcen. Dieser Vorwurf wird in erster Linie an die Adresse Chinas gerichtet, welches derzeit verstärkt entwicklungs- und geopolitisch in Afrika aktiv ist,[32] weitestgehend ohne Investitionen an besondere Konditionen wie Demokratie, *Good Governance* oder die Einhaltung von Menschenrechten zu knüpfen (Nuscheler 2008).

---

[30] So der damalige Präsident der Weltbank James Wolfenson in seiner Ansprache zur Jahreshauptversammlung der Weltbank 1996.

[31] Im Jahr 2006 warnte der damalige Südafrikanische Präsident Thabo Mbeki vor einer kolonial geprägten Verbindung Chinas zu Südafrika. Siehe Nachrichten der BBC vom 14.12.2006; http://news.bbc.co.uk/2/hi/business/6178897.stm (23.5.2011).

[32] Im Fokus der Kritik stehen „Chinas Strategien zur Sicherung des Zugangs zu Energie- und Rohstoffressourcen mit Hilfe weicher Kredite und von Entwicklungsprojekten" (Schüller/Asche 2007).

Wenngleich die Terminologie des „Neokolonialismus" sicherlich nicht zutreffend ist (Schüller/Asche 2008), werfen gewisse Vorgänge auf dem afrikanischen Kontinent in Bezug auf ausländische Investitionen durchaus Fragen auf. Eine jüngst erstellte Analyse[33] über globale Wasserknappheit des britischen Instituts Maplecroft besagt bspw., dass wasserarme ölreiche Golfstaaten sowie Indien, Südkorea und China Agrarland in wasserreicheren Entwicklungsländern aufkaufen, um die eigene Nahrungsmittelsicherheit zu gewährleisten und sich von der Volatilität der globalen Nahrungsmittelpreise unabhängig zu machen.

Hier geht es ganz offenbar nicht um einen „Wettlauf um die natürlichen Ressourcen in Afrika" und im Hinblick auf ein nachhaltiges Wasser- und Landmanagement im südlichen Afrika sollte durchaus positiv festgehalten werden, dass die internationale Entwicklungszusammenarbeit einen wichtigen Beitrag leistet. Die deutsche Entwicklungszusammenarbeit unterstützt bspw. auch grenzüberschreitende Wasserkooperationen im südlichen Afrika. Mit einem Beitrag von 8,5 Mio. Euro (für den Zeitraum 2005–2011) fördert die deutsche Bundesregierung die gemeinsame nachhaltige Bewirtschaftung der grenzüberschreitenden Wasserressourcen in der SADC Region:[34] Durch das Vorhaben der Deutschen Gesellschaft für Internationale Zusammenarbeit (GIZ) sollen:

- die Flussgebietsorganisationen der Oranje (in manchen Teilen auch Senqu genannt) und Limpopo Becken in ihrer institutionellen Leistungsfähigkeit gestärkt werden;

- ein Prozess der Harmonisierung der Wasserpolitiken der SADC Mitgliedsstaaten eingeleitet werden und

- institutionelle sowie baufachliche Kapazitäten für grenzüberschreitende Wasserversorgungsmaßnahmen aufgebaut bzw. verbessert werden.

7   Schlussfolgerungen

Im Afrika südlich der Sahara sind nicht nur die meisten der ärmsten Länder der Welt angesiedelt, es haben sich dort auch die Durchschnittswerte für den Lebensstandard in den vergangenen Jahrzehnten weiter verschlechtert. Heute leben dort etwa 72% der Bevölkerung von weniger als 2 US $ am Tag. Ihre

[33] Maplecroft Water Stress Index. Siehe Maplecroft (18.5.2011). „Maplecroft index identifies Bahrain, Qatar, Kuwait and Saudi Arabia as world's most water stressed countries – Key emerging economies and oil rich nations export water issues to ensure food security through African 'land grab'"; http://www.maplecroft.com/about/news/water_stress_index.html (23.5.2011).
[34] Siehe http://www.bmz.de/de/was_wir_machen/themen/umwelt/wasser/deutscher_beitrag/grenzueberschreitend/wasser_grenzueberschreitend/index.html (17.5.2011).

Wirtschaftskraft beruht zum großen Teil weiterhin auf der Landwirtschaft; viele Menschen leben als Subsistenzbauern. Die Infrastruktur ist noch immer unterentwickelt. Einige Länder haben zwar von gestiegener Nachfrage Asiens (insbesondere Chinas und Indiens) nach Erzen, Erdöl und Erdgas profitiert. Da diese Sektoren jedoch wenig arbeitsintensiv sind, sind Umverteilungsmaßnahmen notwendig, um die Einnahmen für die Armutsbekämpfung zu nutzen.[35]

Es ist an der Zeit, dass die Entscheidungsträger aus Politik, Wirtschaft und Gesellschaft weltweit, aber auch in Afrika unablässig und sachlich an ihre Verantwortung erinnert werden, für das nationale wie globale Gemeinwohl und dessen Gefährdung durch den Klimawandel,[36] zunehmende Wasserknappheit und ungerechte Landverteilung. In seiner Antrittsrede 2004 hatte Bundespräsident Horst Köhler auf die moralische Verantwortung hingewiesen, die die Menschheit für Afrika habe: „Für mich entscheidet sich die Menschlichkeit unserer Welt am Schicksal Afrikas" (Köhler 2004).

Einem UNESCO Wasserbericht zufolge hängt der Erfolg im Kampf gegen die Armut künftig von der Fähigkeit ab, in die Ressource Wasser zu investieren.[37] Weltweit wird heute dreimal mehr Trinkwasser als 1960 gebraucht und die bewässerte Fläche hat sich verdoppelt. Eine der Ursachen dafür ist das anhaltende Bevölkerungswachstum, das 2030 zu einer Weltbevölkerung von knapp zehn Milliarden Menschen führen wird, deren Nahrungsmittelversorgung viel Wasser benötigt.[38] Physikalische und ökonomische Ressourcenknappheit muss mittelfristig auch zu einer neuen Weltwasserordnung führen. Hierfür bedarf es neben institutionellen Übereinkommen auch völkerrechtlicher Verständigung und Entwicklungshilfe für Kleinfarmer in Afrika. Mit Hilfe von Mikrokrediten, verbesserter Bildung und regionaler Integration müssen Wasserknappheit überwunden und weltweit größere Ressourcengerechtigkeit erzielt werden.

Die vorgenannten Themen werfen zugleich die Frage nach der gerechten Verteilung von Lasten und Pflichten bei der Umwandlung hin zu einer gerechteren Weltgemeinschaft auf, nämlich wie ein fairer Ausgleich zwischen Industrie- und Entwicklungsländern aussehen könnte. Erst wenn Entscheidungsträger aus Landwirtschaft, Energie, Handel und Finanzsektor eingebunden sind und Partnerschaften zwischen Regierungen, Privatsektor und Zivilgesellschaft entstehen, kann Wassermanagement wirksam werden.[39] Wasser – ebenso wie Land – haben ohne Zweifel den Status eines ökonomischen Guts. Aber kann ein Menschenrecht, als welches der Zugang zu Wasser mittlerweile und mit guten Gründen gesehen wird, gleichzeitig ein Wirtschaftsgut sein, dessen Angebot sich an der Kaufkraft der Nachfrager orien-

---

[35] Vgl. http://www.ekd.de/EKD-Texte/68904.html#_ftn46 (19.5.2011).
[36] Hierzu auch Ruppel/Grimm/van Wyk (2011).
[37] Vgl. http://www.unesco.org/water/wwap (19.5.2011).
[38] Vgl. http://www.pressetext.com/news/20090313004 (19.5.2011).
[39] Vgl. http://www.pressetext.com/news/20090313004 (19.5.2011).

tiert? Es bleibt also die Frage ob solch lebensnotwendige Güter rein ökonomischen Theorien unterworfen bleiben dürfen.

Ferner bleibt festzuhalten, dass das Verhältnis zwischen Land- und Wasserrechten ökonomisch, politisch und kulturell komplex ist und diese Komplexität mit dem fortschreitenden Klimawandel zunehmen wird. Der Zusammenhang zwischen Wasser und Land und die Relevanz dieser Ressourcen für nachhaltige Entwicklung in der SADC kann daher kaum überschätzt werden. Die Brennpunkte „Wasser und Land" verlangen nach mehr sozialer Gerechtigkeit gepaart mit integrierter Politik, Planung und Management von Wasser- und Landressourcen sowie nach innovativen Möglichkeiten zu regionaler und ökonomischer Entwicklung, die auf Stabilität von Ökosystemen abzielt und zur Armutsreduzierung, nachhaltigen Nutzung von Lebensräumen und Lebensmittelsicherheit beiträgt.

Literatur

Ambunda, L./de Klerk, S. 2008. Women and Custom in Namibia: A Research Overview, in: Ruppel, O.C. (Hg.). *Women and Custom Namibia: Cultural Practice versus Gender Equality?*, Windhoek, 43–81.

Bates, B.C./Kundzewicz, Z.W./Wu, S./Palutikof, J.P. (Hg.) 2008. *Climate Change and Water*, Genf.

Baxter, J. 1989. Wie Gold, nur besser. Fette Dividenden aus Afrikas Böden, in: *Le Monde Diplomatique (9089)*, 15.1.2010.

Binswanger, H.P./Deininger, K. 1996. South African Land Policy: The Legacy of History and Current Options, in: Zyl, J. van/Kirsten, J./Binswanger, H.P. (Hg.), *Agricultural Land Reform in South Africa. Policies, Markets, Mechanisms*, Kapstadt, 64–103.

BMZ 2007. Partner für ein starkes Afrika – Zusammenarbeit im Bereich Wasser, in: *BMZ Materialien (162)*.

Brandt, H./Otzen, U. 2002. Bodenreform – Voraussetzung aller Entwicklung, in: *Entwicklung und Zusammenarbeit (11)*, 304–308, http://www.inwent. org/ E+Z/zeitschr/ez1102–5.htm (17.5.2011).

Brown, O./Crawford, A. 2009. *Climate Change and Security in Africa*, Winnipeg.

Chipika, J.T. 2007. It is Almost Half Time – Will the SADC Region Achieve the Millennium Development Goals (MDGs) by the Target Date of 2015?, in: *MDG Watch (2)*, http://www.sarpn.org.za/documents/d000 2679/MDG_Watch_Issue2_June2007.pdf (23.5.2011).

Cliffe, L. 2000. Land Reform in South Africa, in: *Review of African Political Economy (84)*, 273–286.

Der Spiegel 2004. *Derbe Töne*, 20.9.2003.

Edenhofer, O./Flachsland, C./Luderer, G. 2009. Global Deal: Eckpunkte einer globalen Klimaschutzpolitik, in: Wallacher, J./Scharpenseel, K. (Hg.), *Klimawandel und globale Armut*, Stuttgart, 109–140.

Edenhofer, O./Wallacher, J./Reder, M./Lotze-Campen, H. 2010. *Global aber Gerecht. Klimawandel bekämpfen, Entwicklung ermöglichen*, München.

GTZ 2010. *Gerecht verteilt – nachhaltig genutzt. Unterstützung der Landreform*, 1.3.2010, http://www2.gtz.de/dokumente/bib–2010/gtz2010-0169 de-landreform-namibia.pdf (20.5.2011).

Harring, S.L./Odendaal, W. 2007. *No Resettlement Available. An Assessment of the Expropriation Principle and its Impact on Land Reform in Namibia*, Windhoek.

Harring, S.L./Odendaal, W. 2008. *Kessl: A New Jurisprudence for Land Reform in Namibia*, Windhoek.

Hinz, M.O./Ruppel, O.C. (Hg.) 2008. *Biodiversity and the Ancestors: Challenges to Customary and Environmental Law. Case studies from Namibia*, Windhoek.

Hinz, M.O./Ruppel, O.C. 2010. Biodiversity Conservation under Namibian Environmental Law, in: Schmiedel, U./Jürgens, N. (Hg.), *Biodiversity in Southern Africa*, Göttingen/Windhoek, 190–194.

Hofmann, E. 2008. Landreform. Zwischen Illusion und Existenzkampf, in: *Tagesspiegel*, 22.2.2008, http://www.tagesspiegel.de/weltspiegel/reise/zwischen-illusion-und-existenzkampf/1170872.html (20.5.2011).

Hofmann, E./!Naruseb, A. 2010. Landreform. Entscheidungsträger müssen von der Realität ausgehen, in: *Allgemeine Zeitung*, 26.3.2010.

IPCC 2007. *Fourth Assessment Report. Climate Change – Impacts, Adaption and Vulnerability. Contribution of Working Group II*, Genf.

IWF 2010. *World Economic Outlook 2010*, 1.3.2010, http://www.imf.org/external/pubs/ft/weo/2010/02/weodata/ index.aspx (20.5.2011).

Khadiagala, G. 1996. *Allies in Adversity. The Frontline States in Southern African Security, 1975–1993*, Ohio.

Kisting, D. 2010. Land Reform a Threat to Political Stability: Pohamba, in: *The Nambian*, 3.12.2010.

Köhler, H. 2004. *Wir können in Deutschland vieles möglich*, 1.7.2004, http://www.bundespraesident.de/SharedDocs/Reden/DE/Horst-Koehler/Reden/2004/07/20040701_Rede.html (2.3.2012).

Kumssa, A./Jones, J.F. 2010. Climate Change and Human Security in Africa, in: *International Journal of Sustainable Development & World Ecology (17/6)*, 453–461.

Leighton, M./Loster, T./Warner, K. 2009. Klimawandel und Migration, in: *Entwicklung und Zusammenarbeit (9)* 323–325.

Lorenzmeier, S. 2008. *Wasser als Ware*, Baden-Baden.

McDougall, D. 2010. White Farmers 'Being Wiped Out', in: *The Sunday Times*, 28.3.2010.

Merkel, A. 2011. *Videopodcast der Bundeskanzlerin 08/11*, 26.2.2011, http://www.bundeskanzlerin.de/Webs/BK/De/Mediathek/Videos/videos. html?id=110304, (6.6.2011).

Mfune, J.K./Ruppel, O.C. 2009. *Namibia Climate Change Strategy and Action Plan*, www.met.gov.na/Documents/NAMIBIA-proposed%20Cl imate%20Change%20Strategy%20and%20Action%20Plan%20(13.pdf (20.5.2011).

Müller, C./Cramer, W./Hare, W.L./Lotze-Campen, H. 2011. Climate Change Risks for African Agriculture, in: *PNAS*, 28.2.2011.

Muenjo, C./Mapaure, C. 2011. *The Land Matters Report*, Windhoek.

Myers, N. 2005. *Environmental Refugees: An Emergent Security Issue*, Prag.

Nuscheler, F. 2008. *Die umstrittene Wirksamkeit der Entwicklungszusammenarbeit. INEF Report 93/2008*, Duisburg/Essen.

Otzen, U. 2000. Warum scheitert Simbabwe an der Landfrage?, in: *Namibia Magazin (4)*, 8–11.

Paulus, S./Haas, J.W. 2008. Vorwort, in: GTZ (Gesellschaft für Technische Zusammenarbeit), *Klimawandel und Sicherheit – Herausforderungen für die deutsche Entwicklungszusammenarbeit*, Bonn, 5.

Peters, J. 2003. *Landreform im südlichen Afrika: Motor oder Hindernis demokratischer Entwicklung?*, 28.3.2003, http://www.fes.de/in_afrika/ studien/Land_Reform_Einf_Juergen_Peters_Namibia.pdf (21.5.2011).

Räther, F./Meck, G. 1998. Südafrika – Die Bauern rüsten auf, in: *Focus*, 27.7.1998.

Roschmann, C. 2011. Menschenrechte und Armut in Afrika, in: Ruppel, O.C./Winter, G./Gatter, T. (Hg.), *Recht von innen: Rechtspluralismus in Afrika und anderswo*, Hamburg, 421–444.

Ruppel, O.C. (Hg.) 2008. *Women and Custom Namibia: Cultural Practice versus Gender Equality?*, Windhoek.

Ruppel, O.C. 2009a. The Protection of Children's Rights under International Law from a Namibian Perspective, in: Ruppel, O.C. (Hg.). *Children's Rights in Namibia*, Windhoek, 53–100, http://www.kas.de/proj/ home/pub/8/2/dokument_id–18139/index.html (15.5.2011).

Ruppel, O.C. 2009b. The SADC Tribunal, Regional Integration and Human Rights. Major Challenges, Legal Dimensions and Some Comparative Aspects from the European Legal Order, in: *Recht in Afrika (2)*, 213–238.

Ruppel, O.C. 2009c. Das SADC Tribunal: Eine Juristische Zwischenbilanz, in: *Allgemeine Zeitung*, 5.2.2009.

Ruppel, O.C. 2009d. Koloniale Altlasten in Namibia und die Grenzen des Völkerrechts, in: *Allgemeine Zeitung*, 12.8.2009.

Ruppel, O.C. 2009e. Regional Economic Communities and Human Rights in East and Southern Africa, in: Bösl, A./Diescho, J. (Hg.), *Human Rights in Africa*, Windhoek, 275–319.

Ruppel, O.C. 2009f. The Southern African Development Community (SADC) and its Tribunal: Reflexions on Regional Economic Communities' Potential Impact on Human Rights Protection. In: *Verfassung und Recht in Übersee (2)*, 173–186.

Ruppel, O.C. 2010a. Der Klimawandel trifft Frauen und Kinder besonders hart, in: *Allgemeine Zeitung*, 30.8.2010.

Ruppel, O.C. 2010b. SACU 100: The Southern African Customs Union turns 100, in: *Namibia Law Journal (2)*, 121–134.

Ruppel, O.C. 2010c. Women's Rights and Customary Law in Namibia: A Conflict between Human and Cultural Rights?, in: *Basler Afrika Bibliographien Working Papers (2)*, 1–33.

Ruppel, O.C. 2011a. Climate Change and Human Vulnerability in Africa, in: Ruppel, O.C./Ruppel-Schlichting, K. (Hg.), *Environmental Law and Policy in Namibia*, Windhoek, 308–315.

Ruppel, O.C. 2011b. Human Rights and Environment, in: Ruppel, O.C./Ruppel-Schlichting, K. (Hg.), *Environmental Law and Policy in Namibia*, Windhoek, 219–237.

Ruppel, O.C. 2011c. Mike Campbell verstorben: Und das SADC Tribunal?, in: *Allgemeine Zeitung*, 20.4.2011.

Ruppel, O.C. 2011d. The International, African and Regional Institutional, Legal and Policy Framework of Climate Change, in: African Union/ AMCEN/ United Nations Environment Programme (Hg.), *Addressing Climate Change Challenges in Africa*, Nairobi, 138–166.

Ruppel, O.C. 2012a. SADC Land Issues before the SADC Tribunal – A Case for Human Rights?, in: Chigara, B. (Hg.), *Southern Africa Development Community Land Issues. Towards a New Sustainable Land Relations Policy*, London, 89–120.

Ruppel, O.C. 2012b. Klimathot och migration i Afrika – en global rättvisefråga, in: *Signum (1)*, 36–42.

Ruppel, O.C./Bangamwabo, F.X. 2008. The Mandate of the SADC Tribunal and its Role for Regional Integration, in: Bösl, A./Breydenbach, K./Hartzenberg, F./Mccarthy, C./Schade, K. (Hg.), *2008 Yearbook for Regional Integration*, Stellenbosch, 179–221.

Ruppel, O.C./Bethune, S. 2007. *Review of Namibian Policy and Legislative Support to the Sustainable Use of Wetlands in the Zambezi Basin. Report for the World Conservation Union (IUCN)*, Harare, http:// www.ramsar.org/features/features_namibia_review.pdf (12.5.2011).

Ruppel, O.C./Grimm, S./van Wyk, S. 2011. It's a Problem That Can't Wait, in: *The Star*, 12.12.2011, http://www.iol.co.za/the-star/it-s-a-problem-that-can-t-wait–1.1196378 (20.2.2012).

Ruppel, O.C./van Wyk, S. 2012 (in Vorbereitung). The Basarwa Community in the Central Kalahari Game Reserve and Their Quest for Water. The Case of Mosetlhanyane & Matsipane v The Attorney General of Botswana, in: Hinz, M.O./Mapaure, C./Ruppel, O.C. (Hg.), *Knowledge Lives in the Lake. Namibian Case Studies in Environmental and Customary Law*, Windhoek.

Schoeman, M. 2002. *From SADCC to SADC and Beyond: The Politics of Economic Integration*, http://eh.net/XIIICongress/ Papers/Schoeman.pdf (19.5.2011).

Schüller, M./Asche, H. 2007. China als neue Kolonialmacht in Afrika? Umstrittene Strategien der Ressourcensicherung, in: *GIGA Focus (1)*, http://www.giga-hamburg.de/dl/download.php?d=/content/publikationen /pdf/gf_global_0701.pdf (23.5.2011).

Schwarz, M. 2002. Landreform in Simbabwe. Historical Aspects and the Current Disastrous Situation, in: *Internationales Afrikaforum (38/1)*, 63–74.

Tänzler, D. 2009. Entwicklungsrisiko Klimawandel: Die Notwendigkeit kooperativer Ansätze, in: *SWP Diskussionspapier (4)*, http://www.swp-berlin.org/fileadmin/contents/products/arbeitspapiere/fg8_2009Nr04_tae nzler_ks.pdf (13.3.2012).

UNDP 2008. *World Population Prospects. The 2008 Revision*, http://esa. un.org/unpp/p2k0data.asp (13.5.2011).

UNEP 2008. *Africa – Atlas of our Changing Environment*, Nairobi.

Van den Bosch, S. 2011. Southern Africa: Non-Tariff Trade Barriers Springing Up, in: *Inter Press Services*, 12.3.2011, http://www.globalissues.org /news/2011/03/11/8848 (19.5.2011).

Vereinte Nationen 2006. *United Nations World Water Development Report (2)*, http://www.unesco.org/new/en/natural-sciences/environment/water/ wwap/wwdr/wwdr2-2006/ (12.5.2011).

Vereinte Nationen 2010. *The Millennium Development Goals Report 2010*, http://www.un.org/millenniumgoals/pdf/MDG%20Report%202010%20 En%20r15%20-low%20res%2020100615%20-.pdf (23.5.2011).

Weidlich, B. 2007. Farmworkers at Odds with Former Police General, in: *The Namibian*, 7.6.2007, http://www.namibian.com.na/index.php?id =28&tx_ttnews%5Btt_news%5D=36413&no_cache=1> (28.3.2010).

Weidlich, B. 2007. Forgotten Farmworkers Still Waiting, in: *The Namibian* 24.8.2007, http://www.namibian.com.na/index.php?id=28&tx_ttnews [tt_news]=32255&no_cache=1> (28.3.2010).

Werner, W. 2000. Machtkontrolle und Armutsbekämpfung. Landfrage in Namibia, in: *Afrika Süd (5)*, 9–12.

Wirkus, L/Böge, V. 2005. *Afrikas Internationale Flüsse und Seen – Stand und Erfahrungen im grenzüberschreitenden Wassermanagement in Afrika an ausgewählten Beispielen*, Bonn.

Folgen der Erdölförderung für die Konfliktdynamik im Tschad

Lena Guesnet

Das *Tschad-Kamerun-Öl-Pipeline-Projekt* war als Modellprojekt geplant. Die Weltbank wollte an diesem Beispiel zeigen, dass der Fluch der Ressourcen überwunden werden kann. Wurde dieses Ziel erreicht? Und in welcher Weise beeinflusst die Erdölförderung Konfliktdynamiken im Tschad?

1   Konflikthintergrund

Die „tiefe und andauernde"[1] Krise im Tschad (ICG 2008, 1) begann nicht erst mit der Ölförderung 2003, sondern nahm mit der Unabhängigkeit von Frankreich 1960 ihren Ausgang. Seitdem folgen Gewaltzyklen regelmäßig dem gleichen Muster: Der jeweils amtierende Präsident wird durch eine Rebellion gestürzt. Da sich auch der neue Machthaber auf seine Familie und Ethnie stützt und andere Gruppen benachteiligt, entsteht Opposition. Das Regime begegnet dieser Opposition mit Härte, wodurch sich ihr Unmut weiter verstärkt. Wird gleichzeitig das Regime durch interne Streitigkeiten geschwächt, sieht die Opposition die Chance für einen gewaltsamen Umsturz gekommen. Der Gewaltkreislauf beginnt vonneuem (Berg 2008).

Insgesamt waren im Tschad seit der Unabhängigkeit über 30 verschiedene Rebellengruppen aktiv (Ayangafac 2009). Diese schlossen sich immer wieder zu Bündnissen zusammen, die aber meist nicht von Dauer waren. Zuletzt gelang es einem solchen Bündnis[2] im Februar 2008, bis auf die Hauptstadt N'Djaména vorzurücken. Bevor die Rebellen jedoch die Macht ergreifen konnten, zerstritten sie sich über der Frage, wer im Falle ihres Sieges Anspruch auf das höchste Amt im Staate hätte. Mit Unterstützung von

---

[1] Übersetzung der Autorin.

[2] Das Bündnis bestand aus der *Union des Forces pour la Démocratie et le Développement* (UFDD), der *Union des Forces pour la Démocratie et le Développement-Fondamental* (UFDD-F) und dem *Rassemblement des Forces Démocratiques* (RFD).

Frankreich gelang es Präsident Déby schließlich, die Rebellen zu besiegen (Bayart 2008; ICG 2008,; Wezeman 2009).

Von diesem und anderen Putschversuchen unangefochten, regiert der amtierende Präsident Idriss Déby Itno seit 1990. Auch er gelangte durch einen Putsch an die Macht. Er versprach damals zwar die demokratische Öffnung seines Landes, doch die seither durchgeführten Wahlen können nicht als frei und fair gelten. Zur Präsidentschaftswahl am 25. April 2011 traten die drei wichtigsten Oppositionskandidaten nicht an, weil sie die Wahl als nicht glaubwürdig ansahen. Abgesehen von Unregelmäßigkeiten bei den Wahlen bestätigt auch das generelle politische und gesellschaftliche Klima, dass es sich beim Tschad mitnichten um einen demokratischen Staat handelt: Wie seine Vorgänger unterdrückt auch Déby die Meinungs-, Presse- und Versammlungsfreiheit und reagiert mit Repression auf zivilgesellschaftliche und gewerkschaftliche Aktivitäten. Korruption ist weit verbreitet und kann als systemisch angesehen werden: 2005 war der Tschad das korrupteste Land auf dem Korruptionswahrnehmungsindex von Transparency International (2005). Gekoppelt mit Korruption hat Déby ein ausgefeiltes Patronage-System eingerichtet. Er verteilt Posten in der Regierung, in staatlichen Unternehmen und in der Armee, die vornehmlich der Selbstbereicherung dienen, an Angehörige seiner Ethnie (der *Zaghawa*) wie auch an vormalige Gegner und bindet diese so an sich (Giroux et al 2009; ICG 2008). Die dafür nötigen finanziellen Mittel nimmt Déby nicht zuletzt aus den tschadischen Öleinnahmen.

2   Das Modellprojekt Tschad-Kamerun-Öl-Pipeline

Seit 2003 exportiert der Tschad Erdöl aus dem Doba-Becken im Süden des Landes. Auf Grund der Binnenlage des Landes muss das Öl dazu durch eine 1.070 km lange Pipeline bis zum Ölterminal Kribi an der kamerunischen[3] Atlantikküste transportiert werden.

Das Betreiber-Konsortium der Erdölförderung besteht aus *ExxonMobil* (40% der Anteile), *ChevronTexaco* (25%) und *Petronas* (35%). Ohne die Investitionen multinationaler Ölfirmen hätte das Projekt nicht verwirklicht werden können. Angesichts der politisch instabilen Situation im Tschad waren die Unternehmen jedoch erst zu dieser Investition bereit, nachdem die Weltbank ihre finanzielle und insbesondere politische Unterstützung des Projekts zugesichert hatte (Weltbank 2000a).

Für den Tschad bedeutete die Aussicht auf die Förderung des Erdöls die Chance, eine neue Einnahmequelle zu erschließen. Erwartet wurden jährliche Einnahmen von 80 Mio. US $. Die tatsächlichen Einnahmen des Tschad aus

---

[3] Dieser Artikel beschäftigt sich nicht mit dem kamerunischen Teil des Projekts.

dem Ölsektor übertrafen jegliche Erwartungen. Vor allem auf Grund der stark steigenden Ölpreise wurden 2004 bereits 131 Mio., 2008 sogar 1,87 Mrd. US $ eingenommen (Mobbs 2008). Insgesamt nahm der Tschad nach Angaben des Ölkonsortiums zwischen 2003 und 2008 4,3 Mrd. US $ durch die Erdölförderung ein. Somit erzielte der Tschad innerhalb von 5 Jahren mehr als das Zweieinhalbfache der Einnahmen, die ursprünglich für die gesamte Laufzeit von 25 Jahren erwartet worden waren (IAG 2009b). Dabei überstiegen die indirekten, unmittelbar dem Staatshaushalt verfügbaren Einnahmen die direkten Einnahmen, die u.a. für die prioritären Politikfelder vorgesehen waren (Pegg 2009). Der Anteil der Öleinnahmen am tschadischen Staatshaushalt insgesamt belief sich 2008 auf 80% (Mobbs 2008).

Die Weltbank wollte anhand des Tschad-Kamerun-Öl-und-Pipeline-Projekts zeigen, dass Ölreichtum zum Segen für ein Entwicklungsland werden und der vielbeschworene Fluch der Ressourcen vermieden werden kann. Durch gute Verwaltung des Ölsektors sollte die Ölförderung zur Reduzierung der Armut und zu Entwicklung insbesondere in den Bereichen Gesundheitsversorgung und Bildung beitragen. Zu diesem Zweck wurde das Öl-Einnahmen-Management-Programm aufgesetzt – laut Weltbank ein „bisher nie dagewesener Rahmen, um Ölreichtum in direkten Nutzen für die Armen, die Verwundbaren und die Umwelt zu überführen" (Weltbank 2000b).

Tatsächlich plante die Weltbank zusammen mit der tschadischen Regierung die Verwaltung des Erdölsektors vorbildhaft. Ein Gesetz regelte die Verwaltung der Einnahmen. Mehrere Überwachungsgremien wurden eingerichtet, und für das zuständige Verwaltungspersonal waren *capacity building* Maßnahmen vorgesehen.

3   Die Verwaltung des Ölsektors

3.1   Gesetz zur Verwaltung der Einnahmen

Das Gesetz Nr. 001/PR/99 schreibt vor, dass alle direkten (aus Steuern und Abgaben) und indirekten (aus Dividenden und Gebühren) Einnahmen aus der Erdölförderung auf ein Transitkonto eingezahlt werden. Von dort aus wird ein Teil direkt zur Rückzahlung der Schulden bei Weltbank und Europäischer Investitionsbank genutzt; die übrigen indirekten Einnahmen fließen dem Staatshaushalt zu, während die restlichen direkten Einnahmen auf ein Treuhandkonto bei der *citibank* in London überwiesen werden. Die Verwaltung dieser direkten Einnahmen ist detailliert geregelt: 10% dieses Geldes werden in einen Fonds für zukünftige Generationen eingezahlt. 90% gehen an die tschadische Zentralbank, von wo sie auf drei Ausgabenfelder aufgeteilt werden:

1. 80% für die Politikfelder Gesundheit, Bildung, Infrastruktur, Soziales, ländliche Entwicklung, Umwelt und Wasser;

2. 5% an die Ölförderregion und

3. 15% für laufende Kosten der Regierung.

3.2. Capacity building-Maßnahmen

Capacity building-Maßnahmen wurden auf Druck von Nichtregierungsorganisationen in das Projekt aufgenommen. Sie sollten die tschadische Verwaltung dazu befähigen, mit den zusätzlichen Einnahmen verantwortungsvoll umzugehen und die Ölfirmen zu kontrollieren. Dazu wurden zwei Programme aufgelegt. Das Management of the Petroleum Economy Project (GEEP) sollte die Verwaltung der Öleinnahmen, die öffentliche Finanzverwaltung und die armutsorientierte Ausgabenpolitik stärken. Durch das Petroleum Sector Management Capacity-Building Project (PSMCBP) war die Verbesserung der gesetzlichen Rahmenbedingungen im Umwelt- und Sozialbereich vorgesehen (IDA 2000a; IDA 2000b).

3.3 Überwachungsgremien

Die Überwachungsgremien wurden eingerichtet, um sicherzustellen, dass die Regierung die Einnahmen entsprechend der Vorgaben verwaltet und die Betreiberfirmen sich an Umwelt- und Sozialstandards halten.

Auf nationaler Ebene sollte das Kollegium zur Kontrolle und Überwachung der Erdöleinnahmen (CCSRP, Collège de contrôle et de surveillance des ressources petrolières) sicherstellen, dass die Ölgelder transparent verwaltet und zur Armutsreduzierung verwendet werden. Dabei beschränkte sich das Mandat des CCSRP auf die Ausgaben in den prioritären Politikfeldern.[4] Zur Überwachung der sozialen und ökologischen Auswirkungen wurde das interministerielle Nationale technische Komitee für Monitoring und Kontrolle (CTNSC, Comité technique national de suivi et de contrôle) gegründet.

Als externer Beobachter des gesamten Projekts fungierte die International Advisory Group (IAG). Sie überwachte sowohl die sozialen und ökologischen Folgen der Erdölförderung als auch die Verwaltung der Einnahmen. Hinzu kam die External Compliance Monitoring Group (ECMG), die kontrollieren sollte, dass die multinationalen Ölfirmen sowie die tschadische und die kamerunische Regierung den Umwelt-Management-Plan einhielten.

---

[4] Diese Einschränkung wurde später mit dem Gesetz Nr. 002/PR/06 aufgehoben.

3.4   Das Scheitern der geplanten vorbildlichen Verwaltung

Zwischen dem Anspruch der Projektplanung und der Wirklichkeit der Projektumsetzung klaffte bald eine Lücke, wie auch der Evaluierungsberichts der Weltbank zugeben musste: "The logic was sound, but reality interfered" (IEG 2009, viii).

Die tschadische Regierung akzeptierte das Gesetz Nr. 001/PR/99 zur Verwendung der Öleinnahmen nur für kurze Zeit. Schon gegen Ende 2005 bereitete sie eine Gesetzesänderung vor. In der Folge kam es zu einem Machtkampf zwischen tschadischer Regierung und Weltbank: In Reaktion auf die angekündigte Gesetzesänderung drohte die Weltbank damit, ihre gesamten Entwicklungskredite (in Höhe von insgesamt 124 Mio. US $) einzufrieren. Dennoch wurde das neue Gesetz Nr. 002/PR/06 am 11. Januar 2006 verabschiedet. Daraufhin sperrte die Weltbank das Treuhandkonto, auf das alle direkten Öleinnahmen eingezahlt wurden. Sechs Monate später drohte die tschadische Regierung jedoch, alle Erdöllieferungen zu stoppen, woraufhin die Weltbank das Konto wieder freigab.

Mit der Gesetzesänderung verliert das ursprünglich wichtigste Ziel des Gesetzes, die Nutzung der Einnahmen für Armutsreduzierung und Entwicklung, seinen zentralen Stellenwert. Stattdessen nennt das neue Gesetz Sicherheit als eines der Politikfelder, für die die Öleinnahmen prioritär verwendet werden sollen. Außerdem erlaubt das neue Gesetz die Änderung der prioritären Politikfelder per Präsidialdekret. Es schafft den Fonds für zukünftige Generationen ersatzlos ab, erhöht hingegen den Anteil der Ölgelder, die zur Deckung der laufenden Kosten der Regierung verwendet werden können, von 15% auf 30%. Insgesamt gewann die tschadische Regierung durch die Gesetzesänderung vor allem Handlungsspielraum in der Verwendung der Öleinnahmen, während die Bevölkerung Entwicklungschancen einbüßte.

Die Programme zum *capacity building* wurden nur schleppend umgesetzt. Dies lag zum einen am mangelnden Interesse der zuständigen tschadischen Behörden, zum anderen am „teilweise laxen und unangemessenen Management"[5] der Weltbank (IAG 2009b, 10). Schließlich scheiterten die Programme völlig (Horta et al. 2007; IAG 2009b). So ist die Regierung bis heute nicht in der Lage, die Angaben der Ölfirmen zu Produktion und entsprechenden Zahlungen zu überprüfen (IAG 2009a). Auch die Verwaltung der Einnahmen und die Überwachung der sozio-ökonomischen Folgen der Ölförderung leiden unter den unzulänglichen Kapazitäten der tschadischen Behörden.

Die Gremien zur Überwachung des Regierungshandelns und der Aktivitäten der Ölunternehmen wurden und werden durch institutionelle Mängel behindert. So ist das nationale Kollegium zur Kontrolle der Erdöleinnahmen finanziell von der Regierung abhängig. Dies wurde von der Regierung mehr-

---

[5] Hier wie im Folgenden bei fremdsprachigen Quellen Übersetzung der Autorin.

fach genutzt, um die Arbeit des Kollegiums zu behindern. Bereits das Dekret, welches das CCSRP als Institution etablierte, wurde mit zweijähriger Verzögerung erst 2001 erlassen. Danach wurde die Bereitstellung von Büroräumen verschleppt (AG Erdölprojekt-Tschad-Kamerun 2003). Auch die Unabhängigkeit des Kollegiums wurde durch die Regierung untergraben, indem sie von Anfang an versuchte, die Zusammensetzung des CCSRP zu beeinflussen: Im Zuge der Gesetzesänderung von 2006 wurden seine Mitglieder neu bestimmt. Dies führte dazu, dass „außer dem Vorsitzenden alle Mitglieder 2008 durch direkte Ernennung durch die Regierung ersetzt wurden, ohne die Organisationen, die sie repräsentieren sollten, zu konsultieren" (IEG 2009, 28). Die Unabhängigkeit des CCSRP ist somit kompromittiert und die Kontrollfunktion eingeschränkt. Dennoch versuchte es, „sein Mandat zu erfüllen und verfügte über Status und Glaubwürdigkeit" (IEG 2009, 27).

Der Aufbau des nationalen Komitees zur Überwachung sozialer und ökologischer Folgen der Erdölförderung, CTNSC, kam nur schleppend voran, bis es schließlich 2007 völlig aufgegeben wurde (IAG 2009b).

Die internationalen Überwachungsgremien hatten nur eingeschränkte Möglichkeiten der Einflussnahme, da sie keine permanente Repräsentanz im Land hatten. Ihre sporadischen Untersuchungsreisen und Berichte reichten nicht aus, um das Projekt kontinuierlich zu begleiten und auf Verbesserungen zu drängen. Weiterhin hatte keines der Überwachungsgremien die Macht, Verbesserungsvorschläge auch durchzusetzen, sodass ihre Beobachtungen und Empfehlungen meist folgenlos blieben (Gary/Reisch 2005). Es war früh klar, dass Armutsreduzierung und Entwicklung nicht das Hauptinteresse der tschadischen Regierung darstellten. Die Regierung um Präsident Déby führt den Tschad autokratisch und ist hauptsächlich mit dem eigenen Machterhalt beschäftigt. Auch ihre Amtshandlungen sprechen eine deutliche Sprache: Von der im Jahr 2000 geleisteten ersten Bonuszahlung des Ölkonsortiums an die tschadische Regierung in Höhe von 25 Mio. US $ nutzte die Regierung 4,5 Mio. US $, um militärische Ausrüstung zu beschaffen (Aoun 2008; Nguiffo/Breitkopf 2001).

Eine realistische Analyse der Chancen, dass die Öleinnahmen im Rahmen des Modellprojekts zum Wohle der Bevölkerung verwendet werden würden, hätte also von vornherein zu einem negativen Ergebnis kommen müssen. Auf Seiten der tschadischen Regierung fehlte offensichtlich der politische Wille, die Gelder aus dem Ölsektor für die Reduzierung von Armut und Förderung von Entwicklung zu nutzen. Das Scheitern war vorprogrammiert. Vor einer solchen Entwicklung hatten tschadische und internationale Nichtregierungsorganisationen während der gesamten Planungsphase gewarnt. Sie hatten sich deshalb für ein Moratorium ausgesprochen, demzufolge mit der Ölförderung solange gewartet werden sollte, bis die Kapazitäten zur guten Verwaltung des Ölsektors und seiner Einnahmen geschaffen worden wären. Dieser Empfehlung folgten die tschadische Regierung, die Weltbank und das Ölkonsortium jedoch nicht. Der Bau der Pipeline und der

Infrastruktur für die Ölförderung wurde sogar schon früher fertig gestellt als ursprünglich geplant.

Am 8. September 2008 zog sich die Weltbank schließlich aus dem Projekt zurück. Sie begründete diesen Schritt damit, dass die tschadische Regierung die Einnahmen nicht wie verabredet zur Armutsreduzierung verwende. Die von der Weltbank geleistete Finanzierung in Höhe von 124 Mio. US $ zahlte der Tschad vorzeitig zurück. Der Versuch der Weltbank, den Fluch der Ressourcen im Tschad zu überwinden, war damit gescheitert.

4   Auswirkungen auf die Konfliktdynamik im Tschad

Wie wirkt sich die Ölförderung auf die lokale Konfliktdynamik in der Erdölförderregion aus? Welche Auswirkungen hat die massive Einnahmesteigerung des Tschad auf der nationalen Ebene?

4.1   Die lokale Ebene

In den Dörfern der Ölförderregion spüren die Anwohner die negativen Auswirkungen der Industrie massiv. Regierung und Betreiberfirmen hatten der Bevölkerung die Verbesserung ihrer Lebensbedingungen versprochen, doch stattdessen sieht die Bevölkerung sich in einer noch prekäreren Lage als vor Beginn der Ölförderung.

Das Leben der Bevölkerung im Doba-Becken ist landwirtschaftlich geprägt. Doch nicht nur die Landwirtschaft, auch die Ölförderung beansprucht Land. Die für die Ölförderung nötige Infrastruktur – Stromleitungen, Ölbrunnen, Anschlussleitungen, Pipelines, Zentrale, u.a. – steht in direkter Konkurrenz zur Landnutzung durch die Bevölkerung und damit ihrer Lebensgrundlage. Der Flächenverbrauch durch die Ölindustrie steigt stetig. Immer mehr Ölbrunnen[6] werden gebohrt: Obwohl ursprünglich „nur" 287 Ölbrunnen vorgesehen waren, existierten 2010 laut Betreibern bereits 725 Brunnen (Esso 2010, 5). Diese Angaben wurden nie unabhängig geprüft – der Koordinator des *Comité 5%*,[7] Masrangar Mbairedoum Lucas, ging aber bereits 2009 von 1.000 Ölbrunnen aus (Interview der Autorin mit Masrangar

---

[6] Dabei handelt es sich einerseits um Brunnen zur Produktion von Erdöl, andererseits um Brunnen zur Wassereinspritzung (Einspritzungsbrunnen).

[7] Das *Comité 5%* ist ein Komitee auf lokaler Ebene, welches die fünf Prozent der Einnahmen, die an die Ölregion gehen, verwalten soll. Eigentlich sollte dieses Komitee aus gewählten lokalen Vertretern bestehen. Doch der Dezentralisierungsprozess im Tschad wurde lange verzögert und die Wahlen haben erst 2012 stattgefunden. Daher arbeitet seit 2005 das „provisorische" Komitee (Comité Provisoire de Gestion des Revenues Pétroliers Affectés à la Région Productrice).

Mbairedoum Lucas, 2009). In jedem Fall übersteigt die tatsächliche Landnutzung durch die Ölindustrie die auch im Umwelt-Management-Plan vorgesehene Fläche. Einen angepassten Umwelt-Management-Plan gibt es nicht
und es ist nicht klar, wie die höhere Belastung für Umwelt und Bevölkerung
ausgeglichen werden könnte (IAG 2006). Mehrere Dörfer sind heute kom-
plett von Öl-Anlagen umgeben, die Anwohner können ihre Felder nicht mehr
erreichen und müssen wahrscheinlich umgesiedelt werden (Interview der
Autorin mit Vertretern von CPPL, 2009). Diese Entwicklung ist umso
schwerwiegender, als Land schon vor der Ölförderung ein Konfliktgegenstand war. Insbesondere die Konkurrenz zwischen Ackerbau und Viehwirt-
schaft führte zu Konflikten – die Abnahme der insgesamt zur Verfügung
stehenden fruchtbaren Fläche verschärft diese Konflikte zusätzlich.

Zwar entschädigen die Erdölkonzerne Landbesitzer für die Landnahme.
Im Detail weist die Entschädigungspraxis jedoch Ungerechtigkeiten auf.
Erstens lagen die durch das Ölkonsortium zunächst vorgeschlagenen Ent-
schädigungssummen für Land, aber auch für Vegetation weit unter deren
tatsächlichem Wert. In mühsamen Verhandlungen erreichten tschadische
NGOs, dass fairere Preise gezahlt werden. Bspw. wollte das Ölkonsortium
als Entschädigungssumme für einen Mangobaum knapp 6 US $ zahlen. Nach
Verhandlungen akzeptierte es 1.635 US $ pro Mangobaum (Petry et al 2005).
Zweitens stellt die Praxis der finanziellen Entschädigung die Menschen vor
Ort vor neue Probleme. Sie haben keine Erfahrung im Umgang mit größeren
Geldsummen. Erst nach und nach wurden Programme zur Unterstützung der
Bevölkerung in der Verwendung des Geldes durchgeführt. Selbst bei sorg-
samer Verwendung bleibt es schwierig, das Geld sinnvoll zu investieren, da
die Region insgesamt wirtschaftlich schwach ist.

Zudem birgt die Monetarisierung der Gesellschaft neues Konfliktpotential. Land hat wegen der potentiellen Entschädigungszahlungen einen Geld-
wert bekommen. Dadurch entstehen Begehrlichkeiten, die die Gesellschaft in
der Ölförderregion vorher nicht kannten (Guesnet/Frank 2009; Interview der
Autorin mit Vertretern der *Commission Justice et Paix*, 2009). Zu Schwierigkeiten kam es auch in Fällen von Entschädigung durch Sachleistungen.
Die so errichteten Brunnen, Wasserspeicher oder Fahrräder waren häufig von
schlechter Qualität und schon nach kurzer Zeit nicht mehr zu gebrauchen
(ECMG 2001; GRAMP-TC 2008).[8]

Zudem orientieren sich die multinationalen Erdölkonzerne in ihrer Entschädigungspraxis nicht an den lokalen Gegebenheiten. Im traditionellen
landwirtschaftlichen System im südlichen Tschad liegen die Felder in regel-
mäßigen Abständen brach, um die Bodenqualität zu erhalten. Die Ölfirmen
erkennen Brachen aber nicht als landwirtschaftlich genutzte Fläche an und
zahlen folglich keine Entschädigung, wenn sie brachliegendes Land nutzen.

---

[8] Die Abkürzung GRAMP-TC steht für *Groupe de Recherches Alternatives et de Monitoring du Projet pétrole Tchad-Cameroun.*

Um dennoch entschädigt zu werden, hat die Bevölkerung ihre Produktions-
weise verändert und verzichtet auf die regenerativen Bracheperioden – mit
negativen Auswirkungen auf die Umwelt (Petry 2011).

Neben der individuellen Entschädigung finden auch Entwicklungspro-
jekte auf Dorf-, regionaler und nationaler Ebene statt, die jedoch wenig Nutzen für die Bevölkerung haben. Bspw. wurden mit den Öleinnahmen Schul-
gebäude, Krankenstationen und Straßen gebaut. Diese Projekte ermöglichten
es der Regierung zu behaupten, in Entwicklung investiert zu haben. Der Nutzen für die Bevölkerung hält sich allerdings in Grenzen, da Schulen ohne
Lehrer bleiben und Krankenstationen ohne Ärzte und Medikamente. Dabei
existierte der Entwurf eines detaillierten Entwicklungsplans für die Ölregion,
der ein kohärentes Vorgehen bei der Verwendung der Öleinnahmen sichern
sollte. Aber die tschadische Regierung hat diesen Entwicklungsplan nie verabschiedet. Stattdessen verwirklicht sie Prestigeprojekte, die völlig an den
Bedürfnissen der Bevölkerung vorbeigehen. So wurde in Doba auf Wunsch
des Präsidenten für 4,5 Mio. US $ ein Sportstadion errichtet.

Teil des Problems ist nicht zuletzt die in der Baubranche weitverbreitete
Korruption – teilweise werden sogar Infrastrukturmaßnahmen in Rechnung
gestellt, die überhaupt nicht durchgeführt wurden (Guesnet/Frank 2009).
Insgesamt werden durch die als kollektive Entschädigung gedachten Ent-
wicklungsprojekte somit Gebäude und Straßen von schlechter Qualität zu
überteuerten Preisen und ohne Mehrwert für die Bevölkerung gebaut. Der
Evaluierungsbericht der Weltbank stellt fest, dass „die Gesamtheit der Bau-
kosten (…) verschwendet und die Kosteneffizienz der Investition gleich Null
ist" (IEG 2009, 20).

Andere Faktoren verstärken das durch die Entschädigungspraxis geschaf-
fene Konfliktpotential in der Region. So hatte die Bevölkerung große Hoffnungen in die Entwicklung der lokalen Wirtschaft und insbesondere in die
Entstehung neuer Arbeitsplätze durch die Ölindustrie gesetzt. Auch Arbeits-
migranten aus anderen Regionen des Tschad, aber auch aus den Nachbarlän-
dern zogen verstärkt in die Ölregion. Doch diese Hoffnung wurde enttäuscht:
2008 arbeiteten nur knapp 1.000 Tschader im Ölsektor, davon fast alle auf
niedrigen Positionen (ICG 2008). Dennoch hoffen viele Menschen weiter
darauf, sich als Tagelöhner verdingen zu können. Rund um die Ölanlagen
sind Slums entstanden, in denen Alkoholismus, Prostitution und AIDS weit
verbreitet sind. Die HIV/AIDS-Rate in der Erdölregion (Logone Oriental) ist
mit fast 10 Prozent die im nationalen Vergleich höchste (Heyland 2011).

Zusätzlich belastet die Ölindustrie die Umwelt in der Förderregion. Prob-
leme in diesem Bereich reichen von Staubentwicklung über unzureichende
Müllentsorgung und Wasserverunreinigung bis zum Abfackeln (*flaring*) von
Gas und Lecks in den Ölpipelines (ECMG 2005; ECMG 2009; GRAMP-TC
2003; IAG 2009a). Diese Probleme beeinträchtigen die Bevölkerung, ihre
Felder und Tiere.

Für all diese Probleme fehlen Dialogstrukturen, die das Konfliktpotential abfedern könnten. Die Ölkonzerne und die tschadische Regierung lassen die Bevölkerung mit ihren enttäuschten Hoffnungen und den durch die Ölförderung verursachten Problemen weitestgehend allein. Sie haben die Bevölkerung nie in die Planung und Durchführung des Projekts einbezogen. Vielmehr haben sie die Bevölkerung von Beginn an ignoriert und marginalisiert (Guesnet/Frank 2009), statt sie schon während der Explorationsphase aufzuklären und einzubinden.

Die von den Ölfirmen versprochene Kommunikation über Gemeinde-Kontaktpersonen funktioniert nicht. Die Bevölkerung fühlt sich nicht ernst genommen, da sie ihre Probleme zwar vortragen kann, dies aber keinerlei Konsequenzen nach sich zieht und nicht zur Lösung der Probleme führt. Die Kontaktpersonen werden von den Firmen immer wieder ausgetauscht, sodass sie Lösungsansätze nicht längerfristig weiterverfolgen können.

Die Regierung nimmt ihre Rolle als Aufsichtsbehörde nicht wahr (IAG 2009). Das Komitee zur Überwachung der Umweltauswirkungen (CTNSC) war de facto nie funktionsfähig und wurde 2007 durch die Regierung aufgelöst. Das Ölministerium kommt nur zu sporadischen Kontrollbesuchen in die Ölregion. Für die Bevölkerung vor Ort fehlen Ansprechpartner der Regierung (Guesnet/Frank 2009).

Der Ausbruch von gewaltvoll ausgetragenen Konflikten gegen die Regierung oder gegen die Ölfirmen ist trotz des immensen Konfliktpotentials und der unzureichenden Dialogstrukturen unwahrscheinlich. Denn zum Schutz der Ölanlagen sind nationale Gendarmerie und andere Sicherheitsorgane vor Ort, und es besteht eine Ausgangssperre. Um in die Förderregion selbst zu reisen, benötigt man eine schriftliche Erlaubnis (GRAMP-TC 2004; IAG 2008; Pegg 2009). Problematisch sind in diesem Zusammenhang Übertretungen durch die Sicherheitskräfte. Es gibt Fälle von Bewohnern, die wahllos verhaftet, angekettet und geschlagen wurden. Im Falle von Diebstählen, z.B. von Kupfer der Ölanlagen, findet keine gewissenhafte Untersuchung statt, sondern die Bewohner des nächstgelegenen Dorfes werden durch die Sicherheitskräfte bestraft (Interview der Autorin mit Remadji Hoinathy, 2009). Auch die IAG beschreibt „teilweise exzessive und arbiträre Aktionen durch die Regierung: durch den Sub-Präfekten angeordnete Verhaftungen und Zufallsdurchsuchungen, Reisebeschränkungen, öffentliche Demütigung von Familienoberhäuptern, Todesdrohungen gegen NGO Repräsentanten, etc." (IAG 2009b, 30). Diese Erfahrungen schließen an Erfahrungen aus den 1990er Jahren an, als eine Rebellion im Süden des Tschad brutal niedergeschlagen wurde (Amnesty International 1997; 1998; 2005). Auch deswegen ist ein erneuter Gewaltausbruch unwahrscheinlich.

4.2   Die nationale Ebene

Auf nationaler Ebene dienen die Öleinnahmen primär der Machtsicherung des autokratischen Regimes unter Präsident Déby. Durch ein ausgefeiltes Patronage-System bindet er Gegner und Unterstützer an sich: Er verteilt aus Öleinnahmen finanzierte Posten in Politik, Staatsbetrieben und Militär nach ethnischer und Familienzugehörigkeit sowie an vormalige Gegner. Zudem lässt er die Ämter häufig rotieren. So haben Débys Günstlinge einerseits die Gelegenheit, sich auf ihrem aktuellen Posten zu bereichern, andererseits müssen sie immer fürchten, bald wieder abgesetzt zu werden. In diesem System kommen vor allem diejenigen zum Zuge, die sich angepasst verhalten, während die Frage fachlicher Kompetenz vernachlässigt wird. Ein Beispiel für diese Rotation ist das Kabinett. Zwischen 1990 und 2004 wurde es so oft neu besetzt, wie in den gesamten 30 Jahren zuvor. Weiterhin verteilt das Regime Déby Ölgelder über den Infrastruktursektor an Familie und Freunde. Infrastrukturprojekte werden häufig ohne Ausschreibung vergeben (IEG 2009). Viele Infrastrukturprojekte werden direkt der SNER (*Sociéte Nouvelle d'Etudes et de Réalisation*) übertragen – einem Unternehmen, das einem Halbbruder des Präsidenten gehört (ICG 2008). Die Öleinnahmen erlauben dem Präsidenten, dieses ineffiziente und teure System zu unterhalten.

Für demokratische Opposition ist im Tschad kein Platz. Da der Weg politischer Auseinandersetzung versperrt ist, enden sozio-ökonomische oder politische *grievances* und Frustrationen daher schnell in Gewalt und das Regime Débys wird weiterhin von zahlreichen Rebellengruppen bekämpft. Déby finanziert mit den Öleinnahmen deshalb auch militärische Aufrüstung. Zwischen 2000 und 2009 stiegen die Militärausgaben von 14 auf 315 Mio. US $ (ICG 2009b). Seit Beginn der Öl-Ära sind die Ausgaben allein für militärische Ausrüstung um das Fünffache gestiegen (Wezeman 2009). Die tschadische Armee zählt heute zu den bestausgerüsteten in Sub-Sahara Afrika. Die Öleinnahmen tragen so dazu bei, dass Präsident Déby seine Macht durch militärische Stärke absichern kann (Guesnet/Frank 2009).

Gleichzeitig können die Öleinnahmen auch einen Anreiz zur Rebellion darstellen. Da die Gelder nicht auf die gesamte Gesellschaft umverteilt werden, bietet in erster Linie die Ergreifung der Staatsmacht den Zugang zu den Öl-Renten. Zumindest in einem Fall scheint dies die Motivation gewesen zu sein, sich einer Rebellengruppe anzuschließen: Tom Erdimi, ein Neffe von Präsident Déby, wurde 2004 von seinem Posten als Berater im Ölprojekt abgesetzt. Daraufhin schloss er sich der Allianz von Rebellengruppen UFR (*Union of Resistance Forces*) an (AFP 2009). Eine weitere Motivation, sich den Rebellen anzuschließen, ist die Hoffnung, in das Patronage-System Débys kooptiert zu werden. Viele Rebellenführer wurden von Déby auf lukrative Posten in der Armee gesetzt (ICG 2009b).

Auf der nationalen Ebene wird durch die Ölförderung und die daraus entstehenden Einnahmen also ein autokratisches Regime gestützt, welches in Gewaltkonflikte verstrickt ist und demokratische Kräfte unterdrückt.

5   Fazit

Das Modellprojekt der Weltbank ist gescheitert. Das *Tschad-Kamerun-Öl-Pipeline-Projekt* ist kein Beispiel dafür, wie der Erdölsektor und die aus ihm erwachsenden Einnahmen gut verwaltet werden und auf diese Weise zu Entwicklung und Armutsreduzierung beitragen können. Stattdessen zeigt auch das Beispiel des Tschad, wie Erdölreichtum bestehende Missstände und Konflikte noch verschärfen kann.

Für die Bevölkerung hat die Erdölförderung zu keiner nachweislichen Verbesserung geführt. Im Gegenteil beklagen sich die Anwohner in der Erdölregion: „Uns wurde Entwicklung versprochen, doch wir bekamen nur Elend" (Interview der Autorin mit Dorfbewohner in Béro, 2009). Auch die Evaluierung der Weltbank schlussfolgert: „Das breite Ziel der Weltbankgruppe, dem Tschad dabei zu helfen, Armut zu reduzieren und die Verwaltung zu stärken, wurde nicht erreicht" (IEG 2009, xiii).

Die Erdölförderung hat Konfliktdynamiken im Tschad negativ beeinflusst. Auf lokaler Ebene wurden bestehende Konflikte um Landnutzung noch verschärft, während zugleich neues Konfliktpotential entstand. Die Bedürfnisse der Bevölkerung, ihre Traditionen und sozialen Strukturen wurden vom Erdölprojekt missachtet, ihre Beschwerden fanden und finden kein Gehör, ihre von der Ölindustrie geweckten Erwartungen und Hoffnungen wurden enttäuscht. Die Lebensgrundlage der Bevölkerung wird durch die Ölindustrie immer weiter zerstört.

Während die Bevölkerung in der Erdölregion mit zusätzlichen Problemen aufgrund der Ölförderung zu kämpfen hat, nutzt die autokratische Regierung unter Präsident Déby die Öleinnahmen, um ihre Macht zu sichern. Das systematische Missmanagement der Mittel aus der Ölindustrie ist Teil des Patronage-Systems, durch welches sich Präsident Déby seiner Machtbasis versichert. Die durch zusätzliche Einnahmen aus dem Ölsektor finanzierten Investitionen im Sicherheitssektor dienen der Abschreckung möglicher und der Bekämpfung tatsächlicher Rebellionen. Die Einnahmen aus dem Ölsektor erlauben diesem Regime auch, Rufe nach demokratischer Öffnung weiter zu ignorieren.

Gerade weil er ein Negativbeispiel darstellt, kann der Fall des tschadischen Erdölprojekts sehr lehrreich sein. Er verdeutlicht anschaulich, dass noch vor Beginn der Erdölförderung (oder anderer extraktiver Projekte) die Rahmenbedingungen im Land geschaffen werden müssen, um das Potential für Entwicklung nutzen zu können. Zu diesem Schluss kommt auch die

Extractive Industries Review der Weltbank. Damit extraktive Industrien zu Armutsreduzierung durch nachhaltige Entwicklung führen können, müssen drei Hauptbedingungen erfüllt sein:

- „armutsorientierte öffentliche und unternehmerische Verwaltung, inklusive proaktiver Planung und Verwaltung, um Armutsreduzierung durch nachhaltige Entwicklung zu maximieren;

- eine viel effektivere Umwelt- und Sozialpolitik und

- die Achtung der Menschenrechte" (World Bank Operations Evaluation Department 2003, 1).

Auf Verwaltungsebene müssen die Kapazitäten geschaffen werden, die Einhaltung der Regeln zu überwachen und Verstöße zu ahnden. Vor Beginn der Explorationsphase ist eine Grundlagenstudie durchzuführen. Diese bildet die Basis, um Veränderungen nachverfolgen und am Ende des Projektes den Ausgangszustand weitestgehend wiederherstellen zu können. Ohne diese Grundlage ist es unmöglich, die Auswirkungen extraktiver Projekte objektiv zu bewerten – dies ist im Tschad der Fall. Noch bevor das erste Öl im Tschad gefördert wurde, war klar, dass die grundlegenden Bedingungen für eine gute Verwaltung des Ölsektors fehlten. Weder verfügte die Regierung über das nötige Knowhow noch über den politischen Willen, die Einnahmen aus dem Ölsektor zum Wohle der Bevölkerung einzusetzen. Seit Beginn des Projekts verletzten das Betreiberkonsortium und die tschadische Regierung ihre Sorgfaltspflicht gegenüber der Bevölkerung. Die Weltbank hätte sich dieser Lage bewusst sein müssen und das Projekt nicht unterstützen dürfen.

Literatur

AFP 2009. *Rebels Pick New Leader to Head Unified Group*, 23.1.2009, http:// www.google.com/hostednews/afp/article/ALeqM5hjDKq4EA5oo oSoq6jyvzqZB755Hw (12.3.2012).
AG Erdölprojekt-Tschad-Kamerun 2003. *Öl – Macht – Armut! Das Tschad-Kamerun-Öl- und Pipeline-Projekt*, Mühltal.
Amnesty International 1997. *Document – Chad. Extrajudicial Executions / Fears for Safety*, 4.11.1997, http://www.amnesty.org/en/library/asset/ AFR20/012/1997/en/163f47d6-e8ea–11dd-a3f5-0b60099daafd/afr20012. 1997en.html (2.3.2012).
Amnesty International 1998. *Document – Chad. Extrajudicial Executions / Fears for Safety*, 19.3.1998, http://www.amnesty.org/en/library/asset/ AFR20/003/1998/en/650bc54d-daec–11dd–903e-e1f5d1f8bceb/afr20003 1998en.html (2.3.2012).

Amnesty International 2005. *Contracting out of Human Rights. The Chad-Cameroon Pipeline Project*, London.

Aoun, M.-C. 2008. *Cas du Tchad. Peut-on éviter la malédiction pétrolière?*, 26.2.2008, http://www.cefod.org/spip.php?article1752 (2.3.2012).

Ayangafac, C. 2009. *Resolving the Chadian Political Epilepsy. An Assessment of Intervention Efforts, Situation Report*, Cape Town.

Bayart, J.-F. 2008. Obscénité franco- tchadienne, in: *Le Monde*, 13.2.2008.

Berg, P. 2008. *Konfliktdynamik im Länderdreieck Sudan, Tschad und Zentralafrikanische Republik*, Bonn.

ECMG 2001. *Report of the External Compliance Monitoring Group. Third Site Visit*, 7.12.2001, http://www1.ifc.org/wps/wcm/connect/0a0f670 04a16ec9faddefddd29332b51/ECMG_3english.pdf?MOD=AJPERES (2.3.2012).

ECMG 2005. *Report of the External Compliance Monitoring Group. Second Site Visit – Post-Project Completion*, 1.12.2005, http://www1.ifc.org/ wps/wcm/connect/3146f400488556f5bb1cfb6a6515bb18/12english.pdf? MOD=AJPERES&CACHEID=3146f400488556f5bb1cfb6a6515bb18 (2.3.2012).

ECMG 2007. *Report of the External Compliance Monitoring Group. Third Site Visit – Post-Project Completion*, 1.3.2007, http://www1.ifc.org/ wps/wcm/connect/a089d180488554c4b3fcf36a6515bb18/13english.pdf? MOD=AJPERES&CACHEID=a089d180488554c4b3fcf36a6515bb18 (2.3.2012).

ECMG 2009. *Report of the External Compliance Monitoring Group. Sixth Site Visit – Post-Project Completion*, 1.12.2009, http://www1.ifc.org/ wps/wcm/connect/aa43f5804885535baea4fe6a6515bb18/ECMG%2BDe c%2B09%2BMission%2BReport.pdf?MOD=AJPERES&CACHEID=aa 43f5804885535baea4fe6a6515bb18 (2.3.2012).

Esso Exploration and Production Chad Inc. 2010. *Chad/Cameroon Development Project. Annual Report 2010*, http://www.esso.com/Chad-English/PA/Files/29_allchapters.pdf (2.3.2012).

Giroux, J./Lanz, D./Sguaitamatti, D. 2009. The Tormented Triangle. The Regionalisation of Conflict in Sudan, Chad and the Central African Republic, in: *Crisis States Research Centre Working Papers Series (2/47)*, 1–25.

GRAMP-TC 2003. *Pollutions et situation des villages enclavées. Les questions en suspens et défis à relever. Rapport de suivi 003/03*, N'Djaména.

GRAMP-TC 2004. *Situations de non-conformité sociale et environnementale. Phase de construction du Projet d'Exploitation Tchadien. Rapport de recherches 002/04*, N'Djaména.

GRAMP-TC 2008. *Forum Bilan de la société civile sur les 5% alloués à la région productrice du Logone Oriental 2–3 Septembre. Rapport de synthèse*, N'Djaména.

Heyland, J. 2011. HIV/AIDS: Mit steigender Tendenz, in: *Leben mit dem Öl. Verelendung, Konflikte, Korruption in Tschad und Kamerun*, 29.8.2011, http://www.erdoel-tschad.de/contao/tl_files/Themenheft_dt.pdf (2.3.2012).

Horta, K./Nguiffo S./Djiraibe, D. 2007. *The Chad-Cameroon Oil and Pipeline Project. A Project Non-Completion Report*, N'Djamena/ Washington DC/Yaounde.

IAG 2006. *Report of Mission 11 to Chad*, 28.11.2006, http://sitere sources.worldbank.org/INTCHADCAMPIPE/Resources/IAG_Report_ Mission_11_Chad_eng.pdf (2.3.2012).

IAG 2009a. *Report of Mission to Chad and Cameroon*, 12.3.2009, http://siteresources.worldbank.org/INTCHADCAM PIPE/Resources/IAG_Mission_Chad-Cameroon_Jan09.pdf (2.3.2012).

IAG 2009b. *Chad-Cameroon Petroleum Development and Pipeline Project. Final Report*, 3.9.2009, http://siteresources.worldbank.org/INTCAME ROON/Resources/IAG_Chad-Cameroon_Pipeline_Final_Report_Sept–3–2009.pdf (2.3.2012).

IAG 2008. Chad. A New Conflict Resolution Framework, in: *Africa Report (144)*, 1–50.

IDA 2000a. *Development Credit Agreement. (Management of the Petroleum Economy Project) between Republic of Chad and International Development Association*, Washington DC.

IDA 2000b. *Development Credit Agreement (Petroleum Sector Management Capacity-Building Project) between Republic of Chad and International Development Association*, N'Djamena.

Independent Evaluation Group 2009. *The World Bank Group Program of Support for the Chad Cameroon Petroleum Development and Pipeline Construction. Program Performance Assessment Report*, Washington DC.

Mobbs, Ph. M. 2008. The Mineral Industry of Chad, in: *US Geological Survey 2008 Minerals Yearbook*, http://minerals.usgs.gov/minerals/pubs/country/2008/myb3–2008-cd.pdf (2.3.2012).

Nguiffo, S./Breitkopf, S. 2001. *Broken Promises. The Chad Cameroon Pipeline Project; Profit at Any Cost?*, Amsterdam/Yaoundé.

Pegg, S. 2009. Chronicle of a Death Foretold. The Collapse of the Chad-Cameroon Pipeline Project, in: *African Affairs (108/431)*, 311–320.

Petry, M./Bambé N./Liebermann, M. 2005. *Le pétrole du Tchad. Rêve ou cauchemar pour les populations?*, Paris.

Petry, M. 2011. Umweltschäden – Ursache und Wirkung, in: *Leben mit dem Öl. Verelendung, Konflikte, Korruption in Tschad und Kamerun*, 29.8.2011, http://www.erdoel-tschad.de/contao/tl_files/Themenheft_dt. pdf (2.3.2012).

Transparency International 2005. *Corruption Perception Index*, 18.10.2005, http://www.transparency.org/policy_research/surveys_indices/cpi/2005 (12.3.2012).

Wezeman, P. D. 2009. Arms Flows to the Conflict, in: *SIPRI background papers*, 1.8.2009, http://books.sipri.org/files/misc/SIPRIBP0908.pdf (2.3.2012).

World Bank 2000a. *Project Appraisal Document on Proposed International Bank for Reconstruction and Development*, 13.4.2000, http://www-wds.worldbank.org/external/default/WDSContentServer/WDSP/IB/200 0/10/21/000094946_00102111244720/Rendered/PDF/multi_page.pdf, (2.3.2012).

World Bank 2000b. *World Bank Group Approves Support for Chad-Cameroon Petroleum Development and Pipeline Project. Press Release*, 6.6.2000, http://web.worldbank.org/WBSITE/EXTERNAL/COUNTRIE S/AFRICAEXT/CHADEXTN/0,,contentMDK:20058876~menuPK:642 82138~pagePK:41367~piPK:279616~theSitePK:349862,00.html (2.3.2012).

World Bank Operations Evaluation Department 2004. *Evaluation of the World Bank Group's Activities in Extractive Industries, Factoring in Governance*, Washington, DC.

Interviews der Autorin

Dorfbewohner in Béro, 18. Juli 2009, Béro.

Masrangar Mbairedoum Lucas, Koordinator des Comité 5% (Comité Provisoire de Gestion des Revenues Pétroliers Affectés à la Région Productrice), 17. Juli 2009, Doba.

Remadji Hoinathy, Doktorand am Max-Planck-Institut für ethnologische Forschung, 26. Juni 2009, Telefoninterview.

Vertreter von CPPL (Commission Permanente Pétrole Locale): Nadji Nelambaye und weitere Mitglieder, 16. Juli 2009, Moundou.

Vertreter der Commission Justice et Paix: Père Georges Maoundodingam/Daoud Teïndouba Beldoum, 17. Juli 2009, Doba.

Internationale Konkurrenz um Energierohstoffe

Zentralasien im Visier der großen Mächte

Kirsten Westphal

Dieser Beitrag beleuchtet den Wettbewerb um den Zugang zu den strategisch wichtigen Öl- und Gasreserven im Kaspischen Raum und in Zentralasien.[1] Dabei wird hinterfragt, ob das gängige Erklärungsmuster der konfliktträchtigen Konkurrenz den Realitäten entspricht oder den Blick auf andere Handlungsmuster, wie etwa der Kooperation, verstellt.

Sieht man einmal von der großen russischen Öl- und Gasvorkommen der Jamal-Halbinsel, der Barentssee oder im Fernen Osten und auf Sachalin ab, so teilen die reichen Reserven der GUS-Länder ein Schicksal: Für den Transport fehlt der Zugang zum offenen Meer, der Abtransport über Landwege aber bedeutet ein Einfallstor für Geopolitik, da sowohl die Geographie und Topographie als auch die strategische Vorherrschaft in der Region eine wichtige Rolle spielen. Auf der anderen Seite schafft Pipeline-Infrastruktur, einmal in den Boden gelegt, wechselseitige Abhängigkeiten und damit den Zwang zu Kooperation und die Basis für langfristige Beziehungen.

Russland, Kasachstan, Turkmenistan, Usbekistan wie auch der Iran sind von strategischer Bedeutung für die Weltenergiemärkte. Russland hat bereits eine Schlüsselrolle als Produzent, Exporteur, aber auch als Verbraucherland inne. Die strategische Position des Kaspischen Beckens wie auch Russlands gewinnt zunehmend an Bedeutung: Geographisch über Land verbunden liegt die Region zwischen Europa und China, den beiden größten Netto-Importeuren weltweit.

Seit der Auflösung der Sowjetunion sind Kasachstan, Usbekistan und Turkmenistan wegen ihres Rohstoffreichtums in den Blickpunkt der Weltöffentlichkeit gerückt. Die heutige Situation wird häufig im Rekurs auf das *Great Game* des 19. Jahrhunderts beschrieben, als die imperialen Mächte Russland und England um die Vorherrschaft in der Region konkurrierten. Auch wenn solche Vergleiche mit der imperialistischen Vergangenheit den Blick auf die Gegenwart verstellen, so hat doch kein Begriff die Wahrneh-

---

[1] Siehe zum *Great Game* und dem Zusammenhang mit den internen Entwicklungen in den Ländern der Region ausführlich Westphal 2009a.

mung der Region ähnlich stark beeinflusst. Heute erscheint der Zugang zu den Öl- und Gasressourcen als Hauptgewinn eines neuen *Great Game*.[2]

Im internationalen Energiehandel spielen Einflusssphären – und weniger direkte Vorherrschaft – auch deswegen eine Rolle, weil der Raum, die geographische Lage und das Territorium zentrale Faktoren für die Nutzung von Öl- und Gasvorkommen sind. Energiehandel und Geopolitik bedingen sich, denn die Vorkommen lagern in einem bestimmten Gebiet und die geographische Lage ist entscheidend für Investitionen in Exploration, Produktion und Transport. Dieses gilt umso mehr für eine Region wie Zentralasien, die vom Meereszugang und damit von billigem Transport abgeschnitten ist. Auch spielt das Territorium als zentrale Bedingung eines souveränen Staates eine besondere Rolle, gerade für die ehemaligen Sowjetrepubliken der Region, die erst 1991 ihre Souveränität wieder gewannen. Die Tatsache, dass Erdöl und vor allem Erdgas über Rohrleitungen transportiert werden, schafft langfristig bestehende Verbindungen. Und so involvierte die Frage des Zugangs und der Nutzung der Öl- und Gasressourcen Russland, China und die USA, aber auch die regionalen Mächte Türkei und den Iran. Vergleichsweise spät, nämlich unter der deutschen EU-Ratspräsidentschaft, legte auch die EU 2007 eine Zentralasienstrategie vor, in der es u.a. auch um Energieinteressen geht (vgl. Rat der Europäischen Union 2007).

1   Internationale Energiebeziehungen: Wachsende Unsicherheit, wenige Konstanten

Die Unsicherheiten mit Blick auf das künftige globale Energiesystem sind hoch, aber einige Trends zeichnen sich deutlich ab. Für Erdgas kann man mittelfristig von drei unterschiedlichen Märkten ausgehen: der weitgehend unabhängige nordamerikanisch dominierte Gasmarkt der Amerikas, der auf teuren ölindexierten Langfristverträgen basierte und von Flüssiggaslieferungen (LNG) dominierte asiatisch-pazifische Raum und der europäisch-zentralasiatisch-chinesische Raum. Hier dominiert der Handel über Pipelines, aber LNG Import- und Exportstrukturen befinden sich im Ausbau. Ähnliches gilt, wenn auch u.a. Vorzeichen, für die physischen Handelsströme bei Rohöl und Erdölprodukten, selbst wenn hier in Bezug auf die Preissignale ein globalisierter Markt besteht und Lieferengpässe auch auf globaler Ebene entschärft werden.

Laut IEA (2011) ist bis 2035 mit einer weltweit steigenden Nachfrage von etwa 30% gegenüber 2010 beim Primärenergiebedarf zu rechnen, dabei steigt der Bedarf bei Erdöl am langsamsten, während die Nachfrage nach

---

[2] Von einem „New Great Game" spricht Amineh 2003.

Gas am stärksten steigt. Gas ist ausreichend vorhanden, verbrennt von allen fossilen Brennstoffen am saubersten und profitiert von weit entwickelter Technik. Dabei liegt jedoch genau bei der Nachfrageentwicklung eine hohe Unsicherheit – die Frage ist, wie weit Gas z.B. auch in den Transportsektor vordringt bzw. wie groß die Anteile sind, die es in China im Strom- und Wärmesektor erobert. Am chinesischen Energiemix hat Erdgas nur einen kleinen, aber steigenden Anteil von rund 3%, während Kohle über 71% ausmacht (EIA 2010). Chinas Gasnachfrage soll sich aber bis 2035 verdreifachen. Allerdings ist die große Unbekannte, wie sich der Importbedarf entwickelt, denn China verfügt über unkonventionelle Gasvorkommen und die Höhe der Importe von Pipeline- und Flüssiggas wird stark davon abhängen, inwieweit es diese Vorkommen nutzt.

Auch hinter der Nachfrageentwicklung in der EU steht ein großes Fragezeigen, da bei einer konsequenten Umsetzung der klima- und energiepolitischen Ziele der EU schon bis 2020, aber mehr noch bis 2050 der Gasverbrauch gleich bleiben oder sinken wird. Die anvisierten Reduktionen bei klimaschädlichen Emissionen können nur über signifikante Energieeinsparungen, den Ausbau von mehr Energieeffizienz und erneuerbaren Energien erreicht werden. Gaslieferanten in die EU beklagen bereits die mangelnde Nachfragesicherheit. Entscheidender Faktor ist hier der wachsende Importanteil, da sich eigene europäische Gasreserven erschöpfen. Die relative Marktmacht der EU wird also im globalen Maßstab eher sinken; ob dies auch in absoluten Zahlen der Fall sein wird, bleibt abzuwarten.

Die Problematik der Versorgungssicherheit hat neue Facetten bekommen: Eigentlich ist Erdgas aus unkonventionellen und konventionellen Reserven basierend auf dem heutigen Verbrauch für die nächsten 250 Jahre vorhanden und auch die bisher oligopolistische Anbieterstruktur wird potentiell wesentlich heterogener. Allerdings wird Erdgas (neben erneuerbaren Energien) weltweit die höchsten Nachfrageraten verzeichnen ("golden age of gas", IEA 2010). Gasproduzenten erschließen neue Felder und bauen die nötige Infrastruktur zum Export jedoch nur dann, wenn die Rendite aus den Verkäufen kalkulierbar ist und Gewinne verspricht. So ist die entscheidende Frage eigentlich, ob das Gas rechtzeitig erschlossen wird und zu dem Zeitpunkt, der Menge und an dem Ort, wo es benötigt wird, verfügbar ist. Das wiederum ist auch eine Frage der Attraktivität der Verbrauchermärkte, die vor allem darauf beruht, ob attraktive Preise gezahlt werden und die nötige Infrastruktur gegeben ist. Hier spielt auch die Frage der Langfristverträge mit Ölpreisbindung hinein: Seit dem Jahr 2009 mit seinem Preisverfall auf den Spotmärkten und dem Gasüberschuss auf dem Markt sind die europäischen Gasimportunternehmen mit ihren großen Lieferanten über neue Preisformeln im Konflikt. Dabei geht es natürlich um das Preisniveau – heute und künftig.

2 Erdöl und Erdgas aus Zentralasien für die Weltmärkte

Anfang der 1990er Jahre stand für die internationale Energiepolitik die Frage im Raum, wie die Energiereserven Zentralasiens in die globalen und regionalen Märkte integriert werden könnten. Seit Anfang des neuen Jahrtausends bis zur globalen Wirtschaftskrise 2008 haben sich die Energiemärkte verengt, vor allem auf Grund enormer Nachfrage aus China. Dem globalen *Nachfrage-Schock* standen Engpässe bei der Produktion, den freien Förderkapazitäten (Harks 2007), aber auch der Weiterverarbeitung gegenüber. Nach den niedrigen Ölpreisen der 1990er Jahre, die 1999 bei 10 US $ pro Barrel lagen, erreichte der Ölpreis im Sommer 2008 ein Allzeithoch von 147 US $ pro Barrel, die Gaspreise im Schlepptau.

Der Kaspische Raum und Zentralasien gehören zur *strategischen Ellipse*, die außerdem Sibirien sowie die OPEC-Produzenten des Persischen Golfs umfasst und in der sich die konventionellen Öl- und Gasreserven der Welt konzentrieren. Die Mehrheit der Kohlenwasserstoffreserven lagert hier. So hat Russland einen Anteil von 5,6%, Kasachstan von 2,9% und der Mittlere Osten einen Anteil von 54,4% an den globalen Ölreserven (BP 2011, 6). Am Gas hat Russland einen Anteil von 23,9% an den globalen Reserven, der Kaspische und Zentralasiatische Raum von 7,6%, Katar von 13,5% und der Iran von 15,8% (BP 2011, 22). Die wachsende Konzentration der Reserven und ihre noch vergleichsweise lange Lieferfähigkeit werden den arabischen Produzenten der OPEC eine große Marktmacht geben. Das macht die zentralasiatischen Länder als alternative Lieferanten zur OPEC, aber auch zu Russland attraktiv. Außerdem bietet die Region einige der besten Möglichkeiten außerhalb der OPEC, um sog. *giant* oder *super giant*[3] Felder zu entwickeln. Mit dem Tengiz-Feld am Nordostufer des Kaspischen Meeres wurde 1990 das damals größte Erdölfeld der Welt entdeckt (Müller 2006).

Kasachstan hat Ölreserven von 39,8 Mrd. Barrel. Die signifikanten Gasreserven des Landes von 1,8 Billionen Kubikmetern sind fast vergleichbar mit denen Norwegens (BP 2011, 6 und 22). Turkmenistans Gasreserven von 8 Billionen Kubikmeter übersteigen sogar knapp die US Reserven. Sie lagern vor allem an der Grenze zum Iran. Die turkmenischen Ölreserven betragen 0,5 Mrd. Barrel und die usbekischen 0,6 Mrd. Barrel. Usbekistans Gasreserven machen 1,6 Billionen Kubikmeter aus und liegen damit noch über den aserbaidschanischen Gasreserven von 1,3 Billionen Kubikmetern. Aserbaidschan verfügt außerdem über Ölreserven von sieben Milliarden Barrel.

---

[3] Als *giant* Felder gelten in der Regel Vorkommen, die mehr als eine Milliarde Barrel Öl beinhalten. Als *super giant* Felder gelten Vorkommen, die mehr als fünf Milliarden Barrel Ölreserven haben (vgl. Simmons 2002). Solche Felder sind wegen ihrer Größenvorteile hoch rentabel. Die meisten Felder, die in den letzten zwanzig Jahren entdeckt worden sind, fallen nicht mehr in diese Kategorien, sondern sind wesentlich kleiner und deswegen ist ihre Erschließung und Nutzung vergleichsweise teurer.

Die zentralasiatischen Reserven sind auch wegen ihrer strategischen Lage wichtig. Geographisch liegen sie zwischen zwei bedeutenden Energiemärkten, der EU und China. Ihre geographische Lage als Brücke zwischen Ost und West, zwischen Europa und Asien, ihre Nähe zum Persischen Golf und den Konfliktherden Afghanistan und Pakistan sowie das Wachstumspotential ihrer Kohlenwasserstoffproduktion macht die Länder Zentralasiens zu einem Dreh- und Angelpunkt strategischer Überlegungen. Zentralasien ist damit ein wichtiger Testfall für die sich in der internationalen Energiepolitik herausbildenden Strukturen. Die Region ist aber auch wichtig im Kampf gegen islamischen Extremismus und Terrorismus (Petersen/Barysch 2011).

Russland, der weltweit größte Erdölproduzent noch vor Saudi-Arabien und zweitgrößter Erdgasproduzent nach den USA (vgl. IEA 2010; 2011) sowie zudem Anrainer des Kaspischen Meeres, war nach Auflösung der Sowjetunion strategisch darauf bedacht, als Transitland und Händler kaspischen Öls und Erdgases im Spiel zu bleiben. Doch auch Russland teilt mit den ehemaligen Sowjetrepubliken der Region die geographische Position zwischen den großen Verbrauchszentren Europa und China. Es hat früh mit dieser strategischen Position kokettiert, indem es bei schwierigen Diskussionen mit den Europäern immer wieder Exportalternativen ins Spiel brachte. Mitte der 2000er Jahre waren die Diskussionen so politisiert und schwierig, dass beide Seiten in einem Wettbewerb darüber schienen, wer zuerst diversifizierte: Die EU ihre Lieferanten oder Russland seine Abnehmer. Dabei geriet der Kaspische Raum schnell in den Fokus aller Akteure.

3   Ein Wettlauf um die Ressourcen?

Nachdem multinationale Konzerne schon früh ihr Interesse an den zentralasiatischen Energiereserven bekundet hatten und die bekannten Öl- und Gasreserven nur zum Teil zu Sowjetzeiten erschlossen worden waren, weil die sowjetische Führung aus politischen Gründen den westsibirischen Energiereserven den Vorzug gegeben hatte, war ein richtiger Wettlauf um die besten Felder zu erwarten. Nach der Auflösung der Sowjetunion schienen die zentralasiatischen Staaten bereit, ihre Reserven auch mit Hilfe ausländischer Konzerne zu erschließen, denn sie sahen ihre Energiereserven als Trumpfkarte an, um ihre Unabhängigkeit von Russland auszubauen.

Die US-amerikanische *Chevron* hatte schon vor dem Ende der Sowjetunion begonnen, mit der Sowjetrepublik Kasachstan über die Erschließung des riesigen Tengiz-Feldes zu verhandeln. Die Verhandlungen zogen sich hin, bis im April 1993 ein für die Region richtungsweisendes Abkommen geschlossen wurde: Die staatliche *Kazmunaigaz* kooperiert mit ausländischen Firmen in einem *Joint Venture*. Seitdem werden die meisten Projekte in

Form von *Joint Ventures* und Produktionsteilungsabkommen abgeschlossen (vgl. Müller 2006, 4; Amineh 2003, 144–145).

Zwar folgte schon 1994 der sog. Jahrhundertvertrag zwischen der aserbaidschanischen *SOCAR* und ausländischen Konzernen über die Erschließung aserbaidschanischer Reserven im Kaspischen Meer, aber die Entwicklung der Lagerstätten nahm nicht den euphorischen Verlauf, der zu Beginn der 1990er Jahre erwartet worden war. In den Entwicklungen im Kaspischen Raum spiegeln sich die Konjunkturen der Weltmärkte wider. Aus Russland kam immer mehr Öl auf den Weltmarkt, denn russische Ölfirmen und Händler nutzen den Weltmarkt, um hohe Windfall-Gewinne gegenüber den inländischen regulierten Preisen zu erzielen. Mit dem Mehrangebot auf den Weltmärkten verfielen auch Energiepreise. Mit ihnen sank die Gewinnspanne der Konzerne. Außerdem ging ein wichtiger Anreiz für verstärkte Investitionen verloren. In Folge dessen fusionierten in den 1990er Jahren viele der multinationalen Konzerne, um die Mittel für neue Großinvestitionen aufzubringen. Im Wettlauf um die zentralasiatischen Lagerstätten ging einigen aber wegen diverser anderer Hindernisse früh die Luft aus. Insbesondere wirkten die ungeklärte Transportfrage und die fragile politische Lage in der Region hinderlich. Dabei waren die Entwicklungspfade, die die Staaten einschlugen, sehr unterschiedlich.

Kasachstan verfolgte mit dem Tengiz-Projekt und den Nachfolgeprojekten – ebenfalls mit ausländischer Beteiligung – zunächst einen ähnlichen Entwicklungspfad der Internationalisierung wie Aserbaidschan. Ende der 1990er Jahre war Kasachstan das Land mit dem weltweit höchsten ausländischen Investitionsanteil am Bruttosozialprodukt (vgl. Müller 2006). Denn der Ölsektor ist der strategisch wichtigste Sektor der Volkswirtschaft und sein Ausbau wird das Land unter die Top Fünf der Ölproduzenten weltweit bringen (EIA 2010a). Auch die potentiellen Wachstumsraten für Gas sind hoch, aber bis 2003 war Kasachstan Nettoimporteur von usbekischem und turkmenischem Gas, das auch weiter ins russische Netz eingespeist wird (vgl. EIA 2006b). Der größte Zuwachs an (assoziierter) Öl- und Gasproduktion ist auf vier Felder zurückzuführen: das Tengiz-Feld, Karachaganak, Kashagan sowie das Feld Kurmangazy.

An diesen Projekten lässt sich ein Trend ablesen: Während in den 1990er Jahren westliche Konzerne den Zuschlag bekamen und die kasachischen Gesellschaften kaum oder nur zu geringen Anteilen beteiligt waren, hat sich das Mitte der 2000er Jahre zugunsten kasachischer, aber auch russischer und chinesischer Firmen gewandelt (vgl. EIA 2006b). Kasachstan folgt damit dem globalen Trend, dass energiereiche Länder seit den Preisanstiegen für Öl und Gas zunehmend danach trachten, sich den direkten staatlichen Zugriff auf die Ressourcenbasis zu sichern und/oder die Einnahmen aus dem Energiesektor auszuweiten (vgl. Westphal 2006a). Denn einige Verträge wurden revidiert und neu verhandelt, wie etwa das Kashagan-Projekt. Die Rechtsunsicherheit für ausländische Investoren wuchs damit, obwohl man konzedieren muss, dass die Verträge, die in den 1990er Jahren ausgehandelt worden waren, der kasachischen Seite sehr schlechte Konditionen boten.[4] Im August 2005 übernahm der chinesische Staatskonzern *CNPC* die kanadische *Petrokasachstan*, die rund 12% an der kasachischen Ölproduktion hält. Seit 1997 investiert China hier in großem Stil in Projekte.

In Usbekistan ist die Entwicklung ähnlich. Im Ölsektor bekamen vor allem chinesische Firmen (vgl. EIA 2005) und im Gassektor vor allem die russischen Firmen *Gazprom* und *LUKoil* den Zuschlag. Chinesischen Firmen ist es gelungen, ein Fünftel der kasachischen Ölproduktion zu kontrollieren, und auch im usbekischen Ölsektor ist China größter Investor (Maurer 2011).

Zudem zeigt sich in Zentralasien auch der fundamentale Unterschied zwischen Öl und Gas: Öl ist wesentlich flexibler zu transportieren – über Rohrleitungen, mit Schiffen oder per Eisenbahn. Das Erschließen von Gasreserven aber setzt eine ausgebaute Transportinfrastruktur voraus. Hier liegt das Henne-Ei-Problem begraben. Wer investiert in Exploration und Förderung, solange der Binnenmarkt unterentwickelt oder wenig lukrativ ist und die Exportmöglichkeiten eingeschränkt sind? Umgekehrt werden kaum hohe Investitionen in Pipelineinfrastruktur getätigt, wenn nicht Gasmengen zum Export bereitstehen, die eine Amortisierung erlauben und eine Gewinnspanne eröffnen.

In Turkmenistan blieben die Handlungsspielräume für ausländische Konzerne bis Mitte der 2000er Jahre gering. Über das erste Jahrzehnt der Unabhängigkeit hinaus wurden nur relativ kleine Projekte im Ölsektor für ausländische Investitionen geöffnet.[5] Als Grundproblem für den strategisch bedeutsameren Gassektor hat sich dabei Turkmenistans Prinzip erwiesen, Gas an der eigenen Grenze zu verkaufen und sich nicht im Transport zu engagieren (Andersen/Barysch 2011). So konnte Russland seine exklusive Stellung als Händler turkmenischen Gases halten und den russischen Transitweg dafür instrumentalisieren. 2009, aber vor allem 2010 und 2011 entwickelten EU-Politiker und europäische Gasfirmen dann eine Reisediplomatie, denn entscheidende Gasmengen für das Großprojekt der Nabucco-Pipeline sollten aus Turkmenistan kommen. Im Zuge dessen erhielten europäische Firmen, darunter auch die *RWE*, *offshore*-Konzessionen für Erkundungen. *BASF Wintershall* hatte seine Pläne nach erfolglosen Probebohrungen aufgegeben.

Groß zum Zug kamen allerdings chinesische Konzerne: Sie erhielten *onshore*-Konzessionen im Osten des Landes, u.a. auch am Süd Jolotan Gas-

---

[4] So konnten beim Kashagan-Projekt die staatlichen Einnahmen von zehn auf 40% angehoben werden (Kashagan Partners Face Renegotiations, in: *FSU Oil and Gas Monitor*, 1.8.2007, 11).
[5] Zu den ausgewählten ausländischen Konzernen, die im turkmenischen Ölsektor tätig sind, gehören die *Dragon Energy* (Vereinigte Arabische Emirate), *Burren Energy* (GB) und vor allem die malaysische *Petronas* (vgl. EIA 2005). Mit *LUKoil* steht das turkmenische Regime in Verhandlungen.

feld. Anders als die Europäer lösten sie das Henne-Ei-Problem umgehend, indem sie die für den Export wichtigen Pipelinestränge realisierten. Damit brachen sie auch das russische Abnahmemonopol auf. Dem konnten russische Firmen Ende der 2000er Jahre wenig entgegensetzen, da es ihnen im Zuge der Finanzkrise an Geldmitteln fehlte.

Zusammenfassend lässt sich sagen, dass die Zurückhaltung, in neue Produktions- und Verarbeitungsstätten zu investieren, die die 1990er Jahre wegen niedriger Ölpreise prägte, tiefgreifende Auswirkungen hat. Denn zum einen ist der Energiesektor ein Bereich langfristiger Investitionszyklen. Dadurch, dass in den 1990er Jahren relativ wenige Felder erschlossen worden waren, stieß der *Nachfrageschock* zwischen 2002 und 2008 auf Produktionsengpässe, was zu hohen Preisausschlägen führte. Dies wiederum hatte Konsequenzen für die multinationalen Konzerne. Mit den steigenden Energiepreisen haben die energiereichen Länder zum einen in stärkerem Maße das Interesse, den Zugriff auf die Reserven und die Renten stärker zu kontrollieren, zum anderen hat sich aber auch ihre Haushaltslage so verbessert, dass sie über eigene Mittel verfügen. Die zentralasiatischen Regime haben zudem ein immanentes Interesse an Herrschaftsbewahrung, politischer Autorität und der Kontrolle über ein Territorium. Daher geben sie der Kooperation mit Russland und China, aber auch Malaysia den Vorzug, auch, weil sie dem Primat von souveränen staatlichen Entscheidungen ad hoc und im Detail – sprich: bei Einzelprojekten – anhängen, statt sich im Rahmen multilateraler institutionalisierter Kooperation in einen gemeinsamen Rechtsrahmen und Markt zu integrieren, wie von der EU angestrebt (Westphal 2009a).

4   Öltransitrouten: Politische Entscheidungen

Eines der strategisch bedeutendsten Felder ist die internationale Transitfrage. Dies gilt umso mehr, als die Region vom Meer abgeschlossen ist und an einer Schlüsselstelle zwischen Ost und West liegt. Dabei kann man generell feststellen, dass die westkaspische Seite, also Aserbaidschan und Russland, über eine bessere Transportinfrastruktur verfügt als die zentralasiatische Seite am Ostufer des Kaspischen Meeres. Allerdings sind die Entscheidungen für die Transportwege für westkaspische Energie deswegen von Bedeutung, weil im Rahmen der Projekte immer auch über Verbindungsstränge für die ostkaspische Energie nachgedacht wird.

Die Exportrouten für die ersten Fördermengen Aserbaidschans aus dem „Jahrhundertvertrag" von 1994 waren die „Nordroute", die Ölpipeline von Baku zum Schwarzmeerhafen Novorossijsk, die im November 1997 eröffnet wurde, und die zwei Jahre später in Betrieb genommene Pipeline von Baku an den georgischen Schwarzmeerhafen Supsa.

Zu gleicher Zeit stand auch das früher zum Abschluss gekommene Tengiz-Projekt vor der Frage, auf welcher Route das kasachische Öl vom Ostufer des Kaspischen Meeres nach Westen geleitet werden sollte. An der Entscheidungsfindung zeigt sich die hohe politische und geostrategische Bedeutung, die der Verlegung von Pipelines beigemessen wird, denn die Clinton-Regierung war maßgeblich involviert. Ursprünglich hatte *Chevron* das Öl durch den Iran an den Persischen Golf transportieren wollen – ein Plan, der wegen des Iran-Embargos der US-Regierung fallengelassen werden musste. Dann war vorgesehen, eine Pipeline durch das Kaspische Meer nach Aserbaidschan zu verlegen, um von dort das Öl weiter nach Westen zu exportieren. Hier verstand es Russland geschickt, die schwelende Statusfrage des Kaspischen Meeres und damit die unklare Aufteilung in nationale Hoheitsräume so zu instrumentalisieren, dass es in einer derart unsicheren Lage schwierig wurde, ein Konsortium zusammenzustellen. Als Kompromiss, der sowohl die Interessen der US-Regierung und der amerikanischen Konzerne als auch russische und kasachische Interessen unter einen Hut brachte, wurde schließlich das *Caspian Pipeline Consortium* gegründet.[6]

Das Projekt ist deswegen interessant, weil Russland erstens seine ursprüngliche Intention, den Konkurrenten Kasachstan vom Export nach Westen abzuschirmen, fallen ließ. Zweitens verläuft eine weitere wichtige Pipeline über russisches Territorium an den Schwarzmeerhafen Novorossijsk. Gleichzeitig wird diese Pipeline aber nicht vom russischen Öltransportmonopolisten *Transneft'* betrieben, sondern von einem internationalen Konsortium. Die andere aus Kasachstan verlaufende Ölpipeline, die *Atyrau-Samara-Pipeline*, bindet Kasachstan an das russische Pipelinenetz der *Transneft'*.

Insofern lag es nahe, für die Hauptfördermenge des westkaspischen Öls eine Alternative zum Export durch Russland zu wählen. Die USA verfolgten ab 1996 konsequent die Strategie, den NATO-Partner Türkei zu stärken und den Iran zu isolieren. So begann nach langen Verhandlungen der Bau der *Baku-Tbilissi-Ceyhan Pipeline* 2002, der im Herbst 2005 beendet wurde. Für die Türkei und ihre Position als Energiekorridor in den Westen ist die Pipeline von hoher strategischer Bedeutung.

Dennoch ist es Russland gelungen, seine strategische Position als Haupttransitland für ostkaspisches Öl nach Westen zu behaupten. Turkmenistan hat bisher nur die Möglichkeit, Öl übers kaspische Meer an russische und iranische Häfen zu verschiffen, da praktisch keine internationalen Pipelines existieren. Usbekistans einzige Chance, Öl zu exportieren, böte eine Pipeline, die momentan von Omsk Öl über Usbekistan nach Turkmenistan exportiert. Bedingung dafür wäre allerdings, dass Russland einwilligt, die Leitungsrichtung umzukehren. Russlands umgehende Alternativen müssten die existie-

---

[6] Das *CPC* setzte sich zusammen aus: Russland 24%, Kasachstan 19%, *Chevron* (USA) 15%, *LukArco* (Russland/USA) 12,5%, *Rosneft-Shell* (Russland/U.K./Niederlande) 7,5%, *ExxonMobil* (USA) 7,5%, Oman 7%, *Agip/Eni* (Italien) 2%, BG (U.K.) 2%, *Kazakhstan Pipeline Ventures LLC* 1,75%, *Oryx* 1,75% (EIA 2006b).

renden Routen für westkaspisches Öl nach Supsa oder nach Novorossijsk (wieder Russland) nutzen und dann z.B. das Öl von Odessa nach Brody weiter ins europäische Pipelinenetz einspeisen. Um dies zu realisieren, müsste das Öl jedoch nicht nur mehrfach per Tanker transportiert werden, sondern auch die Leitungsrichtung in der Ukraine verändert werden (vgl. EIA 2012; Prejger/Maljarčuk/Grinkevič 2003).

Insofern eröffnen sich für Turkmenistan und Usbekistan Exportrouten nach Süden und Osten als Alternative. Insbesondere die Südroute durch den Iran wäre ökonomisch gesehen rational, da kostengünstiger. Diesen Plänen, u.a. der französischen *TotalFinaElf*, standen aber die US-Sanktionen gegen den Iran entgegen wie auch die strategische Überlegung insbesondere der USA, nicht noch mehr Öl durch den Persischen Golf und die Straße von Hormuz zu exportieren. Diese Politik eröffnet theoretisch die Chance für eine Exportroute durch Afghanistan und Pakistan an die Arabische See, die eine Zeitlang zwischen der US-amerikanischen *Unocal* und dem Taliban-Regime erörtert worden war. Das Projekt liegt aber seit dem Krieg gegen die Taliban auf Eis, u.a. auch weil finanzielle Mittel fehlen.

So überrascht es nicht, dass China wegen der geographischen Nähe und der enormen Nachfrage nicht nur in die Förderung von Energieträgern in Zentralasien involviert ist, sondern auch in große Infrastrukturprojekte. Die *Kasachstan-China-Pipeline* verläuft Atyrau in Kasachstan nach Xinjiang in China über 3.000 Kilometer und transportiert seit 2009 20 Mio. Tonnen Rohöl pro Jahr. China hat damit einen wichtigen Etappensieg im Wettlauf um die Trassenverlegung errungen.

Die Entscheidungen für Ölpipelinerouten folgen einem klaren geopolitischen Primat. Die dominierenden Leitprinzipien waren nicht „freier Transit", sondern der politische Wille, den Ölexport aus der Region zu kontrollieren und den eigenen Einfluss in der Region zu behaupten oder auszubauen.

5 Russisch-chinesische Konkurrenz um die Gasexporte der Region

Russland spielte fast 20 Jahre die Ordnungsmacht auf dem eurasischen Gasmarkt, indem die *Gazprom* im Zusammenspiel mit der russischen Regierung das Preis-, Transit- und Exportregime bestimmte. Durch die gezielte Strategie, Diversifikationsbemühungen der zentralasiatischen Produzenten und der europäischen Konsumenten von vornherein zu verhindern, ist es Russland gelungen, seine Marktmacht in (Zentral-) Asien und Europa über die Kontrolle der Pipelinenetze, den Kauf strategischer Firmenanteile im Ausland und die enge Kooperation mit heimischen Energiekonzernen in den Bereichen Produktion, Transport, Verteilung und Vertrieb auszubauen. Dabei hat

Russland in die Hände gespielt, dass sowohl die USA als auch die EU im ostkaspischen Raum und gegenüber den zentralasiatischen Gasproduzenten lange zurückhaltend waren. Die USA waren primär bestrebt, den Iran, der ein wichtiges Transit-, aber auch Exportland für Gas wäre, aus allen Geschäften herauszuhalten. Die großen EU-Mitgliedsländer waren lange auf Russland als Hauptlieferanten fixiert. Erst der erste Gasstreit zwischen Russland und der Ukraine 2005/2006 hat die EU alarmiert und Aktivitäten in Gang gesetzt, die auf mehr Diversifizierung und Koordination der Energieversorgung zielen (vgl. Westphal 2006b).

Russland instrumentalisierte seit dem Ende der Sowjetunion seine günstige Position als Transitland, um die Abhängigkeit der zentralasiatischen Erdgasproduzenten noch auszubauen. Alle Nord-Süd-Korridore aus Zentralasien (wie die Pipeline von Buchara in Usbekistan durch Kasachstan nach Sibirien oder die *Mittelasien-Zentrum-Pipeline* von Turkmenistan durch Kasachstan nach Saratov) verliefen nach Russland und machten die zentralasiatischen Gasproduzenten abhängig von Russland und der *Gazprom*, dem monopolistischen Betreiber des russischen Pipelinenetzes.

Für Kasachstan spielte außerdem eine Rolle, dass das interne Pipelinenetz und damit der einheimische Markt zweigeteilt waren: Im Westen versorgten die großen ostkaspischen Gasfelder wie Karachaganak weniger den kasachischen Binnenmarkt als vielmehr den russischen Markt. Der Süden wurde zudem durch usbekisches Gas über die *Taschkent-Bischkek-Almaty-Pipeline* versorgt, die gleichzeitig die Hauptexportpipeline Usbekistans ist. Ein Problem ist, dass der kasachische Industriegürtel um Almaty und Shymkent noch nicht ans eigene Pipelinenetz angebunden ist. Das hat nicht nur die Entwicklung der kasachischen Gasfelder beeinträchtigt (vgl. EIA 2006b), sondern offenbart auch, dass die kasachische Führung bislang die Diversifizierung und Entwicklung der heimischen Wirtschaft gegenüber dem gewinnbringenden Export vernachlässigt hat.

Der einzige Weg, zentralasiatisches Gas nach Europa zu exportieren, verläuft über das Pipelinenetz von *Gazprom* durch Russland und die Ukraine. Während *Gazprom* in den 1990er Jahren die Strategie verfolgte, vor allem turkmenisches Gas zu boykottieren,[7] änderte sich dies deutlich unter dem Management um Alexej Miller, der von Putin im Mai 2001 ins Amt befördert worden war. *Gazprom* bezog nun zentralasiatisches Gas und verkauft es in Russland und im postsowjetischen Raum, um dadurch größere Mengen russischen Gases auf den europäischen Markt exportieren und so höhere Profite erzielen zu können. Im Zuge dieser Politik schlug Präsident Putin 2002 vor, eine eurasische Gasallianz zu bilden. Obwohl die Resonanz in Zentralasien zunächst eher ablehnend war, ist es Russland danach weitge-

---

[7] Dadurch war Turkmenistan gezwungen, die eigene Produktion signifikant zu reduzieren. Zwar war 1997 die *Korpeže-Kurt-Kui-Gaspipeline* gebaut worden, die Turkmenistan und den Iran verbindet und die als Teil einer Pipeline bis in die Türkei fungieren sollte, aber das Projekt und die damit verbundenen *Swap-Deals* wurde von den USA blockiert.

hend unbeobachtet vom Westen gelungen, seine gute Verhandlungsposition als einziger Abnehmer zu nutzen, um de facto diese Allianz über langjährige bilaterale Lieferverträge zu realisieren. Diese bilateralen Verträge wurden als Staatsverträge geschlossen. Dabei schien insbesondere der Vertrag mit Turkmenistan von Bedeutung, der bis 2028 läuft. Russland sollte zwischen 60–70 Mrd. Kubikmeter Gas abnehmen (Karajnni 2003).

Von da an war die Rolle zentralasiatischen Gases für den postsowjetischen und vor allem russischen Markt durchaus bedeutend: Russland hat lange Zeit seine exklusive Position als Abnehmer und Weiterhändler von zentralasiatischem Gas strategisch genutzt, um seine Binnenversorgung und die Lieferverpflichtungen abzusichern. Ostkaspisches Erdgas war also auf den postsowjetischen Gasmarkt beschränkt. Insofern konnten die zentralasiatischen Staaten von dem globalen Nachfrageanstieg in den 2000er Jahren kaum profitieren. Die zentralasiatischen Gasproduzenten wurden von Russland in die Rolle eines *Swing Producers* gedrängt. Russland war lange bestrebt, die turkmenische Gasproduktion weitgehend aufzukaufen. So vereinbarte Präsident Putin mit seinen Amtskollegen Nursultan Nazarbajev und Gurbanguly Berdymuchammedow noch im Mai 2007 einen richtungsweisenden Deal, der neben langfristigen Liefervereinbarungen auch den Ausbau der Pipeline *Mittelasien-Zentrum* nach Russland vorsieht und die Kapazität von heute 50–60 Mrd. Kubikmeter auf 90 bis 100 Mrd. Kubikmeter jährlich erhöhen sollte. Das Gas sollte in Orenburg ins russische Exportpipelinesystem eingespeist und nach Europa weitergeleitet werden. Erst die Wirtschaftskrise 2008 und der Einbruch bei der Nachfrage vor allem nach teurem russischem Gas im folgenden Jahr brachte hier eine Wende. Die *Gazprom* gab quasi die Nachfrageeinbrüche an die zentralasiatischen Gasproduzenten weiter, indem sie dort weniger Gas als vorgesehen einkaufte.

Der russische Einfluss wurde aber nicht nur über das Mengen-, sondern auch über das Preisregime ausgeübt. Sowohl für den postsowjetischen Raum als auch mit Blick auf die Konkurrenz um den Zugang und die Exportrichtung des zentralasiatischen Gases ist nämlich von besonderer Bedeutung, wie das Preissystem gestaltet ist.[8] Dem Vernehmen nach zahlte Russland zunächst sehr niedrige Preise an die zentralasiatischen Geschäftspartner, seit 2006 stiegen die Preise sukzessive. Zentralasiatisches Gas spielte auch bei der Beilegung des russisch-ukrainischen Gasstreits zum Jahreswechsel 2005/2006 eine wichtige Rolle.[9] 2007 etwa zahlte *Gazprom* einen Preis ver-

---

[8] Russland hatte deswegen Spielraum, weil im Raum des ehemaligen Rates für Gegenseitige Wirtschaftshilfe und der ehemaligen Sowjetunion andere Preisbildungsmechanismen galten als etwa zwischen Russland und der EU.

[9] Zwischen 2006 und der großen Gaskrise 2009 erhielt die Ukraine signifikante Gasmengen über den Zwischenhändler *RosUkrEnergo* aus Zentralasien. Die Preise werden individuell mit den zentralasiatischen Produzenten ausgehandelt und darauf dann die Transportkosten durch Russland geschlagen. Dieser Deal eröffnete Gewinne aus Weiterverkäufen an ukrainische Großabnehmer und EU-Staaten. Die Eigentumsverhältnisse, die erst

gleichbar dem, den Belarus damals an *Gazprom* zu zahlen hatte, aber weniger als die Hälfte dessen, was *Gazprom* nach langem Transport in der EU erzielte (vgl. Gazprom 2006). Im März 2008 zeigte sich Russland sogar bereit, den europäischen Gaspreis abzüglich der Transportkosten (*netback* Preis) zu zahlen, was in Folge des Beschlusses zum Bau der Zentralasien-China-Pipeline ein Versuch war, weiterhin signifikante Gasmengen für die *Gazprom* zu aggregieren. Diese Politik des Entgegenkommens wurde aber noch binnen der First eines Jahres ad absurdum geführt, da *Gazprom* Abnahmeverpflichtungen aus den Verträgen nicht einhielt und die Importmengen radikal drosselte, was schließlich in der Explosion der *Zentralasien-Zentrum-Pipeline* im April 2009 gipfelte. Infolgedessen halbierte sich die turkmenische Gasproduktion nahezu und das Land musste hohe Verluste hinnehmen. Die Pipeline wurde erst im Januar 2010 wieder in Betrieb genommen. Im neuen Vertrag schrieb Russland einen geringeren Abnahmepreis und kleinere Abnahmemengen im Vergleich zum vorherigen Vertrag fest (EIA 2012a). Die *Gazprom* setzte in Folge der Finanz- und Wirtschaftskrise und der Gasschwemme in Europa Ende 2008 weniger in Europa ab und gab diese Effekte so an Turkmenistan weiter. Dies war eine sehr kurzsichtige Politik, die sich im Februar 2012 rächte, weil die *Gazprom* angesichts der Kältewelle im eigenen Land ihre Lieferungen nach Europa um 10%, zeitweise sogar um 30% reduzieren musste. Vieles spricht dafür, dass frühere Mengen aus Turkmenistan fehlten.

Dies wiederum eröffnete China große Spielräume, bedeutete es doch einen Bruch im russisch-zentralasiatischen Energiehandel. China sieht nämlich die landgestützten Energielieferungen über Pipelines aus Zentralasien als wichtiges Plus für seine Energiesicherheit an. Schon im August 2005 hatten die kasachische *KazMunaiGaz* und die chinesische *Chinese National Petroleum Consortium (CNPC)* ein Abkommen über den Bau einer Gaspipeline nach China beschlossen mit einer Kapazität von 30 Mrd. Kubikmetern pro Jahr (EIA 2006b). Diese ist seit Ende 2011 in Betrieb. 2006 beschlossen Turkmenistan und China den Bau einer Erdgas-Pipeline, die schon im Dezember 2009 in Betrieb genommen wurde. Auch die Lieferverträge von turkmenischem Gas sind kontinuierlich von 30 Mrd. Kubikmetern jährlich auf zuletzt 60 Mrd. Kubikmeter jährlich (Abkommen Ende 2011) erhöht worden – und dies, obwohl die vertraglich vereinbarten Preise signifikant unter den russischen Preisen liegen (Maurer 2011). Vor allem aber ist es chinesischen Firmen gelungen, begehrte *Onshore*-Lizenzen für die großen Felder im Osten des Landes zu bekommen. Entlang des Verlaufs der Zentralasien-China-Pipeline und künftig auch der West-Ost-Gaspipeline sind auch mit den anderen zentralasiatischen Republiken Gaslieferverträge abgeschlossen worden.

---

spät ans Licht kamen, lassen Raum für Spekulationen über Korruption und persönliche Bereicherung (Westphal 2009b).

China hat seit Mitte der 2000er Jahre sein Engagement in Zentralasien beschleunigt und intensiviert. Russland kann dem chinesischen Vordringen wenig entgegensetzen. Nach der Wirtschaftskrise fehlt es Russland an Finanzmitteln und die zentralasiatischen Gasproduzenten wollen sich nicht länger mit der Rolle eines *Swing Suppliers* zufrieden geben. Russland verliert mit Chinas Eindringen strukturelle Macht auf dem zentralasiatischen Energiemarkt, was sowohl das Preis- als auch das Mengenregime angeht. Vor allem aber nutzen chinesische Firmen ihre Finanzstärke sowie die konsequente Unterstützung der chinesischen Regierung. Damit offerierten sie den zentralasiatischen Staaten auch die Perspektive auf weitere Erlöse. Hier liegt der komparative Vorteil gegenüber den Europäern, aber auch gegenüber russischen Firmen, vor allem nach 2008.

6   Europas Prestigeprojekt des südlichen Korridors

Die *Nabucco-Pipeline* war lange Hauptprojekt für den südlichen Korridor und wurde zum Symbol einer erfolgreichen Energie-Außenpolitik der EU stilisiert. Diese Exportmagistrale für den südlichen Korridor soll durch die Türkei, Bulgarien, Rumänien, und Ungarn nach Österreich Gas aus Aserbaidschan, Zentralasien, dem Iran und dem Mittleren Osten über mehrere Zulieferstränge nach Europa transportieren. Diese Pipeline ist auch in EU-Dokumenten als wichtiges Infrastrukturprojekt und Teil der Transeuropäischen Netze ausgewiesen (vgl. European Commission 2004). Die EU-Kommission hat im Herbst 2011 auch das Mandat bekommen, mit den zentralasiatischen Staaten zu verhandeln.

Allerdings verlief die Umsetzung dieses Projektes sehr schleppend. Das *Nabucco*-Konsortium wird von der österreichischen *OMV* geführt und ihm gehören weiterhin die ungarische *MOL*, die rumänische *Transgaz*, die bulgarische *Bulgargaz*, die türkische *Botas* und die deutsche *RWE* an. Ein Strang, der die *Nabucco* speisen könnte, ist die *Baku-Erzrurum-Pipeline*, durch die erstmals im Mai 2007 Gas aus dem aserbaidschanischen Schach-Deniz-Feld in die Türkei geliefert wurde (vgl. Ferguson 2007). Hauptfrage für die Pipeline mit einer Kapazität von 31 Mrd. Kubikmetern jährlich ist allerdings, woher das Gas kommen soll.

Zur ersten Schicksalsfrage für die *Nabucco* wird die Entscheidung des Schach-Deniz Förderkonsortiums, das von der *BP* geführt wird, darüber, wer den Zuschlag für die Gasmengen aus dem Schach-Deniz Feld in der Phase II bekommt. Die Entscheidung wurde immer wieder vertagt bis zuletzt auf April 2012. Sollte *Nabucco* dann nicht den Zuschlag von 10 Mrd. Kubikmetern erhalten, wäre das Projekt praktisch tot. Angesichts der Unklarheit bei Binnennachfrage und Gasexportmengen haben sich mittlerweile kleinere Projekte, die aber die Möglichkeit eines *upgrade* erlauben, ins Spiel gebracht: die *Trans-Adriat-Pipeline (TAP)*, der *Interconnector Türkei-Griechenland-Italien (ITGI)* und seit Herbst 2011 auch die *Südost-Europa Pipeline (SEEP)*.

Exportrouten für aserbaidschanisches Öl und Gas sind jeweils wichtige Elemente, um nicht zu sagen eine Grundvoraussetzung für den Export zentralasiatischen Gases nach Europa. Erst 2007 wurde Aserbaidschan ein Netto-Exporteur für Gas via *Baku-Erzrurum Pipeline*.

Zahlreiche sowohl strategische als auch kommerzielle Hürden stehen der Realisierung entgegen. Vor allem steht die Frage im Raum, woher die zusätzlichen Gasmengen für die Transportkapazität der *Nabucco-Pipeline* von jährlich 31 Mrd. Kubikmeter kommen sollen. Nordirak und perspektivisch der Iran waren immer wieder im Gespräch. Naheliegend wäre die Einspeisung von zentralasiatischem Gas, doch auch das steht in den Sternen, weil die Zukunft einer transkaspischen Pipeline durch das Kaspische Meer ungewiss ist. Angesichts der unsicheren Nachfrageentwicklung in Europa und den knappen Finanzmitteln ist die Attraktivität des *Nabucco*-Projekts zuletzt gesunken und Zweifel an seiner Realisierung haben den genannten kleiner dimensionierten Projekten Vorschub geleistet.

Die Überlegung, den südlichen Korridor auch mittels kleinerer Pipelines zu etablieren, die die Möglichkeit eröffnen, sukzessive Kapazitäten zu erhöhen, gewinnt an Überzeugungskraft. Allerdings zeigt die Tatsache, dass Aserbaidschan und die Türkei eine Vereinbarung über den Bau einer *Transanatolischen Pipeline* beschlossen haben, dass beide Länder eigene Pläne verfolgen. Aserbaidschan möchte sich auf dem europäischen Gasmarkt als großer Lieferant etablieren, die Türkei setzt auf ihre Position nicht nur als Energiebrücke, sondern auch als Umschlagplatz für kaspisches Gas. Für die EU wäre das eine suboptimale Lösung, da sich dann ein strategisch wichtiger Pipelinestrang außerhalb ihres regulativen Zugriffs befände.

Turkmenistan hat auch mit dem Projekt der Ost-West Pipeline vom Osten des Landes an die Küste des Kaspischen Meeres deutlich gemacht, dass es Gas nach Europa transportieren möchte. Denn Europa würde wohl die besten Preise zahlen. Das Land hat allerdings wenig unternommen, um international Transportwege für turkmenisches Gas nach Westen voranzubringen. Dem Bau einer Transkaspischen Pipeline steht immer noch der schwelende Streit um den Rechtsstatus des Kaspischen Meeres entgegen. Mit dem Iran sind die Fragen über die künftige Aufteilung der Ressourcen und Wirtschaftszonen kaum geklärt und auch mit Aserbaidschan schwelt ein Streit um die Grenzen und die Nutzung von Feldern. Zudem hat Russland ökologische Bedenken gegen eine transkaspische Pipeline ins Feld geführt mit Verweis auf die Fischerei und Kaviarproduktion.

Außerdem kommt Russland den strategischen Überlegungen der EU sowohl in Bezug auf die Exportrouten als auch die Gasmengen in die europäischen Märkte zuvor. Da jede existierende Pipeline neue parallele Projekte unwahrscheinlicher werden lässt, weil die Rentabilität und damit die ökonomische Rationalität sinken, gelingt es Russland, die Diversifizierungsbemühungen der EU zu konterkarieren. Russland hat außerdem konsequent die Strategie verfolgt, die Gasnachfrage des europäischen Marktes mit Gas aus Russland zu saturieren – auch wenn es nicht notwendigerweise aus russischer Produktion stammt. Dieser Logik folgte der Bau der Ostseepipeline (*Nord Stream*) mit den Partnern *BASF-Wintershall, E.On Ruhrgas, Gasunie* und *Gaz de France/Suez*. Neben der Diskussion um einen möglichen Ausbau der Pipeline *Blue Stream* durch das Schwarze Meer in die Türkei hat *Gazprom* mit dem italienischen Konzern *Eni,* der *BASF Wintershall* und *EDF* ein Konsortium zusammengeschmiedet, das den Bau der *South Stream* vorantreibt, die von Ost nach West durch das Schwarze Meer verlaufen und dann durch Bulgarien über zwei Stränge an die europäischen Gasnetze angebunden werden soll. Die *South Stream* wäre eine klare Konkurrenz und Alternative zur *Nabucco-Pipeline*, welche die EU und die USA propagieren. Die *South Stream* zielt auf die südost- und osteuropäischen Gasmärkte, die vom russisch-ukrainischen Gasstreit hart getroffen wurden und in denen die russische *Gazprom* eine unangefochtene Stellung hat.

Der Bau der *South Stream* soll Ende 2012 beginnen und die nötigen Abkommen hat das internationale Konsortium rund um *Gazprom* und die italienische *Eni* bereits. Als letzten Baustein bekam das Konsortium die türkische Genehmigung, die Pipeline durch die türkischen Gewässer im Schwarzen Meer zu verlegen. Das Projekt folgt damit der Logik, *Nabucco* zu unterminieren, das Monopol für Gaslieferungen aus dem Osten in die EU weitgehend zu erhalten und die eigenen Marktanteile zu behaupten, vor allem aber sollen die Transportmengen durch die Ukraine reduziert werden. Dem Interesse der südeuropäischen Staaten an Diversifizierung seiner Bezüge steht dies allerdings entgegen.

7 Geopolitik in Zentralasien: Russland und China am Hebel

Der Kaspische Raum bleibt im Fokus der EU, Russlands und Chinas. Wie unter einem Brennglas manifestierten sich in den letzten zwanzig Jahren seit der Auflösung der Sowjetunion die globalen geopolitischen, vor allem aber geoökonomischen Verschiebungen in der Region.

Auch wenn es im Wettlauf um die Ressourcen Russlands und des Kaspischen Raums nicht mehr um imperialen Landgewinn geht, so spielen doch Machtprojektionen und globale Ordnungspolitik in der Region eine wichtige Rolle. Das führte zu einer Renaissance geostrategischen und machtpolitischen Denkens und Handelns, das neben ökonomischem Wettbewerb und Profitstreben den Wettlauf um die Energieressourcen maßgeblich bestimmt.

Ordnungspolitische Alternativen der EU, die auf Marktmechanismen, multilaterale Kooperation und internationales Recht setzen, laufen weitgehend ins Leere. Doch die Gründe sind nicht nur in internationaler Machtprojektion und der Politisierung der Energiefrage zu suchen. Sie bestehen vielmehr darin, dass die autoritären Regime Zentralasiens auf Nichteinmischung in innere Angelegenheiten beharren und mit Russland und China dankbare und politisch bequeme Geschäftspartner finden. Die Stärkung einer multipolaren Weltordnung, die auf weitgehender Souveränität der Staaten beruht, korrespondiert also mit den Machtattitüden zentralasiatischer Regime.

In den zentralasiatischen Staaten prallen aber auch energiestrategische Interessen Chinas und Russlands aufeinander. Für beide sind Energiefragen essentiell für ihre geopolitische Rolle und Machtprojektion in der Welt. Russland hat im vergangenen Jahrzehnt beim Versuch, eine weltpolitische Rolle zurückzuerobern auf Energie gesetzt. Umgekehrt braucht China Energie als Schmierstoff für seine Wirtschaft, wenn es den eingeschlagenen Wachstumskurs fortführen möchte.

Russlands Regierung und *Gazprom* haben gemeinsam in Zentralasien eine wichtige Basis für die angestrebte russische Position als Energiegroßmacht gelegt, die eine Ordnungsrolle insbesondere auf dem europäisch-eurasischen Energiemarkt spielen kann. Diese Politik folgt weniger einer klassischen Hegemonialpolitik als ökonomischer Rationalität und dient dem Ausbau von *Gazproms* Marktposition. Erst die Angespanntheit der Weltenergiemärkte, die damit einhergehende Politisierung des Energiehandels und die immer stärker von Energieversorgung bestimmte Sicherheitsagenda ließen *Gazprom* zu einem Machtinstrument und ihre Gasgeschäfte zu einer internationalen Machtwährung werden.

Zunächst war es die alte russische Vorherrschaft, die im Raum dominierte, herausgefordert von den USA. Die *Baku-Tbilissi-Ceyhan* Pipeline ist Ergebnis und Symbol der US-amerikanischen Strategie, Russlands Monopol für Öl- und Gastransporte in den Westen zu brechen und den NATO-Partner Türkei zu stärken. Dennoch hielt sich Russlands herausragende Position auf den eurasischen Gasmärkten bis Mitte des ersten Jahrzehnts des neuen Jahrhunderts. Dann belebte zunehmende Konkurrenz das Geschäft: China sucht nun verstärkt Zugang zu den Öl- und Gasressourcen seiner Nachbarn. Die neue Wirtschaftsmacht braucht Energie für ihre Wachstumsstrategie. Zentralasien ist Nachbarregion und China sieht die Vorteile eines Transports durch Rohrleitungen: Sie schaffen wechselseitige Abhängigkeiten und stabile Beziehungen. Russland scheint sich mit der chinesischen Konkurrenz in Zentralasien zu arrangieren. Viel spricht dafür, dass Russland sich weiter stark auf den europäischen Markt konzentrieren wird. Dazu beigetragen haben mag auch die (beiderseitige) Enttäuschung über den schleppenden Fortgang der russisch-chinesischen Verhandlungen über Gas aus dem Kovykta-Gasfeld. Heute sind und bleiben die Verhandlungen um das Preisniveau zwischen Russland und China schwierig, denn die Preisvorstellungen liegen weit auseinander, auch weil China vergleichsweise günstig an zentralasiatisches Gas kommt. Europa zahlt weit mehr für russisches Gas. Russland hat deswegen früh und in den letzten Jahren verstärkt versucht, kaspische Gasexporte in die EU zu verhindern.

Die russische *Gazprom* hat dafür traditionell Paketlösungen genutzt, die zwar den erklärten Diversifizierungsbemühungen der EU zuwiderliefen, aber auch den Firmeninteressen der europäischen Konzerne entsprachen: Diese exklusiven Partnerschaften mit den großen europäischen Gaskonzernen und Importeuren umfassten in der Regel Langzeitlieferverträge, die zwischen 2027 und 2036 enden. Sie eröffneten *Gazprom* ein Engagement in der Gasverteilung auf den Heimatmärkten in Deutschland, Österreich, Frankreich oder Italien in Transport und Vertrieb an Endverbraucher und sicherten einigen der europäischen Exklusivpartner im Gegenzug eine Beteiligung an der Gasförderung in russischen Produktionsstätten sowie am internationalen Gastransport. Diese Strategie unterläuft das EU-Wettbewerbsziel, das auf die Trennung der einzelnen Stufen Produktion, Transport und Vertrieb zielt. Vordergründig mögen die Paketdeals zwar die Gaslieferungen in ihrer Quantität garantieren, aber die Preise wohl nach oben treiben.[10] Wie wenig nämlich diese langjährigen Partnerschaften letztlich vor ökonomischem Druck schützen, erlebten die europäischen Importeure seit 2009. Die russische *Gazprom* hielt an den teuren Langfristvereinbarungen mit Ölpreisbindung fest und trieb damit vor allem in Deutschland einige ihrer strategischen Partner in eine schwierige Situation.

8   Gebot der Stunde: Dialog und Kooperation

Sich verschiebende Handelsströme haben auch Rückwirkungen auf Akteursstrategien und -konstellationen. Die EU und China werden noch mehr als bisher zentrale Akteure im energiereichen Raum der sog. strategischen Ellipse sein, da die USA stark diversifiziert, die Importabhängigkeiten reduziert und sich auf die Amerikas konzentriert haben.

China und Europa kommt eine zentrale Rolle für die Ausgestaltung des globalen Energiemixes, die Ausprägung der physischen Energiehandelsströme und die Entwicklung der künftigen Energienutzungs- und Verbrauchsstruktur zu. Darüber wird in Zukunft das jeweilige Markt- und Preisdesign, das die bilateralen Beziehungen des einen zu den Energieproduzenten prägt, Rückwirkungen auf die Attraktivität des Marktes, das Preisregime und die Preisentwicklung des anderen haben. Diese Entwicklung wird sukzessive mit dem zu erwartenden Ausbau von Infrastruktur vor allem nach Osten erfolgen. Dabei ist nicht unwesentlich, dass China und die EU von jeweils unter-

---

[10] Dazu ausführlich: Westphal 2007, 251–253.

schiedlichen Positionen im globalen Markt starten: Während China sowohl relativ als auch in absoluten Mengen seine Position ausbauen wird und sein Binnenmarkt damit große Wachstumsraten verspricht, verliert die EU relativ an Marktanteilen. Einiges spricht dafür, dass die europäischen Bezugsmengen von Öl und Erdgas auch in absoluten Zahlen sinken oder zumindest auf dem heutigen Niveau stagnieren werden. Für die Ausübung der Marktmacht im globalen Energiesystem hat das jeweils Konsequenzen. Inhärent ist dem globalen Energiesystem allerdings das hohe Maß an bisher ungekannter Unsicherheit, mit der beide Akteure umgehen müssen, gerade auch in der Region, die hier im Fokus steht.

Der ordnungspolitische Ansatz der EU, multilateral einen gemeinsamen Energiemarkt zu institutionalisieren, läuft mehr denn je ins Leere, sobald man den Blick über die EU hinaus richtet. Im Poker über Erschließungs- und Pipelineverträge ist im wahrsten Sinn des Wortes bereits zu viel Boden verloren. Die EU, die Energiepolitik recht spät als ein eigenes Politikfeld entdeckte, hat zu lange Zeit auf Russland gesetzt. Während im letzten Jahrzehnt das Hauptproblem der EU in den fehlenden Infrastrukturentscheidungen lag und darin, dass sich die EU hier sehr lange zurückhielt, spielt heute die unklare Nachfrageentwicklung nach Gas eine entscheidende Rolle, die die ohnehin schon geschwächte europäische Gasindustrie vor langfristigen Entscheidungen und Großprojekten zurückschrecken lässt. Kooperation und Dialog mit großen Energieproduzenten, aber auch den großen Konsumenten sind das Gebot der Stunde.

Die internationale politische Ökonomie von Öl und Gas wird stark durch Machtbeziehungen determiniert; ordnungspolitisch steht sie in einem Spannungsverhältnis zwischen gemeinsamer Marktbildung auf der einen und exklusiver regionaler Polbildung auf der anderen Seite. Damit hat die internationale Energiepolitik letztlich als *hartes* Politikfeld auch sicherheitspolitische Implikationen, nämlich dann, wenn der Wunsch nach neuen Machtzentren Konfliktpotential birgt. Auch deswegen darf die EU in ihren Bemühungen, multilaterale Kooperation im Energiesektor zu etablieren und die Idee eines gemeinsamen Energiemarktes zu propagieren, nicht nachlassen. Die ordnungspolitische Dimension ist entscheidend, weil es in Zukunft darum gehen muss, globale Energiesicherheit nachhaltig und kollektiv zu gestalten. Denn auch Energiesicherheit ist auf lange Sicht nicht teilbar.

Literatur

Amineh, M. P. 2003. *Globalisation, Geopolitcs and Energy Security in Central Eurasia and the Caspian Region*, Den Haag.
BP 2011. *Statistical Review of World Energy*, London.
EIA 2005. *Country Analysis Briefs. Central Asia*, Washington DC.

EIA 2006a. *Country Analysis Briefs Kazakhstan*, Washington DC.

EIA 2006b. *Kazakhstan: Major Oil and Gas Projects*, Washington DC.

EIA 2010. *Country Analysis Brief China*, Washington DC.

EIA 2012a. *Country Analysis Brief Turkmenistan*, Washington DC.

EIA 2012b. *Country Analysis Brief Azerbaijan*, Washington DC.

European Commission 2004. *Energy & Transport. Report 2002–2004*, Brüssel.

Ferguson, T. 2007. Caspian Gas Arrives in Turkey, in: *FSU Oil and Gas Monitor (22)*, 3–4.

Gazprom 2006. *Spravka k brifingu „Perechod ha rynočnye principy sotrudničestva c respublikami byvšego SSSR. Rabota na rynkach dal'nego zarubežja. Diversifikacija eksportnych maršrutov i postavki CNG. Ispol'zovanie schemy obmena aktivami"*, 20.6.2006, www.gaz prom.ru/articles/article19812.shtml (21.2.2012).

Harks, E. 2007. Der globale Ölmarkt. Herausforderungen und Handlungsoptionen für Deutschland, in: *SWP-Studie (11)*, Berlin.

International Energy Agency 2010. *World Energy Outlook 2010*, Paris.

International Energy Agency 2011. *World Energy Outlook 2011*, Paris.

Karajnni, M. 2003. Energetika – Stanovoj chrebet politiki Rossii v Central'noj Azii, in: *Central'naja Azija i Kavkaz (4)*, 102–108.

Maurer, L. 2011. Die russländisch-chinesische Energiekonkurrenz in Zentralasien. Der Energy Club der Shanghai Cooperation Organization als Forum zur Konfliktlösung?, in: *SWP Arbeitspapiere FG 5 (2)*, 1–17.

Müller, F. 2006. Machtspiele um die kaspische Energie? In: *Aus Politik und Zeitgeschichte (4)*, 3–10.

Petersen, A./Barysch, K. 2011. *Russia, China and the Geopolitics of Energy in Central Asia*, London.

Pflüger, F. 2012. The Southern Gas Corridor: Reaching the Home Stretch, in: *European Energy Review*, 12.1.2012, http://www.europeanenergyreview .eu/site/pagina.php?id=3455 (21.2.2012).

Prejger, D./Maljarčuk, I./Grinkevič, T. 2003. Trubnyj „Pasjans" dlja Kaspijskoj Nefti, in: *Central'naja Azija i Kavkaz (4)*, 91–101.

Rat der Europäischen Union 2007. *Die EU und Zentralasien: Strategie für eine neue Partnerschaft. Ratsdokument 10113/07*, 31.5.2007 www.auswaerti ges-amt.de/diplo/de/Europa/Aussenpolitik/Regionalabkommen/Zentralasi en-Strategie-Text-D.pdf (21.2.2012).

Simmons, M. R. 2002. The World's Giant Oil Fields, in: *M. King Hubbert Center for Petroleum Studies Newsletter (2)*, 1–8.

Socor, V. 2007. Caspian Energy Projects: Time to Advance from Talking to Acting, in: *Eurasia Daily Monitor (4: 109)*, http://www.jamestown.org/ single/?no_cache=1&tx_ttnews[tt_news]=32784 (21.2.2012).

The Energy Charter Secretariat 2002. *Country Report on Investment Climate and Exceptions to National Treatment in the Energy Sector. Kazakhstan*, Brüssel.

The Energy Charter Secretariat 2007. *Putting a Price on Energy. International Mechanisms for Oil and Gas*, Brüssel.

Westphal, K. 2006a. *Energy Relations in Wider Region of Europe and the Americas in a Comparative Perspective. Going Global or Dominating Regional?* 18.2.2006, www2.politik.uni-halle.de/vog/tagung2006/Panel%208%20Westphal%20Paper.pdf (21.2.2012).

Westphal, K. 2006b. Energy Policy between Multilateral Governance and Geopolitics. Whither Europe?, in: *Internationale Politik und Gesellschaft (4)*, 44–63.

Westphal, K. 2007. Liberalisiert, monopolisiert, fixiert. Antinomien des Energiemarkts in Europa, in: *Osteuropa (2–3): Inklusion, Exklusion, Illusion – Konturen Europas. Die EU und ihre Nachbarn*, 241–256.

Westphal, K. 2009a. Wettlauf um Energieressourcen. Markt und Macht in Zentralasien, in: *Osteuropa (Dossier): Energie-Dossier – Blick in die Röhre. Europas Energiepolitik auf dem Prüfstand*, 67–82.

Westphal, K. 2009b. Russisches Erdgas, ukrainische Röhren, europäische Versorgungssicherheit. Lehren und Konsequenzen aus dem Gasstreit 2009, in: *SWP-Studie (18)*, 1–41.

Wem gehören die Ressourcen dieser Erde?

Wem steht welcher Anteil an den Kooperationserträgen zu?

Christoph Horn

Die Frage nach der angemessenen Verteilung der natürlichen Ressourcen der Erde gehört zu den dringlichsten Problemen, denen man sich bei einem zeitdiagnostischen Blick auf die aktuelle weltpolitische Lage stellen kann. Dies hängt damit zusammen, dass die fossilen Energieträger (an die wir beim Stichwort „Ressourcen" zweifellos zuerst denken, besonders Erdöl und Erdgas) knapp werden, weil die weltweiten Lagerstätten, etwa in der Golfregion, in Russland und in Nordafrika, nur noch für wenige Jahrzehnte zur Verfügung stehen werden. Gleichzeitig ist die Zahl der Konkurrenten um diese Rohstoffe größer und die Konkurrenz schärfer geworden. Denn zum einen ist die Weltbevölkerung unverändert in einem starken Wachstum begriffen, zum anderen ist das Wohlstandsniveau in vielen Teilen der Erde (besonders in den Schwellenländern) ebenso deutlich angestiegen wie deren industrielle Produktion. Auch der globale Wettbewerb um andere natürliche Ressourcen, darunter Metalle und sonstige industrielle Rohstoffe, um Holz und weiteres organisches, nachwachsendes Material, etwa Mais für die Bio-Ethanol-Produktion, hat beträchtlich an Dynamik gewonnen. Als große gegenwartstypische Herausforderung kommt hinzu, dass auch solche Ressourcen knapp werden, die wir zu den natürlichen Lebensgrundlagen der Erde zählen würden, besonders Wasser: Hier droht nicht so sehr ein ruinöser Wettbewerb zwischen ökonomischen Konkurrenten als vielmehr eine irreversible Schädigung durch Übernutzung. In dieselbe Richtung weist das Problem, dass die Luft (durch die kaum reduzierte CO_2-Emission) und solche Ökosysteme wie das Meer oder die Wälder unverändert stark bedroht sind. Nicht zu vergessen ist schließlich, dass die Ernährung der Weltbevölkerung (neuerdings verschärft durch spekulative Geschäfte mit Grundnahrungsmitteln) unverändert auf prekären Grundlagen steht.

Alle aufgezählten Problemaspekte sind hinreichend komplex und beunruhigend, um zahllose Politologen, Entwicklungstheoretiker und Ökonomen zu beschäftigen, und sie verlangen so sehr nach regulierenden Eingriffen, dass viele klärende Untersuchungen seitens der Kollegen aus dem Völkerrecht erforderlich scheinen. Wenn ich mich als Philosoph mit einem Schwerpunkt in der Ethik und der politischen Philosophie an dieser Debatte beteilige, dann sicherlich nicht, um die Aspekte aus den Feldern des Politischen, Ökonomischen oder Juristischen zu diskutieren, was einschlägig arbeitende Kolleginnen und Kollegen viel besser tun können. Meine Absicht besteht vielmehr darin, zu zeigen, dass es beim Thema Ressourcenknappheit und Ressourcenkonkurrenz einen grundsätzlichen theoretischen Klärungsbedarf gibt, welcher sowohl deskriptive Aspekte als auch normative Elemente umfasst. Denn zwei Schlüsselbegriffe, auf die es hier ankommt, sind philosophisch äußerst gehaltvoll: nämlich Eigentum einerseits und Gerechtigkeit andererseits. In erster Näherung gesprochen bezeichnet Eigentum ein absolutes willkürliches Verfügungsrecht über äußere Gegenstände (oder auch einen Anspruch auf Dienstleistungen), während Gerechtigkeit für unsere Ideen darüber steht, auf welche Weise vorhandene knappe Güter angemessen zu verteilen sind bzw. wie zu tragende Lasten oder Bürden adäquat auf verschiedene Schultern übertragen werden sollen. Beide Begriffe werden im Folgenden auf eine harte Bewährungsprobe gestellt – aber ich denke, dass die Philosophie sich angesichts der genannten Probleme nicht verstecken darf und tatsächlich einen relevanten theoretischen Beitrag zu leisten vermag.

Ich gliedere meine Ausführungen in zwei Teile: einen eigentumstheoretischen und einen gerechtigkeitstheoretischen Part.

1 Eigentumstheoretische Überlegungen zum Problem knapper Ressourcen

Wem gehören die Ressourcen dieser Erde? Nach welchem Prinzip sind derartige Eigentumsansprüche geregelt? Man muss grundsätzlich zwischen zwei Fällen unterscheiden: Einerseits gilt das *Allmendeprinzip*; demnach sind etwa die Ozeane, die Erdatmosphäre, der erdnahe Weltraum und (wenigstens im Moment noch) die beiden Pole Gemeinbesitz aller Menschen. Andererseits gilt das *Territorialprinzip*: Erdöl, Edelmetalle, Kohle, seltene Erden, Hölzer, Trinkwasser usw. gehören demjenigen Staat, auf dessen Staatsgebiet sie sich jeweils befinden. Woran entscheidet sich, ob das Allmendeprinzip oder aber das Territorialprinzip angewandt wird? Offenkundig spielt hier ein pragmatisches Zuweisungsprinzip die Rolle eines Meta-Kriteriums, wonach alles, was aufgrund territorialer Gegebenheiten eindeutig zugewiesen werden kann, dem Territorialbesitzer auch faktisch zuerkannt wird. Die Idee im Hintergrund scheint zu sein, dass es besser ist, einen einzelnen Besitzer zu identifizieren, als etwas der Allgemeinheit zu überantworten oder gar ungenutzt zu lassen. Folgerichtig fallen nur die nicht eindeutig zuweisbaren Objekte in die Rubrik der Allmendegüter. Exklusive Eigentumsrechte bestehen hingegen immer dann, wenn sie sich nach dem Territorialprinzip überzeugend herstellen lassen; nur wenn sich dies nicht plausibel praktizieren lässt, geht man zu einer besitztheoretischen Alternative über. Ist das eine normativ angemessene und sinnvolle Praxis?

Prima facie ergeben sich zwei Einwände. Der eine richtet sich gegen das Allmendeprinzip. Es ist eine altbekannte Tatsache, dass Allmendegüter stets von Ausbeutung, Übernutzung und Verwahrlosung bedroht sind. Im Fall globaler Rohstoffe lässt sich dies leicht an den Fischbeständen in den Ozeanen bestätigen oder an der Luftverschmutzung. Beide Probleme werden zwar durch Einzel-Akteure erzeugt, müssen aber kollektiv verantwortet werden. Der jeweilige Problemverursacher hat den Vorteil, die Negativfolgen seiner Nutzung der Allgemeinheit, besonders den Nachgeborenen künftiger Jahrhunderte, zur Bewältigung überlassen zu können. Nutzungslimits sind nur schwer vertraglich abzusprechen und kaum wirksam durchzusetzen.

Der andere Einwand richtet sich gegen das Territorialprinzip: Es wirkt allzu simpel, jedem dasjenige als Eigentum zu übertragen, was sich ihm nach der einfachen Bereichslogik zuweisen lässt. Ein Problem ist hier etwa, dass in auffällig vielen Staaten der Erde, die durch Ressourcenbesitz privilegiert sind, korrupte Eliten und autoritäre Individuen herrschen; diese bereichern sich, bisweilen sogar ohne dass sich für den betreffenden Staat und seine Bevölkerung ein hinreichender Nutzen aus dem Ressourcenbesitz ergäbe. Doch auch wenn breitere Bevölkerungsschichten profitieren, gilt immer noch, dass der Nutzen allzu selektiv verteilt ist. Rohstoffbesitzende Länder sind tendenziell bevorzugt, rohstoffarme benachteiligt. Ein durch Rohstoffvorkommen privilegiertes Land mag relativ wohlhabend sein, z.B. Libyen, während sein Nachbarland, etwa der ressourcenarme Sudan, ein deutlich geringeres Wohlstandsniveau aufweist. Man fragt sich daher, warum bei der Besitzzuweisung von Ressourcen keine weiteren Gesichtspunkte ins Spiel kommen sollen als nur das Territorialprinzip. Um diesen zweiten Einwand in seiner ganzen Schärfe zu sehen, müssen wir uns einige eigentumstheoretische Grundlagen vor Augen führen.

Wie verstehen wir Eigentum gewöhnlich? Wenn jemand einen Gegenstand als sein Eigentum betrachtet, so meint er damit üblicherweise, dass kein anderer als er selbst das Objekt nutzen, verbrauchen, ausbeuten, umgestalten, vergammeln lassen, verkaufen, verleihen, verschenken, vererben oder zerstören darf. Über Eigentum zu verfügen scheint demnach zu heißen, dass dem Eigentümer – sei dieser nun ein Individuum, ein Kollektiv oder eine Institution – ein vollständiges, exklusives, unbefristetes und übertragbares Verfügungsrecht über den betreffenden Gegenstand (oder auch auf eine bestimmte Leistung) zusteht. So kann Sandra ihren Kugelschreiber zu jedem beliebigen Zeitpunkt als Schreibwerkzeug gebrauchen; sie darf ihn aber auch ungenutzt lassen, mutwillig zerbrechen oder zweckentfremdet einsetzen. Überdies glauben wir, dass der, dem etwas gehört, auch über das Eigentumsrecht in allen seinen Aspekten, Bestandteilen oder Erträgen – und seien diese auch indirekt – verfügt. Die überraschend unter Frau Lehmanns Garten entdeckte Schatztruhe gehört Frau Lehmann ebenso wie die Früchte des von ihr angepflanzten und gepflegten Apfelbaums (sofern sich Alteigentümer nicht mehr ausfindig machen lassen). Verstöße gegen Eigentumsrechte ahnden wir mit moralischer Empörung, sozialer Ausgrenzung sowie durch spürbare pädagogische und juristische Strafen; das Recht auf Eigentum zählt als grundlegendes Menschenrecht. Zweifellos besitzt das Eigentumsprinzip für uns eine weitreichende soziale Bedeutung. Eigentumsansprüche machen wir in Bezug auf sehr unterschiedliche Gegenstände geltend: mit Blick auf die Kleider, die wir am Leib tragen, beim Inhalt unseres Kühlschranks, beim Geld auf unserem Bankkonto, bei unserem Sommerhaus in der Toskana sowie bei unserem kreativen oder geistigen Eigentum. Andererseits meinen wir nicht, dass Flüsse, die Atemluft oder die Epen Homers jemandem exklusiv gehören können. Wir distanzieren uns von der Vorstellung, dass man Menschen als Sklaven zu besitzen vermag. Und wir lehnen die Idee ab, man dürfe sich etwas durch Diebstahl, Raub, Unterschlagung oder Betrug aneignen. Als legitime Erwerbungsformen von Eigentum betrachten wir vornehmlich eigene Herstellung, Kauf, Tausch, Schenkung und Erbschaft. Einen Sonderfall bildet das Verleihen, Vermieten oder Verpachten, bei dem jemand ein Nutzungsrecht für eine bestimmte Zeit an einen anderen überträgt und ihn gleichsam mit eingeschränkten Eigentumsrechten versieht.

Damit zurück zu den Ressourcen. Lässt sich alles das, was ich im vorherigen Absatz über unsere gewöhnliche Idee von Eigentum gesagt habe, sinnvoll auf den Besitz an Rohstoffen übertragen? Zumindest wirkt hier Folgendes irritierend: Während wir in alltäglichen Eigentumskonstellationen mehrere unterschiedliche Erwerbungsformen kennen, nämlich eigene Herstellung, Kauf, Tausch, Schenkung und Erbschaft, gilt im Fall der Zuweisung von legitimen Eigentumsansprüchen von Ressourcen allein der Grundsatz, dass Staaten gemäß dem Territorialprinzip alles das gehören soll, was sich ihnen eindeutig zuweisen lässt. Hier ist ein Transferprinzip wirksam, wonach der legitime Besitzer des Territoriums auch Besitzer der Objekte wird, die sich auf dem Territorium befinden. Staaten können dann sekundär die Ausbeutung von Ressourcen privaten Unternehmen überlassen, etwa per Pachtvertrag mit internationalen Rohstoff-Konzernen. Aber sie handeln bspw. nicht untereinander mit dem Besitz an Rohstoffvorkommen; deren nationaler Besitz gilt als eine gleichsam sakrosankte Vorstellung. Die Idee wirkt so unantastbar und unverrückbar, dass es leichter scheint, einen fremden Staat militärisch zu okkupieren oder zu kolonialisieren, um an seine Rohstoffe heranzukommen, als auf legale Weise Eigentümer „seiner" Rohstoffe zu werden. Wir empfinden Einzelstaaten als *natürliche* Eigentümer ihrer Ressourcen – so als ob Staaten selbst natürlichen Ursprungs wären und ihre Besitzbeziehung zu den Rohstoffen derjenigen gliche, die zwischen Frau Lehmann und dem Schatzfund auf ihrem Grundstück besteht.

Wann immer eine Idee so natürlich und unantastbar wirkt wie diese, sollte die Philosophie, verstanden als Sprachrohr der politischen Öffentlichkeit, eine kritisch prüfende Funktion übernehmen. Eine skeptische Frage lautet dann so: Warum gibt es für Rohstoffe keine anderen Eigentumsbeziehungen als die genannten – nämlich das Allmendeprinzip, das sich wegen der drohenden Übernutzung als gefährlich erweist, und das Territorialprinzip, das die Nutzung von Ressourcen in kontraintuitiver Weise partikularisiert? Ich lasse im Folgenden die Schwierigkeiten des Allmendeprinzips beiseite und wende mich dem Territorialprinzip zu.

Was für die Frage nach den legitimen Eigentümern der Ressourcen dieser Welt tatsächlich von zentraler Bedeutung ist, lässt sich in vier grundlegenden eigentumstheoretischen Fragen zusammenfassen, nämlich: (1) Was kann überhaupt zum Gegenstand eines Eigentumsanspruchs im oben beschriebenen Sinn eines exklusiven Nutzungsanspruchs werden? Und wovon sollte es keinen nicht-kollektiven Besitz geben dürfen? (2) Wodurch lässt sich Eigentum legitimieren? Wie kann man nachvollziehbar machen, dass jemandem, wie wir sagten, ein komplettes, exklusives, unbefristetes und übertragbares Verfügungsrecht über etwas zukommen soll? (3) Welche Grenzen sind einer legitimen Eigentumsnutzung zu ziehen? In welchen Fällen überwiegen fremde Interessen an einem Gegenstand die Bedeutung des Eigentumsrechts? Schließlich (4): Genügt es, in der Frage nach der Legitimität von Eigentum Individuen isoliert in den Blick zu nehmen? Oder muss man zusätzlich Fragen der interpersonalen Besitzverteilung berücksichtigen?

Ich gehe diese Fragen nicht der Reihe nach durch, sondern bringe sie unter einer einzigen Leitfrage zusammen, nämlich: Kann man im selben Sinn Eigentümer an Ressourcen sein, in dem man zum Eigentümer eines Kugelschreibers oder eines Zufallsfunds werden kann?

Sehen wir uns das Territorialprinzip etwas genauer an. Was den Rohstoffbesitz von Einzelstaaten vom Beispielsfall des Besitzes eines Kugelschreibers unterscheidet, ist (a), dass Kugelschreiber reichlich vorhandene und leicht verfügbare Güter sind, an denen keine Knappheit herrscht, und dass daher mein Besitz eines Kugelschreibers praktisch nie eine problematische Form der Exklusivität zur Folge hat; es sind kaum Fälle vorstellbar, in denen mein ausschließlicher Eigentumsanspruch für andere zum Problem wird. Und im Unterschied zum Beispielsfall von Frau Lehmanns Obstgarten erzeugt die Zuweisung von Ressourcen gemäß dem Territorialprinzip das Problem (b), dass hier möglicherweise übergeordnete Interessen ins Spiel kommen. Anders als wenn in einem Garten eine Schatztruhe gefunden wird, zu der sich kein Altbesitzer ausfindig machen lässt, sind Rohstoffvorkommen in einem menschheitlichen Interesse und sollten nicht ohne Weiteres partikularisiert werden. Die Ressourcen, die eingangs als knapp und endlich beschrieben wurden, sind für alle Erdbewohner von einer so vitalen Bedeutung, dass man die Frage aufwerfen muss, ob hier nicht eher die Idee der Sozialpflichtigkeit von Eigentum zur Geltung gebracht werden sollte als die eines Transferprinzips wie bei der Schatztruhe.

Betrachten wir die Legitimitätsbedingungen des Transferprinzips. Wann ist jemand der legitime Eigentümer eines Objekts, das sich zufällig auf seinem Grundstück befindet? Offensichtlich dann, wenn kein übergeordneter Gesichtspunkt vorhanden ist. Der Schatzfund in unserem Beispiel soll folgende eigentumstheoretisch relevante Koordinaten aufweisen: Die Truhe enthält Goldmünzen, deren früherer Besitzer Müller ohne ermittelbare Nachkommen verstorben ist. Die Münzen sind von Müller legal erworben worden, stammen also nicht z.B. aus einem Diebstahl. Und es handelt sich bei ihnen nicht um Objekte öffentlichen Interesses, etwa um seltene römische Goldmünzen, die in einem Museum ausgestellt werden sollten. Der ängstliche Müller hat einfach sein gesamtes Vermögen in Goldmünzen angelegt, die er im Garten vergraben hat. Frau Lehmann ist die korrekte Nachbesitzerin des Grundstücks und damit auch – wenn auch unwissentlich – die der Goldstücke. Was man sich hierbei klarmachen kann, ist: Wären übergeordnete fremde Interessen im Spiel, so würde das Territorialprinzip außer Kraft gesetzt werden. (Zumindest sollte man Frau Lehmann aber auch so für den glücklichen Zufallsfund eine Steuerleistung vergleichbar einem Fall von Erbschaft abverlangen.) Frau Lehmann ist nur deswegen die legitime Eigentümerin der Müllerschen Goldmünzen, weil sich kein übergeordnetes Interesse identifizieren lässt, aufgrund dessen der Zufallsfund einer anderen Person oder der Allgemeinheit zuzuweisen wäre. Das Territorial- und Transferprinzip wird hier nur mangels eines vordringlichen Zuweisungsgrundsatzes angewandt.

Somit besteht ein entscheidender Analogiebruch zur Situation der globalen Ressourcenvorkommen: Diese sind, zumal in ihrer Knappheit und ihrem ständig wachsenden Wert für die planetare Menschheit, von herausragendem Interesse für alle Staaten der Erde und ihre Bewohner. Es kann also nicht von vornherein klar sein, wie sie verteilt werden sollten. Warum befinden sie sich dann gegenwärtig *ganz fraglos* in den Händen relativ weniger Einzelstaaten, wenn nicht gar in den Händen korrupter Machthaber oder politischer Eliten? Wäre hier nicht, anstelle der fragwürdigen Parallele zum Schatzfund im Obstgarten, korrekterweise an folgende Analogien zu denken: Das Ressourcenvorkommen verhält sich zur Weltbevölkerung wie der verfügbare Wohnraum unter Bedingungen extremer Wohnungsknappheit zur anspruchsberechtigten Bevölkerung? Oder wie die gesamte verfügbare Menge an Lebensmitteln unter Bedingungen einer Hungerkatastrophe zur Personengruppe, die ernährt werden soll?

Nehmen wir noch das Beispiel von Sandras Besitz eines Kugelschreibers als weiteren paradigmatischen Fall von Eigentumsbeziehung. Sandra darf sich mit ihm auch dann am Kopf kratzen oder ihn achtlos wegwerfen, wenn andere Personen eine angemessenere oder sachgerechtere Verwendung für den Stift hätten. Es ist unmittelbar klar, weshalb der Fall eines Kugelschreibers so unproblematisch ist: weil es sich um ein billiges, leicht erhältliches und für alle ausreichend zur Verfügung stehendes Gut handelt. Nichts davon gilt für die relevanten Ressourcen, um die es hier geht. Hinzu kommt, dass der Besitz eines Kugelschreibers nicht von den Rohstoffprivilegien oder aber der Ressourcenknappheit eines Landes abhängt. Ob Sandra nun Kolumbianerin ist oder aus Nigeria stammt, Isländerin ist oder Tamilin – der Besitz des Schreibstifts ist nirgends mehr oder weniger leicht möglich als anderswo. Einen großen Unterschied macht die Rohstoffausstattung eines Landes dagegen für Sandras tatsächlich grundlegende Lebensbedingungen: für ihren Lebensstandard, ihre Gesundheitsversorgung, ihre Arbeitsmöglichkeiten, ihre Bildungschancen, ihre Alterssicherung – kurzum für ihre Lebensqualität und ihre Lebenserwartung. Es wäre nur schwer einzusehen, warum Sandras Heimatland gerechtfertigtermaßen privilegiert oder unterprivilegiert sein sollte mit all den genannten Folgen für sie – und das nur, weil Sandra hier geboren wurde und nicht in 50 Kilometern Entfernung.

Sicherlich trifft nun der Hinweis zu, dass es sich beim Eigentumsprinzip um eines der zentralen frühneuzeitlichen Menschenrechte handelt, an die man nicht rühren sollte. Aber das gilt natürlich primär im Sinn einer subjektiven Individualrechtsbeziehung; es gilt im Sinn eines *Abwehrrechts des bürgerlichen Individuums* gegen einen potentiell übergriffigen Staat. Dass auch Institutionen, Korporationen und Organisationen Eigentumsrechte erwerben können, steht zwar außer Frage. Aber diese haben klarerweise ähnliche Ersterwerbsbedingungen zu erfüllen wie menschliche Individuen; und die Grenzen ihres Verfügungsrechts sind ähnlich eng zu ziehen. Doch nur bei Staaten nehmen wir fragwürdigerweise an, sie seien in irgendeinem ursprünglichen, unmittelbaren und unabgeleiteten Sinn die legitimen Besitzer und Verwalter der Güter und Ressourcen ihres Territoriums. Mir scheint hier ein obskurer Nationalismus im Hintergrund präsent zu sein („Nationalismus" im Sinn des begrifflichen Gegenteils von „Kosmopolitismus"). Dabei spielt der für das Völkerrecht besonders grundlegende, aber auch besonders angreifbare Begriff eines „Volkes" eine eminente Rolle. Dass hier ein ganzes Nest von Absurditäten liegt, lässt sich aus einem aktuellen Beispiel ersehen: Warum sollte Russland der legitime Eigentümer derjenigen Bodenschätze der Arktis sein, die derzeit am Meeresgrund entdeckt werden, nur weil die Lagerstätten in Verbindung zum russischen Festlandssockel stehen? Wie kann eine geologische Formation einen rechtlichen Anspruch fundieren?

Prekäre Eigentumsfälle sind generell diejenigen, bei denen das betreffende Gut entweder (i) knapp ist (wie bei Wasser oder fossilen Energieträgern) oder (ii) eine besonders elementare Bedeutung für Menschen hat (wie im Fall von Bildung, Lebensmitteln, Medikamenten oder Wohnungen) oder aber (iii) Konflikte um das dahinterliegende Eigentumsprinzip auslöst (bspw. im Fall von ideellem oder geistigem Eigentum). Anders als im Fall von Sandras Kugelschreiber stoßen wir bei den Beispielen aus den Kategorien (i)-(iii) sofort auf gravierende zusätzliche Probleme, die philosophisch klärungsbedürftig sind. Betrachten wir folgende Fragen: Darf ein Hauseigentümer ein denkmalgeschütztes Gebäude abreißen lassen? Ist es hinzunehmen, wenn ein Pharmahersteller sein Wissen um ein Heilmittel, also sein geistiges Eigentum, nicht zur Herstellung eines Medikaments nutzt – z.B. weil das Präparat nicht genügend Gewinn abwirft? Zählt in den genannten Fällen das

Eigentumsrecht oder das öffentliche Interesse an der Produktion des Arznei-
mittels mehr? Wem gehört die Antarktis, wem der Weltraum in Erdnähe,
wem die Mondoberfläche? Denen, die zuerst dort Fähnchen aufgesteckt oder
Besitzansprüche deklariert haben, so wie dies die Badegäste einer Hotelanla-
ge auf Mallorca tun, wenn sie sich Pool-Liegen durch das Ablegen von
Handtüchern reservieren (*prima occupatio*)? Kann jemand einen älteren
Eigentumsanspruch geltend machen, wenn ein anderer das betreffende Gebiet zwischenzeitlich jahrzehntelang bewirtschaftet hat? Was berechtigt dazu,
Besitz in Form von Schenkung oder Erbschaft weiterzugeben? Darf ein
Großgrundbesitzer seine Ländereien unbebaut lassen, obwohl in der Region
eine Hungersnot droht?

Das *prima occupatio*-Prinzip ist historisch gesehen eng mit dem Territorialprinzip verquickt: Als legitimes Staatsgebiet eines Landes gilt dasjenige
Territorium, das dieser zuerst („ursprünglich") okkupiert hat. Der Gedanke
einer legitimierenden Kraft der *prima occupatio* ist mit dem Grundsatz verbunden, wonach ein einmal als Eigentum vergebenes Gut fortan unantastbar
ist. Das ist aus mehreren Gründen fragwürdig. Einer davon ist, dass John
Lockes Überlegung, legitimes Eigentum entstehe nicht schon durch Erstok-
kupation, sondern erst durch Vermischung mit Arbeit, in dieser simplen Ei-
gentumslegitimation keinen Platz findet. Eine andere Überlegung ist, dass
das Erstokkupationsprinzip streng genommen hier gar nicht dasjenige sein
kann, was in der Frage von Staatsterritorien tatsächlich im Spiel ist und die
Begründungslast trägt – denn sonst müsste man ja z.B. in Mitteleuropa der
keltischen Bevölkerung, die das Territorium vor der römischen und germani-
schen Besiedelung bewohnte, Restitutionsansprüche einräumen – sagen wir
den heutigen Iren oder den Bewohnern der Färöer-Inseln. Aber auch Lockes
Rechtfertigung von Eigentum ist zweifelhaft, weil sie fälschlich suggeriert,
es gebe ein bestimmtes Maß an Arbeit, das den bearbeiteten Gegenstand
definitiv zu *meinem* Besitz macht. Faktisch kann jedoch niemand ein solches
Ausmaß angeben. Die Situation lässt sich mit Robert Nozicks Beispiel von
der Dose Tomatensaft beschreiben, die sich zuverlässig in meinem Besitz
befindet. Kippe ich den Tomatensaft in den Ozean und vermische damit
etwas, das mir verlässlich gehört, mit etwas, das bislang niemandes Eigentum war, dann entsteht klarerweise kein vernünftig legitimierbarer Besitzan-
spruch auf das Meer. Es sind im Grunde unsere persönlichen Eigentumsinteressen, die uns hier in die Irre führen, indem sie uns suggerieren, wir seien
die unverbrüchlich legitimen Besitzer unserer Güter, und zwar aufgrund
unserer Talente und Leistungen, unserer Ideen und Bemühungen (oder derer
unserer Vorfahren oder Nächststehenden).

Es scheint in der Tat unmöglich, die Idee von Eigentum in einem substantiellen Sinn unter Hinweis auf eigene Leistungen oder die der eigenen
Vorfahren zu verteidigen, und zwar nicht nur wegen Nozicks Bedenken,
sondern auch wegen der Schwierigkeiten bei der präzisen Beurteilung der
jeweiligen Eigenleistung. Die These erscheint vielleicht auf den ersten Blick

als provokativ, weil sie das Leistungsprinzip zu negieren scheint. Aber bei näherem Hinsehen erweist es sich als reichlich aussichtslos, jemandes Leistungsanteile entweder in einem subjektiven Sinn (nach Maßgabe der Anstrengungen, die jemand unternimmt) oder in einem objektiven Sinn (gemessen an jemandes Beitrag zum gesamten gesellschaftlichen Kooperationsertrag) ermitteln zu wollen. Was Besitz prinzipiell legitim macht (und wo andererseits dessen Sozialpflichtigkeit beginnt), kann immer nur Ausdruck einer gesellschaftlichen Konvention sein. Eine öffentliche Debatte darüber, durch welche substantiellen Leistungen eines Individuums dessen Eigentum legitimiert sein mag, wäre daher uferlos. Das bedeutet nicht, dass man den Eigentumsgedanken preisgeben müsste; es heißt aber, dass wir ihn nicht substantialistisch, sondern lediglich kontraktualistisch und konsequentialistisch rechtfertigen können. Die Aussicht auf individuelles Eigentum, das weit über den persönlichen Bedarf hinausgeht, bildet einen besonderen Anreiz für die Ausbildung herausragender Talente und für den Einsatz des vollen Leistungswillens. Man muss sich klarmachen, dass das sozioökonomische Kooperationsgeschehen komplex und unentwirrbar multifaktoriell ist. Innerhalb dieses Geschehens sind individuelle Verdienste nicht isoliert zu ermitteln. Jedoch sehen wir, dass es im Prinzip sinnvoll ist, den Einsatz von leistungsfähigen Individuen zu honorieren und damit deren Eigennutzperspektive anzustacheln. Unsere Intuition wird allerdings dadurch herausgefordert, dass wir manchmal meinen, Individualbesitz nehme eine kategorisch-moralische Dimension an, sei also unbedingt schützenswert. Manchmal glauben wir aber auch, die Belange der Gemeinschaft seien vorrangig und Kollektivbesitz sei vorziehenswert (*bonum commune*-Prinzip). Wie gelangen wir zu einer überzeugenden Lösung für das Problem der Eigentumsrechte an Ressourcen?

Ich denke, dass die bei weitem überzeugendste Lösung für diese dilemmatische Situation in der Annahme eines ursprünglichen Selbstbesitzes aller Individuen einerseits und eines ursprünglichen Gemeinbesitzes aller Güter der Erde andererseits liegt. Die Annahme eines ursprünglichen Selbstbesitzes impliziert die Idee der Menschenrechte oder moralischen Rechte für natürliche Personen: Niemand hat tieferreichende Ansprüche auf mich (meine körperliche und psychische Unversehrtheit, meine Meinungs- und Religionsfreiheit usw.), als ich selbst sie geltend machen kann. Hierzu gehört das individuelle Eigentumsrecht, welches materielle und ideelle Güter einschließt, die mit dem Leben von Individuen in direkter Beziehung stehen. Ursprünglicher Gemeinbesitz wiederum meint, dass sowohl die natürlichen Ressourcen der Erde (also der Boden, das Wasser, die Früchte und andere Nahrungsmittel, Energieträger, industrielle Rohstoffe u.a.) allen Menschen gehören als auch die von Kulturen in früheren Epochen der Menschheitsgeschichte geschaffenen Güter (Infrastruktur- und Kulturgüter). Die Annahme eines ursprünglichen Gemeinbesitzes gilt mit dem Vorbehalt einer *Es sei denn*-Klausel: Wenn wir glauben, dass es *ceteris paribus* besser ist (z.B. aus Effizienzgründen), wenn ursprüngliche Gemeingüter zu exklusiv besitzbaren

Gütern werden, dann kann dies durchaus einen guten Sinn haben. Eine solche Eigentumsregelung beruht jedoch auf dem Vorbehalt, dass es stets latent bei der Vorrangigkeit des *bonum commune* gegenüber partikularen Eigentumsinteressen bleibt (wie das Beispiel unserer gängigen Enteignungspraxis zeigt, welche privaten Grundbesitz für den Bau von öffentlicher Verkehrsinfrastruktur verfügbar macht). Ähnlich gelagert ist unsere geteilte Idee eines Schutzes für geistiges Eigentum: Wenn jemand einen kreativen Einfall hat oder eine bedeutende Entdeckung macht, glauben wir gewöhnlich, er sollte die Früchte seiner Leistung ganz oder teilweise zu seinem eigenen Vorteil nutzen können. Genau genommen ist der Gedanke aber angreifbar, dass jemand im strengen Sinn Eigentümer seiner Gedanken sein kann. Zum einen entstehen Gedanken immer in sozialen, kulturellen und historischen Kontexten, von denen sie zutiefst geprägt sind; worauf jemand in seinen Gedanken kreativerweise kommt, ist stets durch seine Umgebung, Gesprächspartner, Lektüre, kurzum durch äußere Anregungen bestimmt. Einerseits sollen also Musiker, Maler und Romanschriftsteller ebenso wie die Besitzer von Patenten von ihrem Können und Wissen profitieren; andererseits wiederum muss es wegen des umfassenden menschheitlichen Interesses auch eine begrenzte Laufzeit ihrer Eigentumsrechte geben. Dasselbe gilt generell für die Idee einer Sozialpflichtigkeit von Eigentum. Auch an diesem Beispiel zeigt sich, dass das Eigentumsprinzip auf einem konventionellen Effizienzgedanken beruht; erschöpft sich dessen Wirksamkeit oder ergeben sich dringliche sozialpolitische Herausforderungen, so muss das Eigentumsprinzip in geeigneter Weise relativiert werden, ohne dass man soweit gehen sollte, die leistungsbereiten Individuen grundsätzlich und dauerhaft abzuschrecken.

2   Gerechtigkeitstheoretische Überlegungen

Damit zur Frage der Gerechtigkeit. Gerechtigkeit bildet zweifellos eine unserer zentralen normativen Vorstellungen in Ethik und Politischer Philosophie. Wenn uns eine *Person* als gerecht erscheint, betrachten wir dies als einen hochgradig lobenswerten Charakterzug; eine ungerechte *soziale Situation* oder *politische Institution* finden wir tief empörend und verlangen ihre Korrektur. Unsere alltägliche Gerechtigkeitsintuition basiert i.d.R. auf einer von zwei traditionellen Ideen. Entweder meinen wir, gerecht sei es, dass jedem das Seine zukommt; jeder erhält dann, was er verdient, und zwar entweder im positiven Sinn eines Vorteils oder Nutzens, oder im negativen Sinn eines Nachteils oder Schadens. Oder aber wir denken an die Idee einer angemessenen Gleichheit; als gerecht gelten dann eine Gleichbehandlung gleicher Fälle sowie eine Ungleichbehandlung ungleicher Fälle. Die beiden Ideen von Gerechtigkeit, das absolute und das interpersonale, können auch zu komplexen Hybriden kombiniert werden. Es ist keine Übertreibung zu sagen, dass Gerechtigkeit in der gegenwärtigen Politischen Philosophie das wichtigste normative Konzept überhaupt darstellt: Die Mehrzahl der aktuellen Theoriebeiträge nimmt in mehr oder weniger direkter Form Bezug auf das Werk von John Rawls, welches um diesen Begriff kreist. Und Rawls hat seine Gerechtigkeitstheorie nicht auf die binnenstaatliche Ordnung beschränkt, sondern auch auf Fragen der internationalen Ordnung ausgedehnt, wenn er dabei auch keinen Blick auf die globale Ressourcenordnung geworfen hat.

Gegenwärtig existieren 195 Staaten auf der Erde. Betrachtet man die aktuelle politische Weltlage, so springt sofort ins Auge, dass wir es mit einer Reihe von Schwierigkeiten zu tun haben, die ihrem Umfang nach unmöglich von dieser Vielzahl isolierter Einzelstaaten („Nationalstaaten") bewältigt werden können. Ein einleuchtendes Beispiel für ein solches transnationales Problem ist die Wahrung oder Wiederherstellung des ökologischen Gleichgewichts: Kein Staat dieser Erde kann allein auf sich gestellt die Klimaerwärmung abwenden, das Ozonloch verringern oder die Verschmutzung der Weltmeere bremsen. Um ein Gerechtigkeitsproblem handelt es sich insofern, als man die schwierige Frage zu beantworten hat, welcher Akteur aus welchen Gründen welche Lasten zu tragen hat. Sollen sich alle Staaten gleichermaßen auf restriktive Grenzen für die CO_2-Emission verständigen? Oder muss man Ländern wie Indien und China günstigere Bedingungen einräumen – etwa weil sie sich nicht wie die älteren Industrieländer bereits seit dem 19. Jahrhundert an der globalen Luftverschmutzung beteiligt haben?

Ähnliche Probleme mit der globalen Gerechtigkeit entstehen mit Blick auf das Weltwirtschaftssystem und die Rohstoffverteilung und -nutzung. Betrachten wir die internationale Ausgangslage der aktuellen globalen Ressourcenverteilung, so fällt auch hier auf, dass wir von einer auch nur halbwegs fairen Verteilung fast maximal weit entfernt sind: So sind etwa die erdölproduzierenden Staaten – z.B. Saudi-Arabien, Brasilien oder Libyen – gegenüber ihren Nachbarn ohne entsprechende Vorkommen – sagen wir Jemen, Argentinien oder Sudan – entscheidend privilegiert. Nun weiß jeder, der auch nur eine geringe Ahnung von der Konstitution der modernen Staatenwelt seit dem 18. oder 19. Jahrhundert hat, dass die Grenzziehungen zwischen den Staaten weitgehend kontingent verliefen und etwa mit kriegerischen Auseinandersetzungen, Annexionen und Sezessionen, nationalen Unabhängigkeitsbewegungen und kolonialen Machtansprüchen verbunden waren. Sie hatten zu keinem Zeitpunkt etwas damit zu tun, dass die sozioökonomischen Lebensbedingungen einer Bevölkerung – etwa nach dem antiken Autarkieprinzip – sichergestellt werden sollten. Auch hatten sie kaum etwas mit dem völkerrechtlichen Grundsatz des „Selbstbestimmungsrechts der Völker" zu tun. Selbst in den seltenen Ausnahmefällen, in denen ein Einzelstaat tatsächlich einmal ethnisch homogen und dem Einigungswillen einer Nation entsprungen sein mag, war und ist es dennoch auf keine Weise garantiert, dass die Staatsterritorien insgesamt günstige Lebensbedingungen eröffnen würden, etwa genügend Wohngebiete, landwirtschaftliche Nutzfläche,

Rohstoffe zur Energiegewinnung, vorteilhaftes Klima usw. Nun mag man darauf hinweisen, dass es manchen Einzelstaaten gelingt, die faktisch ungünstigen Bedingungen ihrer Lebenssituation, z.B. die Rohstoffarmut ihres Landes, durch besondere Tüchtigkeit, Erfindergeist oder Risikobereitschaft zu kompensieren. Aber natürlich hängt der Erfolg einer solchen Kompensationsstrategie von keineswegs selbstverständlichen psychosozialen und historisch-kulturellen Faktoren ab. Am besten gelingt diese Strategie zweifellos verinnerlicht-asketischen Kulturen des protestantischen oder konfuzianischen Typs, relativ schlecht dagegen Kulturen mit stärker extrovertierten und hedonistischen Lebensentwürfen. Gegeben also das Faktum, dass die grundlegenden Lebensbedingungen der Weltbevölkerung, welche kontingentermaßen in territorial voneinander abgegrenzten Einzelstaaten lebt, zufällig sehr günstig und zufällig sehr ungünstig ausfallen können, kann man die Fiktion eines fairen Wettbewerbs der Staaten und Gesellschaften unter egalitären globalen Wettbewerbsregeln nicht aufrechterhalten.

Aus der Gerechtigkeitsperspektive weist das internationale System von Einzelstaaten einen grundlegenden, nicht leicht systemimmanent zu überwindenden Geburtsfehler auf: Niemand hat die Weltbevölkerung je gefragt, welche Weltordnung sie für wünschenswert hält. Wendet man das Rawlssche Gedankenexperiment vom „Schleier des Nichtwissens" auf Fragen der Weltordnung, darunter das Territorialprinzip, an, so kann man nur zu einem sehr skeptischen Resultat gelangen. Es ist nicht einzusehen, warum irgendwelche der augenblicklich auftretenden Akteure als die angemessenen Repräsentanten der Weltbevölkerung gelten sollten, solange sie von dieser dazu nicht ausdrücklich legitimiert worden sind oder doch zumindest als hypothetisch legitimierbar gelten können. Sowohl die traditionellen *global players*, also die Staaten, Staatengruppen, internationalen Organisationen oder Militärbündnisse, als auch die neu hinzugekommenen Globalakteure, also die Wirtschaftsunternehmen, die politisch-weltanschaulichen Nichtregierungsorganisationen, die Religionsgemeinschaften etc., sind weit davon entfernt, den Willen der Weltbevölkerung zu repräsentieren – und zwar sowohl in einem deskriptiven als auch in einem normativen Sinn. Vielleicht wirkt diese These insofern provokativ, als sie Staaten mit nicht-politischen, i.d.R. nicht-demokratischen Akteuren auf eine Stufe stellt. Aber zu bedenken ist, dass jeder heute existierende Einzelstaat – ob demokratisch legitimiert oder nicht – ebenso wie jede noch so repressiv strukturierte Institution oder Religion und wie jedes noch so eigennützig orientierte Unternehmen einen massiven strategischen Interessenvorbehalt zugunsten seiner eigenen Staatsbürger und gegen den Rest der Weltbevölkerung vornimmt. Das kommt besonders in der vorteilsorientieren Außen-, Wirtschafts- oder Verteidigungs- und Ressourcenpolitik der gegenwärtigen Einzelstaaten zum Ausdruck; die reichen Staaten der Erde verweigern sich z.B. weitgehend einer globalen Sozialpolitik, da sie der eigenen Bevölkerung gravierende Nachteile einbrächte.

Betrachtet man die politische Organisationsform der Welt aus diesem Blickwinkel, so kann von deren moralisch angemessenem Zustand immer nur dann die Rede sein, wenn sichergestellt ist, dass dieser aus einem *Legitimationsverfahren seitens der gesamten Weltbevölkerung* hervorgegangen ist oder doch einem hypothetischen Legitimationstest gewachsen wäre. Setzt man aber zur Konstruktion eines adäquaten politischen Gebildes im Weltmaßstab das Gedankenexperiment eines globalen Urzustands an, wie dies bekanntlich einige der Rawls-Schüler getan haben, etwa Ch. Beitz oder Th. Pogge, dann gelangt man keinesfalls zu einem Resultat, das es erlauben würde, ernsthafte Rechtsverzichte, substantielle Einbußen bei der individuellen Güterausstattung oder bedeutende Regelungsdefizite zu akzeptieren. Exakt dies sind jedoch die Nachteile, die man im gegenwärtigen wie in jedem anderen System von souveränen Einzelstaaten zwangsläufig hinnehmen muss. Das scheint mir ein starker Einwand zu sein: Warum sollte sich jemand aus der Perspektive des Urzustandswählers für das stark suboptimale gegenwärtige (oder für ein modifiziertes künftiges) Staatensystem entscheiden? Würde ein rationaler Akteur, der sich im Urzustand hinter einem Schleider der Unwissenheit befindet, bspw. ein globales System auswählen, bei dem bestimmte Bürgerrechte (politische Partizipationsrechte, Freizügigkeit, Niederlassungsfreiheit oder freie Berufswahl) den jeweiligen Staatsbürgern vorbehalten werden, einem in diesem Land lebenden Ausländer dagegen (was ja seine künftige Rolle sein könnte) gar nicht oder doch nicht vollständig offen stünden? Würde er unter allen möglichen Weltordnungen für eine solche optieren, in der die souveränen Einzelstaaten ein strategisch-instrumentelles Verhältnis zueinander unterhielten und in welcher daher mit außenpolitischen Verwicklungen zu rechnen wäre?

Nehmen wir einen besonders krassen Fall: Wäre jemand damit einverstanden, möglicherweise als einer ethnischen Minderheit angehörende Ausländerin in einem geschlechterdiskriminierenden, religiös dogmatischen, kulturell um Homogenisierung bemühten sowie nationalistischen Land zu leben? Unter den genannten Prämissen gäbe es kaum Hoffnung auf eine hinreichend menschenwürdige Lebensführung. Zum selben Ergebnis führt m.E. ein Blick auf das globale Ressourcenproblem: Was könnte ein Individuum, das man sich im globalen Urzustand vorstellt, dazu bewegen, die Scheidung der Welt in extrem reiche und extrem arme Regionen oder Kontinente zu akzeptieren, solange es selbst zu den ganz Armen gehören könnte? Man muss hier mehr konzedieren als eine Konzeption der „korrektiven Gerechtigkeit", welche eine weltweite Umverteilung auf das Prinzip stützen will, Entschädigungen ausschließlich für ein bis heute nachwirkendes historisches Unrecht, z.B. für Sklaverei oder Kolonialismus, zu leisten. Dagegen kann man mit guten Gründen einwenden, dass das Verursacherproblem für die moralische Pflicht zur Hilfeleistung unerheblich ist. Welche Personen, Institutionen, sozialen Bewegungen oder Zufallsumstände das gegenwärtige Unglück der Bevölkerung in den ärmsten Ländern auch immer ausgelöst haben mögen: Es handelt sich dabei nicht um eine präzise nachvollziehbare und insofern korrigierbare Schuld. Mehr noch, das historische Versagen, die Verbrechen oder Fehlleistungen irgendwelcher Vorfahren dürfen *mir* ebenso wenig moralisch exklusiv angelastet werden, wie ich umgekehrt aus ihren Leistungen, Errungenschaften und Verdiensten einen exklusiven Nutzen ziehen darf. Die Hilfspflicht ist im Fall des Weltarmutsproblems sowohl vom Schuldprinzip als auch vom Leistungsprinzip abzulösen.

Alle diese Argumente scheinen mir auf folgende Überlegung hinauszulaufen. Warum sollten ausgerechnet die bestehenden Staaten einen Primat erhalten? Warum gelten sie als primäre Eigentümer der Ressourcen dieser Erde? Es handelt sich bei ihnen um völlig kontingent entstandene, im internationalen Vergleich meist deutlich über- oder unterausgestattete Körperschaften, von denen man nicht sehen kann, weshalb sie die Ausgangsbasis einer gerechten Weltordnung bilden sollten. Zwar liegt es auf der Hand, dass man sie auch auf längere Sicht nicht abschaffen oder ersetzen kann; dafür sind die Beharrungskräfte des Nationalstaatsgedankens zu groß. Möglich ist aber zumindest eine Relativierung ihrer augenblicklichen Privilegierung, ja Primärzuständigkeit. Bezogen auf das Ressourcenproblem bedeutet dies, dass man dem Grundsatz, wonach die planetaren Ressourcen der Menschheit insgesamt gehören, Eingang in die politische Weltordnung verschaffen muss.

Ein interessanter Vorschlag zur schrittweisen Aufhebung der globalen Ungerechtigkeit mit Blick auf die Ressourcen stammt von Thomas Pogge (1998 und 2002). Pogge beschreibt die Ausgangslage wie folgt: Die gegenwärtig bestehende radikale Ungleichheit ist von den westlichen Ländern verursacht und wird von ihnen aufrechterhalten. Dabei ist nicht nur an den Kolonialismus, die Sklaverei oder die Ressourcenausbeutung vergangener Jahrhunderte zu denken. Hinzu kommt das gesamte Schema gegenwärtiger Interaktionen, d.h. die Ausrichtung der Landwirtschaft armer Länder an der Nachfrage in den reichen Staaten, die Art der Investitionen, die Entwicklungshilfe, die Kredite, die Militärhilfen oder der Tourismus. Pogge verweist zudem darauf, dass allein schon die Bedingungen des Marktzugangs wettbewerbsverzerrende und umverteilende Konsequenzen nach sich ziehen. Die Art und Weise, wie die einzelnen Bestimmungen des internationalen Steuerrechts, Eigentumsrechts, Arbeitsrechts, Patentrechts, Urheberrechts, Investitionsrechts oder Seerechts strukturiert seien, ergebe sich aus gezielter Lobbyarbeit von Wirtschaftsverbänden bei den nationalen Regierungen der reichen Länder; entsprechend begünstige die gegenwärtige Rechtslage einseitig die ohnehin schon starken Wettbewerber. In dieser Lage müsse man auf die Vorstellung zurückgreifen, dass die Rohstoffe der Erde gemeinsamer Besitz der Menschheit seien (es scheint überzeugend, bestimmte Güter als Gemeingüter einer Gemeinschaft oder der Menschheit insgesamt anzusehen). Pogge geht nun nicht soweit, die Erträge des Rohstoffhandels enteignen zu wollen, sondern schlägt vor, einen geringen Betrag (z.B. einen Cent pro gehandeltem Barrel Erdöl) von den Förderländern zu erheben, den diese sich wiederum von den Kunden in den Abnehmerländern bezahlen lassen könnten. Eine solche „globale Rohstoffdividende" erbrächte Einnahmen in Höhe von mehreren Hundert Milliarden Euro, ein Betrag, der sich an die ärmsten Individuen auszahlen ließe und ihre Lage deutlich verbessern würde.

Die Tatsache, dass Ressourcen oder Rohstoffe aller Art knapp sind, ist soweit nicht das Bedrohlichste an der gegenwärtigen Situation. Grundsätzlich mag man es dem Erfindergeist von Ingenieuren, Polymer-Chemikern und Technikern zutrauen, dass sie neue Energiequellen erschließen, Werkstoffe erfinden und neue umweltverträgliche Transporttechnologien entwickeln. Provozierend ist vielmehr, dass die Ressourcen vollkommen ungleich verteilt sind. Es ist nämlich keineswegs der Fall, dass man in der globalen Ressourcenverteilung so etwas erkennen könnte wie einen weisen Plan der göttlichen Vorsehung, der dem einen die Ressource X und dem anderen die Ressource Y verliehen hat, so dass man insgesamt von einer fairen Ausgangssituation des wirtschaftlichen und sozialen Wettbewerbs zwischen den 195 Staaten auf der Erde sprechen könnte. Die Weltordnung ist *de facto* kompetitiv organisiert, und jeder Wettbewerb unterstellt – als notwendige Sinnbedingung seines Bestehens – die Idee einer prinzipiellen Gleichheit der Startbedingungen. Davon sind wir faktisch jedoch extrem weit entfernt.

Literatur

Beitz, Ch. 1979. *Political Theory and International Relations*, Princeton.

Chwaszcza, Ch./Kersting, W. (Hg.) 1998. *Politische Philosophie der internationalen Beziehungen*, Frankfurt am Main.

Höffe, O. 1987. *Politische Gerechtigkeit. Grundlegung einer kritischen Philosophie von Recht und Staat*, Frankfurt am Main.

Höffe, O. 1999: *Demokratie im Zeitalter der Globalisierung*, München.

Held, D./McGrew, A. (Hg.) 1999. *Global Transformations. Politics, Economics, and Culture*, Oxford.

Horn, Ch. 1996. Philosophische Argumente für einen Weltstaat, in: *Allgemeine Zeitschrift für Philosophie (21)*, 229–251.

Jones, Ch. 1999. *Global Justice. Defending Cosmopolitanism*, New York.

Maak, Th./Lunau, Y. (Hg.) 1998. *Weltwirtschaftsethik. Globalisierung auf dem Prüfstand der Lebensdienlichkeit*, Bern/Stuttgart/Wien.

Pogge, Th. 1998. Eine globale Rohstoffdividende, in: Chwaszcza, Ch./Kersting, W. (Hg.), *Politische Philosophie der internationalen Beziehungen*, Frankfurt am Main, 325–362.

Pogge, Th. 2002. *World Poverty and Human Rights*, Cambridge/Oxford.

Rawls, J. 1971/1999. *A Theory of Justice*, Cambridge.

Rawls, J. 1993. *Political Liberalism*, New York.

Shue, H. 1980/1996. *Basic Rights. Subsistence, Affluence, and U.S. Foreign Policy*, Princeton.

Globale Ressourcenknappheiten und Erdsystemgrenzen im Anthropozän

Treiber, Lösungsansätze und Ambitionsniveaus der Transformation zur Nachhaltigkeit

Dirk Messner

Die berühmte Prebisch-Singer-These (Prebisch 1950; Singer 1950) ging von einer säkularen Verschlechterung der *terms of trade* von Primärgütern (wie Rohstoffen, Nahrungsmitteln) aus. Prebisch und Singer begründeten dies mit der niedrigen Einkommenselastizität der Nachfrage nach Primärgütern. Steigt das Einkommen der Menschen, so steigt die Nachfrage nach Primärgütern (Salz, Nahrungsmittel) nur unterproportional. Dem gegenüber steht die hohe Einkommenselastizität der Nachfrage nach Industriegütern (wie Autos, Einrichtungsgegenstände) und Dienstleistungen (wie Tourismus). Steigt das Einkommen der Menschen, so erhöht sich deren Nachfrage nach Industriegütern und Dienstleistungen überproportional. Daraus ergab sich aus der Prebisch-Singer-Perspektive, dass Ökonomien sich tunlichst auf die Produktion von Industriewaren und Dienstleistungen ausrichten sollten. Die relativen Preise für Primärgüter und Ressourcen würden sich in einer prosperierenden Weltwirtschaft (im Vergleich zu den *terms of trade* für Industriegüter und Dienstleistungen) im säkularen Trend verschlechtern. Ressourcenbasierte Entwicklungsstrategien führten, so die Schlussfolgerung, daher direkt in Stagnationsfallen. Grundlage dieser Überlegungen waren auch die Annahmen von der großen Verfügbarkeit von Ressourcen und von den vielfältigen Möglichkeiten, Ressourcenverbrauch durch technologische Innovationen überflüssig zu machen (Substitution) oder zumindest stark reduzieren zu können.

Spätestens seit der Jahrtausendwende scheinen wir in einer post Prebisch-Singer-Welt zu leben (Ocampo/Parra 2003), obwohl die Grundüberlegungen zu den unterschiedlichen Einkommenselastizitäten der Nachfrage nach Primärgütern und Industriewaren sowie Dienstleistungen sicher weiterhin Gültigkeit besitzen. Die Preise für Ressourcen aller Art, insbesondere für Energieträger, Nahrungsmittel und für Mineralien, die für die industrielle Produktion von Bedeutung sind, steigen signifikant und in jedem Fall deutlich schneller als die Preise für Industrieprodukte. Korrigiert werden diese galoppierenden Preise nur in akuten ökonomischen Krisensituationen (wie z.B. während der Lehman Brothers-Krise). Sobald diese Notsituationen durchgestanden sind, setzt sich die Preisspirale bei den Primärgütern wieder in Gang. *Ressourcenknappheit* ist zu einem zentralen Thema der internationalen Politik geworden. Strategische Rohstoff- und Ressourcenpolitik gewinnt rund um den Erdball an Bedeutung.

In dem vorliegenden Beitrag wird argumentiert, dass es grundlegende und langfristige Trends gibt, die dazu führen, dass Ressourcenknappheiten zu einer zentralen Herausforderung der kommenden Dekaden werden kann und damit die Gefahr von Ressourcenkonflikten zunimmt, aber auch neue Entwicklungschancen für ressourcenreiche Länder entstehen. Zentraler Motor dieser Entwicklungsdynamik ist der steigende Wohlstand in der Weltgesellschaft und insbesondere das Wachstum in den aufsteigenden Ökonomien wie China, Indien und Brasilien – sie werden zu "drivers of global change" (Schmitz/Messner 2008), die auch den Ressourcenboom erzeugen. Der alte Wohlstand der OECD-Länder und der neue Wohlstand aufsteigender Ökonomien führt zu einer sukzessiven Erschöpfung wichtiger nicht-erneuerbarer Ressourcen (z.B. "peak oil") sowie zu einer Übernutzung prinzipiell erneuerbarer Ressourcen (wie Boden, Wasser, Wälder). Es wird schließlich gezeigt, dass die wirtschaftlichen Kräfteverschiebungen in der globalen Ökonomie nicht nur neue Ressourcenengpässe hervorbringen, sondern an die Grenzen des Erd*systems* führen. Der Klimawandel ist das derzeit augenscheinlichste Beispiel für diese Herausforderung. Andere Beispiele sind die Übersäuerung der Ozeane, die primär durch menschliche Zivilisationsmuster (also nicht mehr primär durch geologische oder natürliche atmosphärisch-kosmische Prozesse) getriebene Dynamik des Artensterbens sowie die in der Weltwirtschaft etablierten Landnutzungsformen, deren Umfang und Auswirkungen die natürliche jährliche Sedimentproduktion bereits erheblich übertreffen. Paul Crutzen, Chemie-Nobelpreisträger und „Entdecker" des Ozonlochs, argumentiert, dass die Menschheit nunmehr im „Anthropozän" angekommen ist (Crutzen et al. 2000; Crutzen/Schwägerle 2010). Sie ist eine, vielleicht die derzeit wirkungsmächtigste geologische Kraft im Erdsystem, kann dieses (intentional oder als Kollateralschaden der Fortsetzung ressourcen- und treibhausgasintensiven Wachstums) auf einen neuen Entwicklungspfad bringen sowie Kipp-Punkte im Erdsystem auslösen und muss daher Verantwortung für dessen Zukunft übernehmen. Erstmals in ihrer Geschichte wird die Menschheit zu einem, vielleicht dem entscheidenden *driver of global change* im Erdsystem selbst – mit ungewissem Ausgang. Hieraus ergeben sich Anforderungen an eine globale Nachhaltigkeitsagenda, die über die Diskussionen zur *Gestaltung der Globalisierung*, die seit den 90er Jahren geführt werden, deutlich hinausreichen.

1   Wohlstandssteigerungen in den „Entwicklungsländern" als Motoren des Ressourcenbooms

Ein zentraler Motor der stark steigenden Nachfrage nach Ressourcen und Nahrungsmitteln ist der endlich steigende Wohlstand in einer zunehmenden Zahl von Ländern, die lange „Entwicklungsländer" genannt wurden. Die Dynamik der Weltwirtschaft wird nicht mehr nur von den OECD-Ökonomien geprägt. In der aktuellen Weltwirtschaftskrise sind es vielmehr die „Schwellenländer", die für Wachstum in der globalen Ökonomie sorgen. Drei Typen von Wohlstandsschüben in den nicht-OECD-Ländern treiben den weltweiten Ressourcenboom.

Erstens hat sich in den vergangenen zwei Dekaden eine Gruppe von bevölkerungsstarken und schnell wachsenden Ökonomien herausgebildet, deren Nachfrage nach Ressourcen stetig und rasch steigt. China und Indien gehören in jedem Fall zu dieser Aufsteigergruppe. Aber auch Länder wie Brasilien, die Türkei und Indonesien wachsen auf hohem Niveau. Schaubild 1 verdeutlicht die wachsende Bedeutung dieser Ländergruppe in der Weltwirtschaft, die zukünftig die seit der industriellen Revolution vorherrschende Dominanz der westlichen Industriegesellschaften aufbrechen könnte (Messner 2011; World Bank 2011).

Mrd. US-$ zu konstanten Preisen von 2006

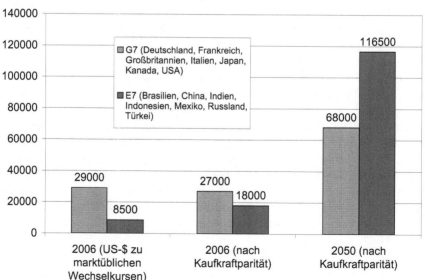

Quelle: PriceWaterhouseCoopers, 2008

Abbildung 1: E7 überholt G7. Relative Größen des Bruttoinlandprodukts von G7* und E7** in den Jahren 2006 und 2050 (eigene Darstellung nach der Projektion von Pricewaterhouse Coopers).

In den aktuellen Verschuldungskrisen Europas und in den USA wird die neue Abhängigkeit der alten Mächte von den devisenstarken Aufsteigerökonomien überdeutlich. Noch vor wenigen Jahren wäre eine solche Macht-, Interessen- und Abhängigkeitskonstellation, in der die OECD-Länder in die Bittstellerrolle geraten und vom Wohlwollen der finanzstarken „Schwellenländer" abhängen, unvorstellbar gewesen (Subramanian 2011). Aus der Ressourcenperspektive ist diese Dynamik wichtig, weil insbesondere China, aber auch einige andere der Hochwachstumsländer nicht einfach nur zusätzliche Nachfrager auf den Ressourcenmärkten darstellen, wie in den 60–80er Jahren bereits Länder wie Südkorea und Taiwan. Insbesondere China ist durch die Kombination von hohem Wachstum und Bevölkerungsstärke ein "driver of global change" (Kaplinsky/Messner 2008). Der Anteil Chinas am weltweiten Konsum von Basismetallen wie Kupfer und Zink stieg von Ende der 80er Jahre bis heute von 2–5% auf 20–30%. Damit verändert die Nachfrage Chinas die Gesamtstruktur der weltweiten Ressourcenmärkte. Der aktuelle weltweite Ressourcenboom wird also insbesondere von der hohen Wachstumsdynamik der Aufsteigerökonomien und dem dort wachsenden Wohlstand getrieben.

Zweitens wachsen aber nicht nur die großen Aufsteigerwirtschaften rasch und erhöhen damit die Nachfrage nach Rohstoffen aller Art. Die OECD (2010) hat durch einen Vergleich der weltweiten Wirtschaftsdynamiken in den 90er Jahren des 20. Jahrhunderts und der ersten Dekade des neuen Jahrhunderts gezeigt, dass im Verlauf der vergangenen Dekade viele Ökonomien Lateinamerikas, aber auch Afrikas eine deutlich über dem durchschnittlichen Wachstum der Weltwirtschaft liegende Wirtschaftsdynamik entfalten konnten (siehe Schaubild 2 und 3). Zu einem beträchtlichen Teil ist dieses Wachstum ressourcenexportgetrieben und damit ein Spiegelbild der hohen Ressourcennachfrage, die insbesondere in Asien generiert wird. Das stark ressourcenbasierte Wachstum in Ländern Lateinamerikas und Afrikas erhöht aber zugleich auch die weltweite Ressourcennachfrage. Das Wachstum induziert in diesen Ländern neue Investitionen, z.B. in die Infrastruktur und in den Wohnungsbau, die bspw. zu zusätzlicher Nachfrage nach Stahl führen und damit die Nachfrage nach Rohstoffen wie Eisenerzen und Kohle erhöhen, die zur Stahlerzeugung benötigt werden.

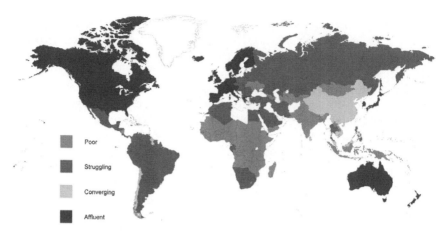

Abbildung 2: Wirtschaftsdynamiken I. Die „Welt der vier Geschwindigkeiten" in den 1990er Jahren (OECD 2010).

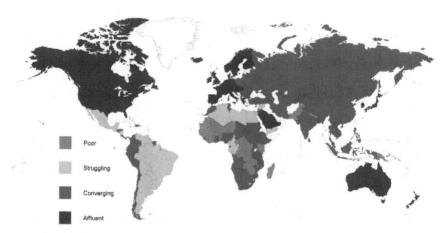

Abbildung 3: Wirtschaftsdynamiken II. Die „Welt der vier Geschwindigkeiten" in den 2000er Jahren (OECD 2010).

Legende: OECD shifting wealth categories

Affluent
- World Bank's high-income grouping
- > US $ 9,265 GNI in 2000 for the 1990s, > US $ 11,455 GNI in 2007 for the 2000s*

Converging
- GDP per capita growing more than twice the high-income OECD growth rate indicative of strong convergence to high-income OECD countries
- > 3.75% for the 1990s, > 3.0% for the 2000s

Struggling
- less than twice the high-income OECD rate of growth for the respective periods
- are middle-income at the end of the period
- US $ 755-US $ 9,265 GNI in 2000, ≤ US $ 935-US $ 11,455 GNI in 2007

Poor
- less than twice the high-income OECD rate of growth for the respective periods
- are low-income at the end of the period
- ≤ US $ 755 GNI in 2000, ≤ US $ 935 GNI in 2007

This group includes high-income OECD member countries and some non-member high-income economies.
Source: OECD (2010) based on World Bank (2009).

Drittens zeigt eine Perspektive auf Dynamiken in der Weltgesellschaft, dass die globalen Mittelschichten, also Menschen mit einem verfügbaren pro Kopf-Einkommen p.a. (in Kaufkraftparitäten) von über 4.000 US $ (und unter 40.000 US $), wachsen (Kharas 2010; siehe Tab. 1). 1990 zählten etwa 1,4 Mrd. Menschen zu dieser Gruppe, von denen 80% in den OECD-Ländern lebten. Bis 2030 wird die Zahl der Menschen mit einem Einkommen von über 4.000 US $ auf knapp 5 Mrd. ansteigen. 80% dieser Menschen werden dann in nicht-OECD-Ländern leben, wobei insbesondere die asiatischen Mittelschichten rapide wachsen. Diese Zahlen und die Dynamik des Wandels sind beeindruckend. Noch 1990, am Ende des Kalten Krieges, konzentrierte sich der Wohlstand und damit die globale Nachfrage vor allem in den alten Industrienationen. Seitdem verändert sich das Bild radikal. Der wachsende Wohlstand der globalen Mittelschichten und insbesondere die Entstehung großer Mittelschichten in vielen Ländern, die immer noch „Entwicklungs-länder" genannt werden, ist ein wesentlicher Treiber des aktuellen und zu-künftigen Ressourcenbooms. Deutlich wird dies z.B. im Nahrungsmittelsek-tor. Die wachsenden Mittelschichten Asiens näheren ihre Ernährungsstile zunehmend den westlichen Ernährungsmustern an, die auf einem hohen Konsum tierischer Produkte basieren. Dieser Ernährungsstil geht einher mit einem deutlich größeren Flächenverbrauch als Ernährungsgewohnheiten, die primär auf pflanzliche Agrargüter ausgerichtet sind. Der weltweit wachsende Wohlstand erhöht den Druck auf die knapper werdende Ressource „Boden" (WBGU 2009). Die Diskussionen über *land grabbing* in Afrika sind ein Ausdruck dieser Entwicklung.

Size of the Middle Class, Regions (millions of people and global share)

	2009		2020		2030	
North America	338	18%	333	10%	322	7%
Europe	664	36%	703	22%	680	14%
Central & Sout America	181	10%	251	8%	313	6%
Asia Pacific	525	28%	1740	54%	3228	66%
Sub-Sahara Africa	32	2%	57	2%	107	2%
Middle East & North Africa	105	6%	165	5%	234	5%
World	1845	100%	3249	100%	4884	100%

Tabelle 1: Wachsende globale Mittelschicht – in der nicht-westlichen Welt. Quelle: Kharas/Gertz 2010.

Betrachtet man diese drei Trends zusammen, wird deutlich, dass die Wohl-standsteigerungen in den „Entwicklungsregionen" die wesentlichen Motoren des Ressourcenbooms und damit auch der Preisexplosionen auf diesen Märk-ten sind, während die OECD-Ökonomien und deren Ressourcenverbrauch eher stagnieren. Dynamische Industrialisierungsprozesse in vielen „Entwick-lungsländern", der großskalige Ausbau von Infrastrukturen und Urbanisierungsschübe (insbesondere in Asien) sowie steigender Konsum übersetzen sich in entsprechende Nachfrageschübe auf den Primärgütermärkten (Spence 2011). Zu Beginn des 21. Jahrhunderts wird nun spürbar, messbar und sichtbar, was seit den 70er Jahren „abstrakt" diskutiert wird, nämlich dass das westliche Konsummodell nicht auf 7 Mrd. Menschen übertragen werden kann. "We simply can't scale up our existing growth patterns", hat Michael Spence (2011) diesen Sachverhalt auf einer Konferenz der Weltbank zu nachhaltigen Entwicklungsstrategien im September 2011 zusammengefasst. Doch derzeit findet gerade dieser Prozess statt – die in den alten Industrieländern etablierten Produktions- und Konsummuster dehnen sich in hohem Tempo auf wachsende Teile der „Entwicklungswelt" aus. Hofft man im Interesse der Menschen, dass sich Wohlstandsteigerungen in den im Vergleich zu den OECD-Ländern noch immer relativ „armen Ökonomien" fortsetzen können, werden zugleich drei Herausforderungen deutlich, denen man sich stellen muss, um Ressourcenkonflikte zu vermeiden und die Chancen des Ressourcenbooms zu nutzen:

1. Die Ressourcenproblematik kann auf keinen Fall von den OECD-Ländern allein erfolgreich bearbeitet werden. Ohne eine Kooperation zwischen den alten Industrienationen und den dynamisch wachsenden Ökonomien des ehemaligen „Südens" sind die Herausforderungen, die sich aus den skizzierten Ressourcenknappheiten ergeben, unlösbar. Ressourcenkonflikte wären die Folge.

2. Der Ressourcenboom eröffnet aber auch neue Chancen für ressourcenreiche Länder – insbesondere in Lateinamerika und Afrika. Doch hier stellen sich zwei zentrale und altbekannte Fragen. (a) Wie können die Risiken ressourcenbasierter Entwicklung („Ressourcenfluch", Entwicklungsfalle „Rentenökonomie") begrenzt oder vermieden werden (Karl 1997)? (b) Wie können die Chancen der steigenden Ressourcennachfrage in den jeweiligen Sektoren und Ländern/Regionen (z.B. Waldwirtschaft in Lateinamerika und im Kongo; Nahrungsmittelproduktion in Lateinamerika und Afrika; extraktive Industrien in Russland/Zentralasien) möglichst im Sinne einer nachhaltigen und inklusiven Entwicklung genutzt werden (ERD 2012)?

3. Wie können die raschen weltweiten Wohlstandsteigerungen (Vergrößerung der globalen Mittelschichten von 1,3 auf nahezu 5 Mrd. Menschen zwischen 1990 und 2030) radikal vom Ressourcenverbrauch entkoppelt werden (World Watch Institute 2010)?

2 Klimawandel: Ressourcenverknappungen und Erdsystemgrenzen – das Anthropozän wird sichtbar

Der menschenverursachte Klimawandel stellt die Menschheit vor historisch einzigartige Herausforderungen. Er verschärft auch zentrale Ressourcenprobleme in der Weltgesellschaft. Die existierenden Erkenntnisse (IPCC 2007) zeigen, dass in einem Prozess globaler Erwärmung, der die 2°C-Grenze überschreitet, vier Grundlagen jedweder Zivilisation unter hohen Anpassungsdruck kämen (Schaubild 4): (a) die Verfügbarkeit von Nahrungsmitteln und landwirtschaftlich nutzbarer Fläche; (b) das Trinkwasser; (c) die Energiebasis, die bisher vor allem auf der Verbrennung fossiler Energieträger basiert; (d) die Klimastabilität. Ein Blick auf die vier Grundlagen globaler Zivilisation zeigt, dass die globale Erwärmung unterschiedliche Typen von Ressourcenproblemen impliziert.

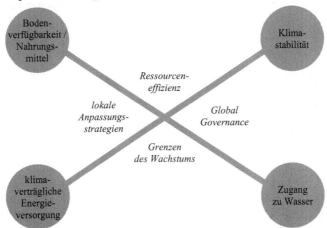

Abbildung 4: Beschleunigter Klimawandel setzt vier Grundlagen menschlicher Zivilisation unter Anpassungsdruck. Quelle: Messner 2011, 294.

Erstens führt sie zu einer tendenziellen Verknappung von Land, Nahrungsmitteln und Wasser, während die Nachfrage nach diesen Gütern aufgrund des Bevölkerungswachstums bis 2050 sowie der skizzierten Wohlstandschübe in der globalen Ökonomie steigt. Steigende Preise und potentielle Ressourcenkonflikte könnten die Folge sein. Land und Wasser könnten zukünftig zu umkämpften Ressourcen werden.

Zweitens steigt aufgrund des Wachstums in den aufsteigenden Ökonomien die Nachfrage nach fossilen Brennstoffen, die sich ebenfalls im Trend in höhere Ressourcenpreise (für Öl, Gas, Kohle) übersetzt. Physische Knappheiten zeichnen sich hier allerdings in mittelfristiger Sicht nur bei den Ölvorräten ab (Transformationszentrum der Bundeswehr 2010; "peak oil" wird von den meisten Beobachtern im Verlauf der kommenden Dekade ver-

mutet), während insbesondere die Weltkohlevorräte ausreichen, um die Welt
in ein wahres Treibhaus zu verwandeln (WBGU 2011). Kohle ist also kein
knappes, sondern (leider) ein reichlich vorhandenes Gut, dessen Verbrennung die globale Erwärmung antreibt. Hier steht die Weltgemeinschaft nicht
vor der Herausforderung, Knappheitsprobleme zu bearbeiten, sondern gerade
umgekehrt vor der Entscheidung, auf die Nutzung eines relativ preiswerten,
noch lange verfügbaren Energierohstoffes zu verzichten, um einen gefährli-
chen Klimawandel zu vermeiden. Zur *Energiesäule* gehört zudem auch der
Sachverhalt, dass Energie zunehmend auch aus Biomasse gewonnen wird.
Dieser Pfad kann zur klimaverträglichen Energieerzeugung beitragen, aber
auch Landnutzungskonflikte heraufbeschwören und gar die Ernährungssicherung gefährden, wenn die Biomasseerzeugung zur Energieproduktion die
klassische landwirtschaftliche Produktion verdrängt (WBGU 2009).

Drittens verweist die Bedeutung der Klimastabilität und die Notwendigkeit, die Treibhausgasemissionen zu senken, um das Klimasystem zu stabilisieren, darauf, dass die Aufnahmefähigkeit der Atmosphäre für menschen-
gemachte Emissionen (Senkenfunktion der Atmosphäre) begrenzt ist. Dies
ist kein klassisches Ressourcenproblem (Verknappung *einzelner Ressourcen*). Die bald erreichte Aufnahmefähigkeit der Atmosphäre verweist vielmehr auf die Grenzen des Erd*systems* ("planetary boundaries", Rockström et
al. 2009). Ähnliche Grenzen zeichnen sich z.B. auch in den Meeren ab, deren
Aufnahmefähigkeit für Emissionen rückläufig ist (WBGU 2006), so dass
selbst bei konstanten Treibhausgasausstößen, die in der Atmosphäre verbleibenden Emissionen steigen.

Die Klimaforschung kommt darüber hinaus zu dem Ergebnis, dass ein
gefährlicher Klimawandel, d.h. eine globale Erwärmung deutlich über 2°C,
irreversible Kipp-Punkte im Erdsystem auslösen und zu einer Transformation der globalen Ökosysteme mit ungewissem Ergebnis führen könnte
(Lenton et al. 2008). Welche Auswirkungen ein solcher Erdsystemwandel
auf die zukünftig 9 Mrd. Menschen, die Weltwirtschaft und die internationale Sicherheit hätten, wird von der Wissenschaft bisher nur in Ansätzen untersucht (siehe dazu Messner/Rahmstorf 2009).

Damit schafft sich die Weltgemeinschaft ein globales Risikopotential,
das über die bereits existierenden globalen Interdependenzprobleme wie die
Instabilität der internationalen Finanzmärkte, fragile Staaten als Orte internationaler Destabilisierung, grenzüberschreitende Pandemien und Kriminalität
oder auch die skizzierten Ressourcenprobleme und -konflikte weit hinaus-
reicht. Es geht um die langfristigen Grundlagen menschlicher Zivilisation.
Hierin liegt der entscheidende Unterschied zur aktuellen Weltwirtschaftskrise. Diese ist tief, einschneidend und verursacht enorme soziale Kosten. Doch
sie wird in einigen Jahren überwunden sein. Weltbank und UNDP haben
demgegenüber beschrieben, wie ein gefährlicher Klimawandel die menschliche Entwicklung dauerhaft unterminiert und Armut potenziert (UNDP 2008;
World Bank 2009). Niklas Stern hat berechnet, welche enormen ökonomi-

schen Schäden eine ungezügelte Erwärmung im Verlauf des Jahrhunderts auslösen würde (Stern 2007). Der *Wissenschaftliche Beirat der Bundesregierung Globale Umweltveränderungen* zeigt, dass der Klimawandel zu einem internationalen Sicherheitsrisiko werden kann (WBGU 2008) und die Diskussion über die „Kipp-Punkte im Erdsystem" (Lenton et al. 2007) verweist auf das Risiko eines irreversiblen Erdsystemwandels.

Zugleich gibt es viele robuste Mechanismen, die eine wirksame Reaktion auf den Klimawandel erschweren. Ein *Wandel des Erdsystems* überschreitet unsere Vorstellungskraft und unsere historischen Erfahrungen bei weitem. Die Menschheit hat zwar in ihrem kollektiven Gedächtnis abgespeichert, was Hyperinflation bedeutet, und dass ein Zusammenbruch der Weltwirtschaft Weltkriege auslösen kann. Doch die *moderne menschliche Zivilisation* hat sich seit der neolithischen Revolution vor etwa 10.000 Jahren in einem stabilen Klimaraum entwickelt und keine Erdsystemveränderungen erlebt. Im Pliozän, also vor etwa 3 Mio. Jahren, war es das letzte Mal deutlich wärmer als in vorindustrieller Zeit, und zwar im globalen Mittel um etwa 2–3 Grad Celsius. Die nördliche Hemisphäre, inklusive des Nordpols, an dem es damals zwischen 10–20 Grad Celsius wärmer war als derzeit, war in dieser Phase der Erdgeschichte eisfrei und der Meeresspiegel um etwa 15–25 Meter höher als heute (Archer/Rahmstorf 2009). Diese erdgeschichtliche Zeit kennen wir Menschen nur aus Büchern und durch Rekonstruktionen der Wissenschaft. Die berühmte „Lucy", ein früher Vorfahre der Menschen, deren Skelett 1974 in Äthiopien entdeckt wurde, hat in etwa um diese Zeit gelebt (Johanson/Edey 1990). Kurzum: Wir Menschen können uns eine Welt, die drei oder gar sechs Grad wärmer wäre als heute, kaum oder vielleicht gar nicht imaginieren.

Paul Crutzen (2000) argumentiert vor diesem Hintergrund, dass die Erd- und Menschheitsgeschichte sich nun in einer neuen Epoche, dem *Anthropozän*, befindet, die das Holozän ablöst, welches die vergangenen 10.000 Jahre seit der letzten Eiszeit umfasste. Das Anthropozän ist die erste Epoche in der Erdgeschichte, in der das Wirken der Menschen eine wichtige, vielleicht die wichtigste Kraft in der Natur, dem Ökosystem, dem Erdsystem darstellt. Der Mensch ist seit Ende des 20. bzw. Beginn des 21. Jahrhunderts dazu in der Lage, durch seine Produktions- und Konsumweise das Erdsystem auf einen neuen Pfad zu bringen bzw. Instabilitäten im Erdsystem auslösen:

"For millennia, humans have behaved as rebels against a superpower we call 'Nature'. In the 20th century, however, new technologies, fossil fuels, and a fast-growing population resulted in a 'Great Acceleration' of our own powers. Albeit clumsily, we are taking control of Nature's realm, from climate to DNA. (...) We now live in human systems with natural ecosystems embedded within them. The long-held barriers between nature and culture are breaking down. (...) It's no longer us against 'Nature'. Instead, it's we who decide what nature is and what it will be. (...) We are living in the Anthropocene, (which stresses) the enormity of humanity's responsibility as stewards of the Earth. (...) Imagine our descendants in the year 2200 or 2500. They might liken us to aliens who have treated the Earth as if it were a mere stopover for refueling, or even worse, characterize us as barbarians, who would ransack their own home. (…) Remember, in this new era, nature is us" (Steffen et al., 621).

Dieser Blick auf die Erdgeschichte und die Rolle des Menschen im Kontext des Erdsystems ist revolutionär. Teilt man das Konzept des Anthropozäns, so argumentieren Zalasiewicz et al. (2011, 838) in einer Sondernummer der Zeitschrift *Philosophical Transactions of the Royal Society* zu genau diesem Thema: "(T)his is now arguably the most important question of our age – scientifically, socially and politically. We cannot think of a greater or more urgent challenge".

Seit der neolithischen Revolution, also dem Übergang von den Jägern und Sammlern zu den ersten agrarischen Gesellschaften (vor etwa 10.000 Jahren), bis zum Beginn der industriellen Revolution, die Ende des 18. Jahrhunderts mit der Substitution menschlicher und tierischer Muskelkraft sowie von Holz und Torf durch fossil gespeicherte Energie (Kohle, später Öl und Gas) einsetzte, wuchs die Menschheit von wenigen dutzend Millionen auf eine Milliarde Menschen an. In den 10.000 Jahren bis zum Beginn der industriellen Revolution fanden bahnbrechende Innovationen der Menschen (Bewässerungssysteme in der Landwirtschaft, Entstehung von Städten, Entwicklung der Schrift, Entstehung der Mathematik) in Jahrtausendrhythmen statt (siehe Schaubild 6, Fogel 1999, 2). Zu Beginn der industriellen Revolution war die Menschheit weit davon entfernt, auf der Basis ihrer Produktions- und Konsumweise die Weiterentwicklung des Erdsystems signifikant zu beeinflussen. Die Dynamiken der Ökosysteme waren vielmehr seit der Entstehung der Erde vor etwa 4,5 Mrd. Jahren der Dynamik des Erdsystems selbst geschuldet. In den gut 200 Jahren seit der industriellen Revolution ist die Erdbevölkerung von 1 Mrd. auf 9 Mrd. Menschen gewachsen. Aber, was noch wichtiger ist, in dieser kurzen Zeitspanne wurde eine verdichtete und beschleunigte "technophysio evolution" (Fogel 1999, 2) ausgelöst, die zunächst die Gesellschaften grundlegend veränderte, eine Multiplikation der wirtschaftlichen Wertschöpfung ermöglichte, im Anschluss daran die Natur radikal modifizierte und nun an die *Grenzen des Erdsystems* führt.

Diese *technophysio evolution* wurde von den Ökonomen des industriellen Zeitalters vor allem als Befreiung der Menschen von den Zwängen der Umwelt und der Naturgewalten wahrgenommen. John Stuart Mill, David Hume, auch Karl Marx und in den 1930 Jahren Keynes interpretierten die Dynamiken der industriellen Revolution und die sich damit eröffnenden sozialen und ökonomischen Entwicklungschancen als „größten Wandel" in der Geschichte der Menschheit – zu Recht. Keynes ging in den 1930er Jahren davon aus, dass die wirtschaftlichen Probleme der Menschen in den kommenden 100 Jahren gelöst sein dürften (Sedlàcek 2009, 293–294). Nur sehr wenige (Natur-)Wissenschaftler beschäftigten sich bereits Ende des 19. Jahrhunderts mit den Auswirkungen menschlichen Verhaltens und der menschlichen Zivilisation aus das Erdsystem (Marsh 1864, Arrhenius 1896).

Erst seit Ende des 20. Jahrhunderts wird sukzessive deutlich, dass diese *technophysio evolution* und die nun weltweit etablierten Wohlfahrtsmuster die Menschheit innerhalb von nur zwei Jahrhunderten, also in einem aus erdgeschichtlicher Perspektiven unglaublich engen Zeitfenster, mit einer globalen Veränderungskraft und einem ökologischen Fußabdruck ausgestattet haben, die sie nun zu *einem* , wahrscheinlich gar *dem* wesentlichen *driver of change* im Erdsystem machen (Archer 2009). Wie sich das Erdsystem zukünftig weiterentwickelt, hängt davon ab, wie sich die Wirtschafts- und Konsummuster und die gesellschaftlichen Organisationsformen der Menschheit in den kommenden Dekaden bis zum Ende des 21. Jahrhunderts ausrichten. Ob die Chance genutzt wird, eine globale Erwärmung jenseits von 2°Celsius noch zu vermeiden, entscheidet sich bereits in den kommenden zwei Dekaden. Nach der Befreiung der Menschheit von den Zwängen der Natur, geht es nun um die Akzeptanz der Grenzen des Erdsystems. Teilt man diese Sichtweise, dann könnte man das existierende Wachstumsmuster in der Weltwirtschaft de facto als eine Art (ungesteuertes, nicht-intendiertes) *Earth Engineering-Programm* bezeichnen. Während also (völlig zu Recht!) noch heftig darüber gestritten wird, ob *Climate Engineering*, also großskalige technische Eingriffe in das Klimasystem der Erde (Rickels et al. 2011), normativ verantwortbar sind, wird weitgehend übersehen, dass der *business as usual*-Pfad, auf dem sich die globale Ökonomie befindet, bereits ein *Earth Engineering-Experiment* darstellt.

Folgt man diesen Überlegungen, muss die Menschheit nun die Verantwortung für die zukünftige Entwicklung des Erdsystems übernehmen. Darauf ist sie nicht besonders gut vorbereitet.

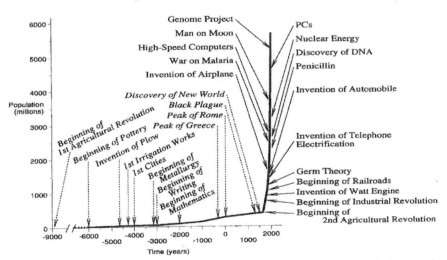

Abbildung 5: The growth of the world population and some major events in the history of technology. Source: Fogel 1999, 2.

Aus dieser Analyse ergeben sich folgende Herausforderungen:

1. Wie kann eine klimaverträgliche Weltwirtschaft entstehen (WBGU 2011), die es erlaubt, die Ressourcenknappheiten und Konfliktpotentiale zu vermeiden, die durch die globale Erwärmung entstehen bzw. verschärft werden?

2. Über die Frage der Klimaverträglichkeit hinaus, stellt sich die Frage, wie Wohlstandskonzepte für 9 Mrd. Menschen (in 2050) aussehen können, die die Grenzen des Erdsystems akzeptieren (Commission on the Measurement of Economic Performance and Social Progress 2010, Wallacher 2011).

3. Das Konzept des Anthropozäns stellt ein völlig neues Weltbild dar, das dazu herausfordert, über Fragen globaler Entwicklung, der Weltkulturen, internationaler Kooperation, einer weltweit verbindenden Ethik umfassend neu nachzudenken. Die Invention der *Menschenrechte* (von den Anfängen menschenrechtsähnlicher Konstrukte im antiken Athen, über die Aufklärung, bis zur „Allgemeinen Erklärung der Menschenrechte" durch die UN-Generalversammlung im Jahr 1948) steht für den Versuch, ein universelles Menschenbild zu beschreiben sowie die Rechte und Pflichten der Menschen untereinander zu klären. Das Völkerrecht regelt das Verhältnis der Staaten zueinander und thematisiert, seitdem es das *responsibility to protect-Prinzip* gibt, den Schutz der (Welt-) Bürger vor schwersten Menschenrechtsverletzungen durch Staaten. Im Anthropozän geht es darüber hinaus um das Zusammenspiel von *Menschheit* und *Erdsystem*. Im Wissenschaftssystem sind dafür traditionell völlig unterschiedliche und bisher nicht oder kaum vernetzte Wissenschaftsgemeinschaften zuständig: die Gesellschafts- sowie die Naturwissenschaften. Angesichts der Grenzen des Erdsystems und der relativ jungen Fähigkeit der Menschen, die Dynamiken des Erdsystems zu ändern, stellt sich nun die Herausforderung eines Erdsystemmanagements (Biermann/Gupta 2011), um Risiken für die Menschheit, für zukünftige Generationen sowie für die Stabilität des Erdsystems und der Ökosysteme zu begrenzen. Die etablierten Wissenschaftszweige, die sich mit *menschlicher* oder *ökonomischer* Entwicklung beschäftigen, werden sich den Herausforderungen des Anthropozäns zuwenden müssen, um relevant zu bleiben. Denn: „Das Raumschiff Erde hat keinen Notausgang" (Sloterdijk 2011, 60). Oder in den Worten von Elinor Ostrom: "Historically, people could migrate to other resources if they made a major error in managing a local common pool resource. (...) at the global level there is no place to move. (...) We have only one globe with which to experiment" (Ostrom et al. 1999, 282).

3   Der Lackmustest: Wie kann das knappe globale Treibhausgasbudget gemanagt werden?

Die Begrenzung der globalen Erwärmung ist der derzeit zentrale Lackmustest, wie auf Grenzen des Erdsystems und die signifikante Überlastung von Teilen des Ökosystems reagiert werden kann. Der WBGU hat dazu einen systemischen Ansatz entwickelt, der die politischen, institutionellen und ethischen Anspruchsniveaus verdeutlicht, wenn der Klimawandel wirkungsvoll gestoppt werden soll.

Das Ziel, die globale Erwärmung auf 2°C zu begrenzen, kann in ein globales Treibhausgasbudget übersetzt werden, das der Weltgemeinschaft noch zur Verfügung steht (Meinshausen et al. 2009). Um mit einer zwei Drittel Wahrscheinlichkeit (67%) innerhalb des 2°C-Korridors zu bleiben, müsste das globale Treibhausgasbudget (aus fossilen Quellen) zwischen 2010 und 2050 auf 750 Gigatonnen begrenzt werden. Nach 2050 dürfte nur noch ein kleiner Bruchteil (höchstens ein Fünftel) der Menge emittiert werden, die bis 2050 zur Verfügung steht. Würden die globalen Emissionen auf dem heutigen Niveau stabilisiert, wäre das 750 Gigatonnen-Budget in etwa 22 Jahren verbraucht (WBGU 2009). Damit stellt sich die gerechtigkeitstheoretische Frage, wie dieses knappe Budget aufgeteilt werden sollte. An dieser Frage scheitern bisher die internationalen Klimaverhandlungen.

Der WBGU hat für diese Weltverteilungsproblem eine Lösung vorgeschlagen, die Grundlage eine Weltklimavertrages sein könnte (WBGU 2009). Ausgangspunkt der Überlegungen ist, dass Vorschläge für eine Verteilung von knappen Emissionsrechten dann eine besonders gute Chancen haben, international akzeptiert zu werden, wenn sie von möglichst vielen Beteiligten und Betroffenen als grundsätzlich gerecht empfunden werden. Der WBGU schlägt daher vor, sich an drei Prinzipien zu orientieren: dem Verursacher-, dem Vorsorge- und dem Gleichheitsprinzip.

Ausgehend vom *Verursacherprinzip* ergibt sich für Industrieländer aufgrund ihrer hohen kumulierten Emissionen in der Vergangenheit die besondere Verpflichtung zu signifikanten Treibhausgasreduktionen. Kommen die Industrieländer dieser Verantwortung nicht nach, wird kein globaler Klimavertrag zustande kommen.

Im Kontext des Nachhaltigkeitsgrundsatzes (UNFCCC 1992, Art. 3 Abs. 4 Satz 1) und auf der Grundlage der 2°C-Leitplanke ist das *Vorsorgeprinzip* (UNFCCC 1992, Art. 3 Abs. 3) im Sinne rechtzeitigen Handelns zur Verhinderung irreversibler Schäden für gegenwärtige und zukünftige Generationen zu beachten. Hieraus folgt, dass sich zukünftig nicht nur die Industrieländer, sondern auch Schwellen- und Entwicklungsländer möglichst klimaverträglich ausrichten müssen. Eine primär auf fossilen Energieträgern beruhende nachholende Entwicklung in Afrika, Asien und Lateinamerika während des 21. Jahrhunderts würde die natürlichen Lebensgrundlagen der Menschheit aufs Spiel setzen. Umgekehrt gibt es kein Naturrecht der Menschen in den Industrieländern auf Pro-Kopf-Emissionen, welche die Emissionen der Menschen in den Entwicklungsländern um ein Vielfaches übersteigen. Das *Gleichheitsprinzip*, welches ein unterschiedsloses Recht Einzelner auf Nutzung globaler Gemeinschaftsgüter postuliert, wird von vielen Staaten anerkannt. Es ist bislang aber nicht rechtlich verankert.

Die UN-Generalversammlung (Resolution 43/53, 1989) und die Klimarahmenkonvention (UNFCCC 1992, Präambel) stellen fest, dass der Klimawandel und seine Auswirkungen eine gemeinsame Sorge der Menschheit sind ("common concern of mankind"). Diese Sorge lässt aus Sicht des WBGU keine gerechtigkeitstheoretische Differenzierung nach einzelstaatlichen oder individuellen Interessen zu. Sie erfordert eine Emissionsverteilung, die sich an einem weltweiten Staatengemeinschafts- und Menschheitsinteresse orientiert. Aus dem Gleichheitsprinzip kann zwar kein individuell durchsetzbares Recht auf gleiche Pro-Kopf-Emissionen abgeleitet werden. Es legt aber eine Orientierung an den Pro-Kopf-Emissionen bei der Verteilung nationaler Emissionsbudgets nahe. Vor diesem Hintergrund schlägt der WBGU vor, bei den weiteren Klimaverhandlungen nicht mehr einzelne Reduktionsanforderungen für verschiedene Ländergruppen oder einzelne Länder frei zu verhandeln, sondern diese ausgehend von einem global zulässigen CO_2-Emissionsbudget aufgrund der genannten Gerechtigkeitsprinzipien abzuleiten. Folgt man diesen gerechtigkeitstheoretischen Prämissen, lassen sich auf der Grundlage des WBGU-Budgetansatzes nationale Treibhausgasbudgets errechnen. Die Bestimmung von nationalen Budgets enthält nur vier Parameter, die in internationalen Verhandlungen zu berücksichtigen wären: (a) der Gesamtzeitraum für das Gesamtbudget; (b) die Wahrscheinlichkeit, mit der das 2°C-Ziel erreicht werden soll; (c) ein demographisches Referenzjahr sowie (d) die gleiche pro-Kopf-Verteilung von Emissionsrechten.

Tabelle 2 zeigt exemplarisch die resultierenden nationalen Budgets, wenn als Gesamtzeitraum für das Budget 2010–2050 gewählt, das 2°C-Ziel mit einer Wahrscheinlichkeit von 67% angesteuert und als demographisches Referenzjahr 2010 herangezogen würde.[1] Auf Grundlage dieser Option stünde jedem Menschen (bezogen auf die Weltbevölkerung in 2010) ein Budget von knapp 110 Tonnen an CO_2-Emisssionen zur Verfügung, was durchschnittlichen jährlichen pro-Kopf-Emissionen von etwa 2,7 Tonnen CO_2 entspricht. Um jedoch anschlussfähig an die nach 2050 noch möglichen Emissionen zu sein, müssten die mittleren pro-Kopf-Emissionen am Ende des Budgetzeitraums weit unter diesem Durchschnitt liegen. Stellt man die wachsende Weltbevölkerung in Rechnung, sollten die pro-Kopf-Emissionen weltweit bis 2050 auf etwa 1 Tonnen CO_2 reduziert werden. Das deutsche Treibhausgasbudget wäre in dieser Modellrechnung bereits in etwa zehn Jahren aufgebraucht, das US-amerikanische in sechs Jahren, aber auch das

---

[1] Bei diesem exemplarischen Pfad ist in der Diskussion mit Vertretern aus Entwicklungsländern stets das Anfangsjahr des Budgetzeitraums umstritten. Eine zusätzliche Gerechtigkeitsfrage tut sich auf. Die Ausrichtung der skizzierten Modellrechnung auf den Zeitraum 2010–2050 „unterschlägt" die historischen Emissionen der Industrieländer. Viele Entwicklungsländerautoren fordern, die historischen Emissionen seit der industriellen Revolution bei der Berechnung zukünftiger Triebhausgasbudgets zu berücksichtigen (Pan et al. 2009). Der WBGU hält es für gerechtfertigt, 1990 als Beginn des Budgetzeitraumes zu wählen, da in diesem Jahr der erste IPCC-Bericht erschien und daher die Staaten über die Ursachen und Wirkungen des Klimaproblems informiert waren. In der WBGU-Studie zum Budgetansatz (WBGU 2009) werden sowohl die Budgetzeiträume 1990–2050 als auch 2010–2050 exemplarisch berechnet.

chinesische Budget reichte nur noch für 24 Jahre. Nimmt man das 2°C-Ziel
ernst, steht die Welt vor der Treibhausgasinsolvenz, einer neuen Form der
Schuldenkrise im Zeitalter des Anthropozäns.

Die in der Tabelle abgebildete Modellrechnung für den Budgetzeitraum
2010–2050 veranschaulicht die hohen Reduktionsanforderungen für viele
Länder und den hohen Zeitdruck für weltweite Emissionsreduzierungen.
Auch die meisten Schwellenländer würden mit ihrem zugeteilten nationalen
Budget kaum bis zur Mitte des Jahrhunderts auskommen (siehe letzte Spalte,
Tabelle 2). Der WBGU schlägt vor, auf der Grundlage der Zuteilung dieser
nationalen Budgets ein internationales Emissionshandelssystem aufzubauen
(WBGU 2009). Dieses System würde Anreize für Hochemissionsländer
setzten, ihre Treibhausgasausstöße zu reduzieren, um den Zukauf von Ver-
schmutzungszertifikaten in Grenzen zu halten, und auch Niedrigemissions-
länder dazu anhalten, möglichst treibhausgaseffizient zu wirtschaften, um
nicht verbrauchte Emissionsrechte weltweit verkaufen zu können. Der Budgetansatz führte somit dazu, einen Finanzstrom in Richtung der armen Länder in Gang zu setzten, die nur wenig zum Klimawandel beitragen und daher
ihre nicht aufgebrauchten nationalen Treibhausgasbudgets zu Geld machen
könnten. Aus diesen Finanztransfers könnten in den Entwicklungsländern
notwendige Anpassungen an den Klimawandel sowie Investitionen für klimaverträgliche Modernisierungsprozesse finanziert werden. Treibhausgasef-
fizienz und Klimagerechtigkeit würden über die Mechanismen des Budgetansatzes miteinander verkoppelt (Messner et al. 2010).

	Anteil der Weltbevölkerung 2010 in %	Budget 2010-2050 [GtCo2]		Geschätzte Emissionen 2008 [GtCo2]	Reichweite des nationalen Budgets basierend auf den jährlichen Emissionen von 2008 [Jahre]
		Gesamtzeitraum	Pro Jahr		
Deutschland	1,2	9	0,22	0,91	10
USA	4,6	35	0,85	6,1	6
China	20	148	3,6	6,2	24
Brasilien	2,8	21	0,52	0,46	46
Burkina Faso	0,24	1,8	0,043	0,00062	2892
Japan	1,8	14	0,34	1,3	11
Russland	2	15	0,37	1,6	9
Mexiko	1,6	12	0,29	0,46	26
Indonesien	3,4	25	0,62	0,38	67
Indien	18	133	3,2	1,5	88
Malediven	0,0058	0,043	0,001	0,00071	61
EU	7,2	54	1,3	4,5	12
Welt	100	750	18	30	25

*Tabelle 2: "Future responsibility", 2010–2050; 67% probability of compliance with the
2°C guard rail; 2010 as the reference year for population data. Only includes CO2 emissions from fossil sources. CO2 emissions for 1008 and populations for 2010 are estima-
tions. Source: WBGU 2009, 28.*

Die Skizze dieses Lösungsvorschlages verweist auf drei zentrale Herausforderungen im Umgang mit den enger werdenden Erdsystemgrenzen:

1. Zur Durchsetzung des *Budgetansatzes* wäre ein hohes internationales Kooperationsniveau notwendig, das gerade unter den Bedingungen von tektonischen Machtverschiebungen in der Weltwirtschaft und multipolaren Machkonstellationen schwer zu erreichen ist (Kupchan 2003; Messner 2011).

2. Die Lösung des Klimaproblems ist nicht nur eine technologische Herausforderung oder eine machpolitische Frage, sondern letztlich nur möglich, wenn Strategien gewählt werden, die den Prinzipien der Fairness und der internationalen Gerechtigkeit entsprechen (Corning 2011; Poteete et al. 2010).

3. Selbst wenn der Budgetansatz durchgesetzt würde, müsste im Anschluss daran die Transformation zur klimaverträglichen Weltwirtschaft gelingen. Der WBGU hält diesen Umbau für grundsätzlich möglich (WBGU 2011), bezeichnet ihn aber als *Große Transformation*, die nur noch vergleichbar ist mit den beiden bisherigen großen Zivilisationsschüben der Menschheit: der neolithischen Revolution und der industriellen Revolution.

4   Das Ambitionsniveau einer Agenda für Nachhaltigkeit

Die Skizzen der Herausforderungen, die sich aus den neuen Ressourcenknappheiten, der Dynamik des Klimawandels, die an die Grenzen des Erdsystems führt, sowie dem Umgang mit dem noch verbleibenden globalen Emissionsbudget ergeben, lassen sich zu einer Agenda des Wandels zur Nachhaltigkeit zusammenfassen. Dabei soll es hier nicht um Details, sondern um die Grundstruktur und das Ambitionsniveau einer solchen Agenda gehen, die drei Hauptüberschriften hat:

4.1   *Faire und wirkungsvolle* Global Governance

Ohne ein hohes globales Kooperationsniveau lassen sich die diskutierten Ressourcen- und Erdsystemfragen offensichtlich nicht lösen. Diese Feststellung ist eine Trivialität, doch der Weg zu einer globalen Kooperationskultur und -architektur ist gerade unter Bedingungen der Multipolarität und tektonischer Machtverschiebungen nur schwer zu erreichen.

Ressourcenknappheiten und die Grenzen des Erdsystems führen unausweichlich zu Fragen der Verteilung knapper werdender (existenziell wichtiger) Güter (wie z.B. Wasser und Boden) bzw. des Zugang zu diesen Gütern. Zugleich stellt sich die Frage, wie „systemrelevante" Bereiche des Erdsystems (wie die Atmosphäre, Ozeane, Wälder) stabilisiert werden können und wer hierfür welchen Beitrag zu leisten hat. All dies sind internationale Gerechtigkeits- und Fairnessfragen, die an Bedeutung gewinnen müssen, um nachhaltige Lösungen für globale Entwicklungsfragen zu finden.

4.2 Übergang zu nachhaltigen Entwicklungskonzepten, -modellen, -strategien in der Weltwirtschaft

Angesichts von vermutlich langanhaltenden Ressourcenknappheiten in der Weltwirtschaft stellt sich die Frage, wie ressourcenreiche Länder, die in der Vergangenheit aufgrund der Mechanismen des Prebisch-Singer-Gesetzes eher zu den Verlierern in der globalen Ökonomie gehörten, nachhaltige ressourcenbasierte Entwicklungsstrategien umsetzen können.

Viel umfassender stellt sich die Frage, wie nachhaltige und universalisierbare Entwicklungsmodelle aussehen könnten, die es erlauben, Wohlstand, Freiheit, Demokratie und Menschenrechte für 9 Mrd. Menschen in den Grenzen des Erdsystems zu sichern.

4.3 Zivilisationsmodell für dass 21. Jahrhundert

Eine große Transformation zur Nachhaltigkeit muss in einem engen Zeitfenster und weltweit stattfinden, um irreversible Schäden im Erdsystem zu vermeiden. Der Übergang zur Klimaverträglichkeit verlangt eine weitgehende Dekarbonisieung der drei Basisstrukturen der Weltwirtschaft: der Energiesysteme, der Landnutzungssysteme sowie der weltweit rasch wachsenden Städte, in denen heute 3 und im Jahr 2050 6 Mrd. Menschen leben werden. Eine solche Große Transformation stellt einen umfassenden gesellschaftlichen Wandel im weltweiten Maßstab dar, der wohl nur mit zwei umfassenden Zivilisationsschüben der Menschheit vergleichbar ist, der neolithischen sowie der industriellen Revolution – allerdings mit einem zentralen Unterschied: Die neolithische und die industrielle Revolutionen waren evolutionäre Prozesse; der Übergang zur Nachhaltigkeit muss durch kluge, weitsichtige und präventive Strategien gestaltet werden.

Das Konzept des Anthropozäns katapultiert die Menschheit in ein neues Zeitalter. Langfristige Jahr(hundert)tausendrhythmen in den Entwicklungsdynamiken des Erdsystems mögen neue Eis- und Warmzeiten erzeugen, aber in der aus erdsystemischer Sicht kurzfristigen Perspektive der kommenden Dekaden könnten die Menschen die wirkungsvollste geologische Veränderungskraft im Erdsystem darstellen. Je nachdem, welchen Produktions- und Konsumpfaden die Menschheit im 21. Jahrhundert folgt, kann sie entweder lernen, sich innerhalb der Grenzen des Erdsystems zu entwickeln, globale Erdsystemrisiken zu vermeiden und damit die Rechte und Handlungsspielräume zukünftiger Generationen zu bewahren, oder das Erdsystem selbst auf einen neuen Pfad bringen und Instabilitäten in ihm mit ungewissen Folgen für die nächsten Jahrhunderte und Jahrtausende auslösen. Die Menschheit muss also Verantwortung für die Zukunft des Erdsystems übernehmen. Diese Herausforderung geht weit über die Gestaltung der Globalisierung hinaus, mit der sich Politik und Wissenschaft seit den 90er Jahren beschäftigen, denn

diese bezog sich auf menschliche Gesellschaften und Ökonomien. Die Welt-
finanzmarktkrise seit 2008 hat Entscheidungsträger weltweit genötigt, sich
mit der Komplexität von Finanzmärkten und ihrer gesellschaftlichen Einbet-
tung zu beschäftigen. Im Anthropozän wird es darum gehen, die Komplexitä-
ten des Erdsystems weltweit auf die politischen Agenden zu setzen und seine
Stabilität zur nicht hintergehbaren Grundlage ökonomischer, sozialer und
politischer Entwicklung in den nationalen Gesellschaften und der Weltgesellschaft zu machen.

Literatur

Archer, D. 2009. *The Long Thaw. How Humans are Changing the Next
    100.000 Years of Earth's Climate*, Princeton.
Archer, D./Rahmstorf, S. 2010. *The Climate Crisis. An Introductory Guide to
    Climate Change*, Cambridge.
Arrhenius, S. 1896. On the Influence of Carbonic Acid in the Air upon the
    Temperature of the Ground, in: *Philosophical Magazine and Journal of
    Science (5/41)*, 237–276.
Biermann, Frank/Gupta, Aatri 2011. Accountability and Legitimacy in Earth
    System Governance, in: *Ecological Economics (70/11)*, 1856–1864.
Commission on the Measurement of Economic Performance and Social Pro-
    gress 2010. *Report on Measurement of Economic Performance and So-
    cial Progress*, Paris.
Corning, P. 2011. *The Fair Society*, Chicago.
Crutzen, P. 2000. The Anthropocene, in: *The Global Change Newsletter
    (41)*, 17–18.
Crutzen, P./Steffen, W./McNeill, J. 2007. The Anthropocene. Are Humans
    Now Overwhelming the Great Forces of Nature?, in: *Ambio (36/8)*,
    614–621.
Crutzen, P./Schwägerl, C. 2010. *Living in the Anthropocene. Towards a New
    Global Ethos*, 24.1.2011, http://e360.yale.edu/feature/living_in_the_an
    thropocene_toward_a_new_global_ethos/2363 (1.2.2012).
Edenhofer, O./Wallacher, J./Reder, M./Lotze-Campen, H. 2010. *Global aber
    Gerecht. Klimawandel bekämpfen, Entwicklung ermöglichen*, München.
European Report in Development 2012. *Water – Land – Energy. The Nexus
    Challenges*, Brüssel.
Fogel, R. 1999. Catching Up with the Economy, in: *American Economic
    Review (89/1)*, 1–21.
IPCC 2007. *Climate change. The forth assessment report*, Genf.
Johanson, D./Edey, M. 1990. *Lucy. The Beginnings of Humankind*, New
    York.
Kaplinsky, R./Messner, D. 2008. The Asian Drivers of Global Change, in:
    Special Issue of World Development (36/2), 197–209.

Kharas, H. 2010. *The Emerging Middle Class in the Developing Countries*, Paris.

Kharas, H./ Gertz, G. 2010. *The New Global Middle Class. A Cross-Over from West to East*, Washington DC.

Karl, T. L. 1997. *The Paradox of Plenty*, Berkely.

Kupchan, Ch./Adler, E./ Coicaud, J.-M./ Khong, Y. F. 2003. *Power in Transition*, Tokio/New York/Paris.

Held, H./Kriegler, E./Hall, J.W./Lucht, W./Rahmstorf, S./Schellnhuber, H.J. 2008. Tipping Elements in the Earth's Climate system, in: *PNAS (105/6)*, 1786–1793.

Marsh, G.P. 1864. *Man and Nature: or, Physical Geography as Modified by Human Action*, New York.

Meinshausen, M./Meinshausen, N./Hare, W./Raper, S.B.C./Frieler, K./Knutti, R./Frame, D. J./Allen, M.R. 2009. Greenhouse Gas Emission Targets for Limiting Global warming to 2°C, in: *Nature (458)*, 1158–1162.

Messner, D. 2011. Drei Wellen globalen Wandels. Global Governance – Dynamiken in der ersten Hälfte des 21. Jahrhunderts, in: Welzer, H./ Wiegand, K. (Hg.), *Perspektiven einer nachhaltigen Entwicklung*, Frankfurt am Main, 275–307.

Messner, D./Rahmstorf, S. 2009. Kipp-Punkte im Erdsystem und ihre Auswirkungen auf Weltpolitik und Wirtschaft, in: Debiel, T./Messner, D./Nuscheler, F./Roth, M./Ulbert, C. (Hg.), *Globale Trends 2010*, Frankfurt am Main, 261–280.

Messner, D./Schellnhuber, J./Rahmstorf, S./Klingenfeld, D. 2010. The Budget Approach. A Framework for a Global Transformation towards a Low Carbon Economy, in: *Journal of Renewable and Sustainable Energy (2/3)*, http://jrse.aip.org/resource/1/jrsebh/v2/i3 (1.2.2012).

Ocampo, J. A./Párra, M. A. 2003. The Terms of Trade for Commodities in the Twentieth Century, in: *Cepal Review (79)*, 7–35.

OECD 2010. *The Shift of Wealth*, Paris.

Ostrom, E./Burger, J./Field, C.B./Norgaard, R.B./Policansky, D. 1999. Revisiting the Commons. Local Lessons, Global Challenges, in: *Science (284/5412)*, 278–282.

Poteete, A./Janssen, M./Ostrom, E. 2010. *Working Together*, Princeton.

Rickels, W./Klepper, G./Dovern, J. (Hg.) 2011. *Gezielte Eingriffe in das Klima? Eine Bestandsaufnahme der Debatte zu Climate Engineering*, Berlin.

Prebisch, R. 1950/1962. The Economic Development of Latin America and its Principal Problems, reprinted in: *Economic Bulletin for Latin America (7/1)*, 1–22.

Rockström, J./Steffen, W./Noone, K./Persson, A./Chapin, F. S./Lambin, E. F./Lenton, T. M./Scheffer, M./Folke, C./Schellnhuber, H. J./Nykvist, B./de Wit, C. A./Hughes, T./van der Leeuw, S./Rodhe, H./Sörlin, S./Snyder, P. K./Costanza, R./Svedin, U./Falkenmark, M./Karlberg, L./Corell, R. W./Fabry, V. J./Hansen, J./Walker, B./Liverman, D./Richardson, K./Crutzen, P./Foley, J.A. 2009. Planetary Boundaries. A Safe Operating Space for Humanity, in: *Nature (461)*, 472–475.

Schmitz, H./Messner, D.(Hg.) 2008. *Poor and Powerful. The Rise of China and India and its Implications for Europe. DIE Discussion Paper*, Bonn.

Sedlácek, T. 2009. *Die Ökonomie von Gut und Böse*, München.

Singer, H. W. 1950. US Foreign Investment in Underdeveloped Areas. The Distribution of Gains between Investing and Borrowing Countries, in: *American Economic Review, Papers and Proceedings (4)*, 473–485.

Sloterdijk, P. 2011. *Stress und Freiheit*. Berlin.

Spence, M. 2011. *The Next Convergence*, New York.

Stern, N. 2007. *The Economics of Climate Change*, London.

Subramanian, A. 2011. *Eclipse. Living in the Shadow of China's Economic Dominance*, Washington DC.

Transformationszentrum der Bundeswehr 2010. *Peak Oil. Sicherheitspolitische Implikationen knapper Ressourcen*, Strausberg.

Wallacher, J. 2011. *Mehrwert Glück. Plädoyer für menschengerechtes Wirtschaften*, München.

UNDP 2008. Climate Change and Human Development, New York.

WBGU 2006. *The Future Oceans – Warming Up, Rising High, Turning Sour*, Berlin.

WBGU 2008. *Climate Change as a Security Risk*, London.

WBGU 2009. *Kassensturz für den Weltklimavertrag. Der Budgetansatz*, Berlin.

WBGU 2009. *Future Bioenergy and Sustainable Land Use*, London.

WBGU 2010. *Welt im Wandel. Gesellschaftsvertrag für eine Große Transformation*, Berlin.

World Bank 2009. *Development and Climate Change*, Washington DC.

World Bank 2011. *Mutipolarity. The New Global Economy*, Washington DC.

World Watch Institute 2010. *Transforming Cultures. From Consumerism to Sustainability*, Washington DC.

Zalasiewics, J. M../Williams, M./Haywood, A./Ellis, M. 2011. The Anthropocene. A New Epoch of Geological Time?, in: *Philosophical Transactions of the Royal Society (369)*, 835–841.

Effektives und gerechtes Ressourcenmanagement

Hindernisse und Perspektiven in der Diskussion

Hanna Pfeifer

Um auf das Ziel eines effektiven und gerechten Ressourcenmanagements hinzuarbeiten, bedarf es eines Ansatzes, der Reformen auf den verschiedensten Ebenen beinhaltet. In der Schlussdiskussion zum Symposion „Kampf um Ressourcen – (De-)Stabilisator der Weltordnung" wurde deutlich, dass es weder reichen wird, die Ressourcennutzung effizienter zu gestalten, noch die bloße Konversion auf der individuellen Ebene eine Lösung sein kann. Vielmehr muss die Weltordnung auf Institutionen aufgebaut werden, die auf Fairness und Gerechtigkeit beruhen, so dass eine globale Kooperationskultur entstehen kann. Der vorliegende Beitrag fasst die Diskussionsbeiträge zu den Einzelvorträgen des Symposions sowie die wichtigsten Argumentationslinien der abschließenden Podiumsrunde zusammen.

1   Individual- oder Strukturenethik?

Bei der Frage des Ressourcenmanagements gerät das Individuum auf zweierlei Weise in den Blick: zum einen als Adressat der Bemühungen um eine gerechte Ressourcenpolitik, zum anderen aber auch als Träger von Verantwortung für eine nachhaltige Ressourcennutzung.

Stellt man das Konzept der *human security* in den Mittelpunkt der Erwägungen, so ergibt sich ein normativer Maßstab für politisches Handeln. Die menschliche Sicherheit wird vor allem in Abgrenzung zu solchen Konzepten verstanden, die Themen wie Terrorismus, Migration und Ressourcen versicherheitlichen und damit zur Rechtfertigung der Beschränkung positiver Freiheitsrechte benutzen. Die menschliche Sicherheit setzt im Gegensatz zu derartigen Sicherheitsbegriffen bei der Ermöglichung menschlichen Lebens und Bedürfnisbefriedigung an. Das Konzept ist dabei als holistisch zu verstehen in dem Sinne, dass es als allgemeiner Referenzpunkt dienen kann, der jedoch der Anpassung an die konkrete Situation bedarf. Diese Art des Universalismus kann als Ausgangspunkt für eine „Konversion der Köpfe" genutzt werden (siehe Peter Croll in diesem Band). Denn eine allein formale Kooperationskultur reicht nicht aus – sie muss mit der Überzeugung und dem Wissen des Einzelnen unterfüttert sein. Erst so kann tatsächlich eine Kultur der Kooperation entstehen, die auf einem gemeinsamen Wissen über die Welt beruht.

Ziel kann es hierbei einerseits nicht nur sein, das Individuum weiter auf Kosten anderer Bereiche des Humanen zu intellektualisieren. Andererseits ist ein gut informiertes Individuum wünschenswert: Es kann Anteil an den globalen Vorkommnissen nehmen und wird so ein idealer Rezipient der Weltproblemlage; es kann eine transkulturelle Perspektive einnehmen und von seiner eigenen kulturellen Herkunft abstrahieren. In diesem Sinne ist auch die Frage des Lernens künftiger Generationen zentral: Durch globale Netzwerke zwischen Schulen, Universitäten und Individuen kann ein Lernprozess in Gang gesetzt werden, an dessen Ende die Fähigkeit zur Abstraktion von der eigenen und zur Empathie für andere Positionen steht. Erst durch die Sicht auf die Welt durch die Augen des Anderen können Probleme als international geteilte wahrgenommen werden, als solche also, die sich der ganzen Weltgemeinschaft stellen. Nur dann kann auch ein Bewusstsein für faire Lösungen entstehen.

Ein bloß individualistischer Ansatz wäre jedoch ebenso falsch wie eine rein institutionalistische Herangehensweise. Beide Ansätze müssen miteinander vermittelt sein. Dies lässt sich exemplarisch an der Funktionsweise der Demokratie verdeutlichen. Die bestmöglich entworfenen prozeduralen Institutionen funktionieren dann nicht mehr, wenn die Bürger sie nicht mit Leben und dem Sinn für das Gemeinwohl füllen – sie verkommen zu leeren Hüllen. Ein allzu großes Vertrauen in die Eigeninitiative und Leistungs- oder gar Aufopferungsbereitschaft des Einzelnen jedoch kann schnell zur Überforderung führen. Diese Verhaltensweisen müssen durch externe Motivationsquellen und Anreizsysteme unterstützt werden – und eben hierbei können Institutionen ihre lenkende Wirkung entfalten.

2   Globale Entscheidungsstrukturen und Legitimation

Doch welche Arten von Institutionen sind es, die für die Lösung globaler Probleme und insbesondere das Ressourcenmanagement gebraucht werden? In der Debatte wurde die Rolle starker internationale Organisationen betont, die globale Gemeinschaftsgüter wie Ozeane schützen und das Erdsystem stabilisieren (zur Problematik von Allmende-Gütern siehe Christoph Horn, zum Erdsystem siehe Dirk Messner in diesem Band). Diese sollten Regeln schaffen, an die Staaten sich verbindlich halten müssen, was die Notwendigkeit eines Sanktionssystems impliziert. Gerade derartige Sanktionsregime sind in der Praxis aber nur selten etablierbar. Oftmals ist bereits unklar, welche Akteure überhaupt Sanktionen unterworfen werden können. Dass eine Verrechtlichung dennoch möglich ist, zeigt etwa das internationale Handelsrecht. Wichtig ist für derartige Organisationen, dass sie möglichst öffentlich und transparent agieren. Zudem sollten sie durch die Arbeit internationaler Nichtregierungsorganisationen flankiert werden, die nicht nur gemeinsames Wissen schaffen. Sie fungieren auch als *agenda setter* und können auf Veränderung drängen sowie die Staaten durch Öffentlichkeit unter Druck setzen. Dies ist eine mögliche Form, wie die Zivilgesellschaft auf globale Entscheidungsprozesse Einfluss nehmen kann. Diese bereits existierenden *checks and balances* durch die Vielzahl an Akteuren sind zwar insofern wünschenswert, als sie Regierungshandeln transparenter machen, Handlungsdruck erzeugen und auch die Arbeit von internationalen Organisationen kontrollieren können. Diese Rolle von zivilgesellschaftlichen Akteuren ist dabei jedoch nicht unkritisch zu sehen, denn auch sie verfolgen meist Partikularinteressen. In diesem Zusammenhang ist kritisch zu hinterfragen, ob Nichtregierungsorganisationen tatsächlich als Gegenmacht von Lobbygruppen – etwa der Wirtschaft – gewollt sein können. Denn auch sie verfügen nicht über demokratische Legitimation.

Der tatsächliche Einfluss des einzelnen Bürgers auf internationale Entscheidungsprozesse ist bisher ausgesprochen gering; eine direkte Einflussnahme auf globaler Ebene ist kaum möglich. Unternehmen, Internationale Organisationen und Interessenverbände sind die wesentlichen Akteure im *policy making process*. Zwar werden die Bürger durch ihre Staaten, nicht jedoch direkt repräsentiert. Und auch diese Art der Repräsentation ist denkbar schwach: 7 Mrd. Menschen werden von knapp 200 Regierungen der Einzelstaaten vertreten. Demokratische Prozeduren, die in einem höheren Maße Legitimität für Entscheidungen generieren könnten, sind kaum vorhanden. Diesem Missstand sollte durch eine größere Beteiligung von Wählern begegnet und durch globale Institutionen Rechnung getragen werden. Positiv können in diesem Zusammenhang die Medien wirken, und zwar primär durch die Herstellung einer kritischen Weltöffentlichkeit.

Die Herausbildung einer Identität des Weltbürgers kann zu dieser kritischen Öffentlichkeit beitragen. Dabei wird der Kosmopolit, wie er in westlichen Diskursen konstruiert wird, zwar eine Orientierungsrolle spielen. Angesichts der demographischen Verschiebung des Mittelstandes ist jedoch anzunehmen, dass globale Leitbilder, Fairness- und Gerechtigkeitsvorstellungen zunehmend von nicht-westlichen Mittelschichten gestiftet werden (zu den demographischen Verschiebungen siehe Dirk Messner in diesem Band). Will man eine Art Weltnationenbildung verfolgen, um den Herausforderungen internationaler Probleme beizukommen, so muss dazu eine Form globaler Identität gestiftet werden. Gleichzeitig allerdings muss sich das Individuum auch als Weltbürger an überschaubare Lebenskontexte binden können, worin die größte Herausforderung liegt. Ein Ansatzpunkt bestünde darin, die Betroffenheit des Einzelnen von grenzüberschreitenden Problemen an den Anfang einer regionalen Identitätsbildung zu stellen, bis sich alle schließlich als Teil einer globalen Gemeinschaft verstehen. Damit werden auch Bedrohungsszenarien wie etwa das rasante Bevölkerungswachstum und Urbanisierung, Ressourcenknappheit und ökologische Fehlentwicklungen zu gemeinsamen Herausforderungen. Sie verlangen nach Kooperation und Absprache, so dass als Sekundärprodukt dieser Probleme eine Art von gemeinsamer Rationalität entstehen kann. In diesem Sinne könnte sich die Menschheit als eine Schicksalsgemeinschaft begreifen.

3   Korrektive Gerechtigkeit und Entschädigung

Doch wie geht man in dieser Schicksalsgemeinschaft mit Lasten der Vergangenheit um? Die Rolle der Geschichte in Bezug auf ein auf die Zukunft orientiertes Ressourcenmanagement darf als äußerst umstritten gelten (für verschiedene Dimensionen und Konzepte von Gerechtigkeit siehe Dirk Messner und Christoph Horn in diesem Band).

Einerseits kann man davon ausgehen, dass die bisherige Arbeitsteilung in der Welt als ungerecht zu beurteilen ist. Diese Einschätzung macht sich vor allem daran fest, dass einige Staaten bisher vornehmlich als bloße Rohstofflieferanten fungierten, ohne daraus eine nennenswert positive Entwicklung für die eigene Wirtschaft zu ziehen, mithin dem Ressourcenfluch oder der „Holländischen Krankheit" anheimfielen. Oftmals sind derartig ungerechte Arrangements in Verträgen zum Rohstoffhandel verstetigt und äußern sich auch in politischer Einflussnahme auf die Machtstrukturen ressourcenreicher Staaten (siehe dazu etwa János Riesz in diesem Band). Weil von diesem Missverhältnis die importierenden Länder und Industriestaaten profitieren, werden daraus Kompensationsforderungen der ressourcenreichen Länder abgeleitet. In diesem Sinne läge eine Möglichkeit darin, zu versuchen, ein historisches Handicap, das einem Land und seiner Bevölkerung zugefügt wurde, durch Mechanismen der korrektiven Gerechtigkeit auszugleichen. Wenn die Folgen ungerechter historischer Arrangements für die betroffenen Länder nachteilig sind und die Ursache von Missständen identifizierbar ist, dann sind derartige konkrete Kompensationen möglich.

Andererseits ist das historische Geschehen oftmals multifaktoriell und durch eine hohe Komplexität und Interdependenz von Prozessen gekennzeichnet, sodass die Ergebnisse der Geschichte eben oft nicht eindeutig einer Ursache zuzuschreiben sind (siehe dazu Christoph Horn in diesem Band). Damit gestaltet sich auch die konkrete Verortung von Verantwortung schwierig; adäquate Kompensationsleistungen sind kaum definierbar. Daher ist es sinnvoll, weniger die Perspektive einer ausgleichenden Gerechtigkeit in Form von Kompensationen einzunehmen, als vielmehr eine Art Weltsozialprinzip zu Grunde zu legen. Defizite in der Entwicklung werden damit nicht mehr auf historische Schuld zurückgeführt, sondern schlicht als zu behebende Missstände anerkannt. In diesem Modell würde die Vorstellung einer korrektiven Gerechtigkeit durch den Begriff der Schicksalsgemeinschaft ersetzt. Die Verantwortung würde dann nicht mehr vom Verursacherprinzip abhängen, sondern von den faktisch sichtbaren Folgen von Katastrophen und Fehlentwicklungen. Diese sollten unabhängig davon behoben werden, ob nun ein direktes Verschulden ausgemacht werden kann oder nicht. Die kausale Vorgeschichte wird damit unwesentlich für die Frage, ob die gegenwärtige Situation verändert werden sollte; die Menschheitsfamilie betreibt schlicht *burden sharing*.

Ein Einwand gegen diese Position besteht darin, dass Entwicklungszusammenarbeit und Nothilfe einerseits und Kompensationszahlungen andererseits einer jeweils eigenen Logik folgen sollten. Während erstere auf der Freiwilligkeit der Geber beruhen, zeichnen sich Ausgleichszahlungen ja gerade dadurch aus, dass sie aus einer Pflicht abgeleitet werden. In die Klimadebatte haben derartige Überlegungen bereits Einzug erhalten. Hier argumentieren Entwicklungsländer, dass der Klimawandel bestimmte Schäden nach sich ziehe, deren Kausalität den Verursachern bereits seit einigen Jahrzehnten bekannt gewesen sei. So seien etwa Schäden durch Emissionen wissentlich in Kauf genommen worden, weshalb man ihre Behebung nicht auf Basis von freiwilligen Zugeständnissen, sondern von (rechtlichen) Pflichten regeln müsse (für mögliche Arrangements siehe Dirk Messner in diesem Band).

Der Streit um diese Formen der Kompensation wird sich in dem Moment weiter verschärfen, wo die Folgen des Klimawandels noch deutlicher sichtbar werden. Dann werden auch neue Herausforderungen für Stabilität und Sicherheit erwachsen: Die Frage, wer wem wie viel Kompensation zukommen lassen muss, wird dann zu einem möglicherweise bestimmenden Streitthema der Weltpolitik der Zukunft.

4   Eigentum an Ressourcen

Wie man die Herausforderungen ungleicher Entwicklung und ungerechter Institutionen als Aufgabe ansehen kann, die sich der Menschheit als Ganzer stellen, so besteht auch ein Ansatz des gerechten Managements von Ressourcen darin, diese als gemeinsames Erbe aller aufzufassen (siehe Raimund Bleischwitz in diesem Band). Das Konzept der Ressourcen als geteiltes Erbe der Menschheit gab Anlass zu reger Diskussion. Kritisch wurde daran hinterfragt, ob diese Interpretation nicht stark auf die westliche Interessenlage zugeschnitten ist. Unklar scheinen auch die tatsächlichen Eigentumsrechte an Ressourcen zu bleiben – können sie als öffentliches oder privates Gut oder eine Mischung aus beidem angesehen werden (siehe dazu auch Christoph

Horn in diesem Band)? Zudem scheint eine Differenzierung zwischen erneuerbaren und nicht-erneuerbaren Ressourcen hinsichtlich der Eigentumsrechte
nötig. Sollte bei manchen Gütern nicht doch an einem privaten Eigentumsrecht festgehalten werden?

An dieser Stelle wurde darauf hingewiesen, dass das Konzept des Erbes
der Menschheit nicht mit dem eines Kollektivgutes zu verwechseln ist. Die
Idee hebt vielmehr auf einen internationalen *Governance*-Mechanismus ab,
der allgemeine internationale Rechtsprinzipien im Bereich der Ressourcennutzung formuliert und eine Behörde zur Überprüfung der Einhaltung umfassen sollte. Die Subsidiarität und Operationalisierung von Eigentumsrechten
auf lokaler Ebene sollen in diesem Modell gewahrt bleiben. Gegen den Verdacht, dass das Projekt einseitig an den Interessen des Westens ausgerichtet
sein könnte, spricht zudem, dass mit den Rechten auch Pflichten einherge-
hen, etwa die der geteilten Materialverantwortung. Diese zielt auf die Schließung von Industriekreisläufen ab und ermöglicht ein effizienteres Stoff-
strommanagement (siehe Raimund Bleischwitz in diesem Band).

Diese Sicht des Rohstoffmanagements setzt voraus (bzw. zieht nach
sich), dass Territorialgrenzen zunehmend an Bedeutung verlieren (zu Territorialprinzip und Eigentum siehe Christoph Horn, zu der Frage nach dem Abbau von Souveränität siehe Oliver Ruppel in diesem Band). Dies gilt zunächst für das Eigentum eines Staates an Bodenschätzen, das bisher zu zahlreichen innerstaatlichen Konflikten führt, durch die Perspektive eines gemeinsamen Erbes jedoch aufgelöst würde. Weiterhin könnte das Individuum
nun wieder primärer Adressat eines gerechten Rohstoffmanagements werden: Zu seiner Selbstverwirklichung und zur Umsetzung seiner Fähigkeiten
ist es auf Ressourcen angewiesen. Dies hängt wiederum eng mit dem Begriff
der menschlichen Sicherheit zusammen (siehe Peter Croll in diesem Band).
Bisher jedoch war der einzelne Bürger selten Profiteur des Rohstoffreichtums (siehe dazu Lena Guesnet in diesem Band), was sich durch die Perspektive des gemeinsamen Erbes ändern könnte. Drittens schließlich ermöglicht
das Denken jenseits territorialer Grenzen auch die Regulierung von Ressour-
cenfragen auf regionaler Ebene, was etwa bei Fragen des Wassermanage-
ments praktisch unumgänglich ist (siehe Oliver Ruppel in diesem Band).
Hier kann der Souveränitätstransfer auf regionale Organisationen sich als
einzige Möglichkeit erweisen, einer regionalen Wasserverknappung beizukommen, wenn bspw. die Wasserversorgung des einen Staates von der Wasserpolitik des anderen Staates abhängig ist.

5   Zusammenspiel der Akteursebenen

Eine Problemkonstellation, die sich auf der Ebene des Individuums ebenso ergibt wie in Bezug auf die Nationalstaaten und die Wirtschaft, ist die Abwägung von Gegenwarts- gegen Zukunftsinteressen. Unternehmen, die mit fossilen Brennstoffen hohe Gewinne erzielen konnten, benötigen ebenso Anreize für eine ressourceneffiziente Umstellung wie der Bürger in seinem Konsumverhalten und den Ansprüchen, die er an die Politik richtet. Dabei kann der Umbruch nur ein radikaler sein, wenn man sich die Grenzen des Erdsystems ins Bewusstsein ruft (siehe dazu Dirk Messner in diesem Band). Nur wenn die Entwicklung von ressourceneffizienten neuen Industrien und Kreislaufwirtschaften (Wirtschaft) Hand in Hand mit einem verantwortungsvollen Konsumverhalten (Individuum) geht, und beides in eine auf Fairness und Kooperation basierende Weltordnung (Institutionen) eingebettet ist, wird ein gerechtes und effizientes Ressourcenmanagements möglich. Dabei kommt der Wissenschaft einerseits die Rolle zu, Handlungsbedarf sichtbar und Probleme verständlich zu machen. Andererseits sollte sie sich auch normativ an der Entwicklung von Lösungsstrategien beteiligen.

Autoren/innen und Herausgeber/innen

Bleischwitz, Raimund, Prof. Dr., Stellv. Forschungsgruppenleiter, Forschungsgruppe 3: Stoffströme und Ressourcenmanagement, Wuppertal Institut für Klima, Umwelt, Energie.

Croll, Peter J., Direktor des Bonn International Center for Conversion.

Guesnet, Lena, M.A., Wissenschaftliche Mitarbeiterin am Bonn International Center for Conversion.

Horn, Christoph, Prof. Dr., Lehrstuhl für Praktische Philosophie und Philosophie der Antike und Geschäftsführender Direktor des Instituts für Philosophie der Rheinischen Friedrich-Wilhelms-Universität Bonn.

Messner, Dirk, Prof. Dr., Direktor des Deutschen Instituts für Entwicklungspolitik und Professor am Institut für Politikwissenschaft der Universität Duisburg-Essen.

Pfeifer, Hanna, M.A., Wissenschaftliche Assistentin im Forschungs- und Studienprojekt der Rottendorf-Stiftung an der Hochschule für Philosophie in München.

Reder, Michael, Prof. Dr., Lehrstuhl für Praktische Philosophie mit Schwerpunkt Völkerverständigung sowie Leiter des Forschungs- und Studienprojekts der Rottendorf-Stiftung an der Hochschule für Philosophie in München.

Riesz, János, Prof. Dr., emeritierter Professor für Romanische und Vergleichende Literaturwissenschaft mit besonderer Berücksichtig   der afrikanischen Literatur („Afroromanistik") an d   Bayreuth.

Ruppel, Oliver C., Prof. Dr., Professor für Re   an der Juristischen Fakultät der Universität Stellenbosch   und Co-Leitautor der Arbeitsgruppe II des Weltklimarats (IPCC).

Schmitz, Rebecca, ehemalige Mitarbeiterin am Bonn International Center for Conversion.

Westphal, Kirsten, Dr., Wissenschaftlerin in der Forschungsgruppe „Globale Fragen" der Stiftung Wissenschaft und Politik Berlin.